陕西省精品资源共享课程

商务统计学
Business Statistics

主 编 姜晓兵

西安电子科技大学出版社

内 容 简 介

本书采用经济、管理人员易于接受的方式,以统计思维:数据—模型—决策为主线,将相关知识和方法有机地联系起来。全书共十章,主要内容包括商务统计基础,数据收集,数据整理,数据分布特征,数据推理基础:概率分布与抽样分布,数据推理方法:参数估计,数据推理方法:假设检验,多总体均值比较模型:方差分析,因果关系研究模型:相关与回归分析,决策分析。本书注重与 Excel、SPSS 软件相结合,给出了软件分析实现的操作步骤和结果。为方便学习,每章内容配有引例、学习目标、小结、思考练习以及丰富的案例等。

本书可作为经济、管理类各专业本科生教材,还可以作为经济、管理类各专业研究生教材或教学参考书,尤其适合作为工商管理硕士(MBA)、公共管理硕士(MPA)、工程硕士(ME)等专业培养中定量分析课程的教材,对广大经济、管理领域的实际工作者也具有一定的参考价值。

图书在版编目(CIP)数据

商务统计学/姜晓兵主编. —西安:西安电子科技大学出版社,2018.11
ISBN 978 - 7 - 5606 - 5102 - 6

Ⅰ.① 商… Ⅱ.① 姜… Ⅲ.① 商业统计学 Ⅳ.① F 712.3

中国版本图书馆 CIP 数据核字(2018)第 222641 号

策划编辑 戚文艳
责任编辑 王 静
出版发行 西安电子科技大学出版社(西安市太白南路 2 号)
电 话 (029)88242885 88201467 邮 编 710071
网 址 www.xduph.com 电子邮箱 xdupfxb001@163.com
经 销 新华书店
印刷单位 陕西天意印务有限责任公司
版 次 2018 年 11 月第 1 版 2018 年 11 月第 1 次印刷
开 本 787 毫米×1092 毫米 1/16 印张 15.875
字 数 374 千字
印 数 1~3000 册
定 价 36.00 元
ISBN 978 - 7 - 5606 - 5102 - 6/F

XDUP 5404001 - 1

* * * 如有印装问题可调换 * * *
本社图书封面为激光防伪覆膜,谨防盗版。

前　言

数据无处不在，大数据时代，谁掌握了数据，谁就能把握成功。"一切皆可量化"，数据分析专家道格拉斯(Douglas A. Lind)这个大胆的断言是解决诸多商务活动问题的关键所在。

为传播统计思维方式：数据—模型—决策，本书在对统计理论和知识、方法进行严格逻辑推理的基础上，加入了对数学表达式的解释，使其背后的现实经济、管理意义能够为人们所理解、熟悉，并应用于自己的生活、工作中。

与同类教材相比较，本书的主要特征包括：

(1)注重突出统计分析方法应用技能和技巧的训练。本书为方便学生学习与理解，对所涉及的方法产生的背景、数学上的提法、适用的范围和对象、具体解题的步骤进行了详细的介绍，并结合相应的事例进行说明；直接面向问题，体现大数据时代"知道'是什么'比知道'为什么'更重要""相关关系比因果关系更重要"的思维和实践新变化。

(2)注重突出统计分析方法操作的可行性，着重提升学生解决实际问题的能力。为此，本书依据实际问题，讲授了如何使用 Excel、SPSS 两种软件进行具体分析。借助计算机软件的帮助，能够快速地处理大量的、复杂的数据，也使模型的求解变得更容易。

(3)除大量应用具体方法分析的问题导向型案例外，书中还提供了使用系统方法才能解决的综合案例。通过这种安排，一方面更具体地说明了相关方法的原理和应用过程，另一方面也为将统计分析方法运用于专业问题研究提供了基本的参考。

为方便教师教学和学生自学，增加阅读的可读性与趣味性，书中的每章内容均配有引例、学习目标、小结和思考练习；同时，在相应的章节适当地配备了综合案例，给出了案例使用说明，以方便读者熟悉、理解和应用所讲的理论、知识与方法。根据授课对象或课时安排的不同，教师可合理选择适当内容讲授或让学生自学。

编者从事商务统计教学与科研工作已十年，有道是"十年磨一剑"。在此期间有所得有所失，收获了学生、同行的认可和自己专业知识的增进。近日遇到一学生提起当年在课堂上听到我所谈论过的一些言语，发现自己都不曾记得了，愕然于莫言那句"用嘴说出的话随风而散，用笔写出的话永不磨灭"。

在哈佛大学箴言"不出版，就死亡"(Publish or Perish)的激励下，提笔把多年教学和科研上的些许收获编入此书中，供大家分享，但难免仍有"野人献曝"之态，只是想说自己仍在追求"不滞于物，草木竹石均可为剑"的路上，亦想判断"在人的一生中，总有一个记忆力方兴未艾，而理解力运若转轴的最好时期"，自己是否错过。

本书的编写获得了西安电子科技大学教材建设基金项目的资助，得到了西安电子科技大学经济与管理学院、教务处等有关部门领导和同事的大力支持。编写过程中，编者参阅、借鉴了大量国内外相关文献资料和同类教材，主要的文献资料和教材已列在书后，在此向所有相关的作者表示深深的感谢！西安电子科技大学出版社戚文艳等诸位编辑为本书的出版付出了大量的汗水和辛勤的劳动，在此一并向他们致以诚挚的谢意。

本书是编者多年从事商务统计教学的成果。然而，鉴于编者才疏学浅，书中不妥之处在所难免，恳请各位专家、学者、教师、学生以及其他广大的读者将宝贵的批评、意见和建议及时反馈给我们，对此我们表示衷心的感谢！编者的电子邮箱为 xdjiangxiaobing@qq.com。

视频资源在"西电学堂"上，网址为 http://xt.xidian.edu.cn/G2S/site/preview♯/moocview? currentoc＝334。

视 频 资 源

编　者
2018 年 7 月

目　　录

第一章　商务统计基础

【引例】数的起源

　　数，是我们在生活中常常接触的。数无处不在，买东西，商品的价钱要用到数；看电视，电视频道的标号要用到数；写封信，填邮政编码还是要用到数。可见，数在我们生活中是异常重要的。

　　原始时代的人类，为了维持生活必须每天外出狩猎和采集果实。有时他们满载而归，有时却一无所获；带回的食物有时有富余，有时却不足果腹。生活中这种数与量上的变化，使人类逐渐产生了数的意识。在那个时候，人们在生产活动中注意到一只羊与许多羊，一头狼与整群狼在数量上的差异，开始了解有与无，多与少的差别，进而知道了一和多的区别，然后又明确了从多到二、三等单个数目概念。随着社会的进一步发展，简单的计数就是必不可少的了，一个部落集体必须知道它有多少成员或有多少敌人，一个人也必须知道他的羊群里的羊是不是少了。这样，人类的祖先在与大自然的艰难搏斗中，在漫长的生活实践中，由于记事和分配生活用品等方面的需要，逐渐产生了数的概念。数的概念的形成可能与火的使用一样古老，大约是在30万年以前，它对于人类文明的意义也绝不亚于火的使用。数的产生，标志着人类的思维逐步由事件的直观思维走向形式或抽象思维。

　　最早人们利用自己的十个指头来记数，当指头不数应用时，人们开始采用"石头记数""结绳记数"和"刻痕记数"。在经历了数万年的发展后，直到距今大约5000年前，才出现了书写记数以及相应的记数系统。早期记数系统有：公元前3400年左右的古埃及象形数字；公元前2400年左右的巴比伦楔形数字；公元前1600年左右的中国甲骨文数字；公元前500年左右的希腊阿提卡数字；公元前500年左右的中国筹算数码；公元前300年左右的印度婆罗门数字以及年代不详的玛雅数字。这些记数系统采用不同的进制，其中除巴比伦楔形数字采用六十进制、玛雅数字采用二十进制外，其他均采用十进制。可以说，从古到今，数的运算很大程度上是依靠十进位制的伟大发明。当今几乎主宰了人们工作和生活一切领域的计算机则是得益于数字的二进位制才形成了它的千变万化。

【学习目标】

- 了解统计分析方法在商务活动中的应用
- 掌握统计工作、统计资料和统计学的含义和关系
- 熟悉统计学的发展史
- 熟悉统计学的分类
- 了解常用的商务统计分析软件

1.1 商务活动与统计

当今，数据在商务活动中随处可见，有数据的地方就有统计。这正印证了一百多年前英国作家赫伯特·乔治·威尔斯（Herbert George Wells）给出的预言，统计思维总有一天会像读与写一样成为所有人必须具备的能力。

1.1.1 生产运作管理与统计

生产运作管理离不开统计。例如，库存是影响企业经营绩效的重要因素。库存是为了获取生产规模效应，同时满足需求不确定性以及需求零散连续特性的必然产物。但库存不是越多越好，过多的库存会占用大量的流动资金，增加库存管理费用，还容易使物资失效变质，造成损失。随着信息技术的发展和管理水平的不断提高，在不影响顾客需求的前提下，减少库存是企业不断努力的方向，以致提出了"零库存"目标，但由于大量不确定因素的存在，"零库存"成为企业不断提高库存管理水平可望而不可及的理想。

影响库存决策与管理的因素很多，如需求、库存策略、库存费用等。在很多情况下，需求是随机的，但可以根据以往的资料和经验了解需求具有的统计规律、服从的概率分布。因此，库存决策中存在着大量的统计数据收集与分析工作。

1.1.2 市场营销与统计

市场营销重在产品销售前缜密的市场策划，成功的市场策划的关键在于有准确的数据、信息来源，以及对数据、信息的科学处理。通过市场调查，收集、积累消费者和其他同类企业的大量数据、信息，经过分析、加工和处理，预测消费者购买某种产品的概率以及本企业的市场占有率，据此选择、确定企业的目标消费者群体及正确的营销策略，在合适的时间、地点，以合理的价格、销售渠道、促销方式把产品销售给顾客，达到企业预期的经营目标。可见，市场调查、数据处理、预测决策是信息时代兴起的营销途径，而这一系列程序恰好是统计工作的重要环节。

近年来，市场营销领域流传着一则"啤酒与尿布"的故事。该故事发生于20世纪90年代的美国沃尔玛超市。沃尔玛的超市管理人员分析销售数据时发现了一个令人难于理解的现象：在一些特定的情况下，"啤酒"与"尿布"两件看上去毫无关系的商品会经常出现在同一个购物篮中。这种独特的销售现象引起了管理人员的注意，经过后续调查发现，这种现象出现在年轻的父亲身上。在美国有婴儿的家庭中，一般是母亲在家中照看婴儿，年轻的父亲前去超市购买尿布。父亲在购买尿布的同时，往往会顺便为自己购买啤酒，这样就会出现啤酒与尿布这两件看上去不相干的商品经常会出现在同一个购物篮中的现象。如果这个年轻的父亲在卖场只能买到两件商品之一，则他很有可能会放弃购物而到另一家商店，直到可以一次同时买到啤酒与尿布为止。沃尔玛发现了这一独特的现象，开始在卖场尝试将啤酒与尿布摆放在相同的区域，让年轻的父亲可以同时找到这两件商品，很快地完成购物；沃尔玛超市可以让这些客户一次购买两件商品而不是一件，从而获得了很好的商品销售收入。这就是"啤酒与尿布"故事的由来。

当然"啤酒与尿布"的故事必须具有技术方面的支持。1993年，美国学者艾格拉沃

(Agrawal)提出通过分析购物篮中的商品集合找出商品之间关联关系的算法，进而分析客户的购买行为。艾格拉沃从数学和计算机算法角度提出了分析商品关联关系的计算方法——Aprior算法。沃尔玛从20世纪90年代尝试将Aprior算法引入到POS机数据统计分析中，获得了成功，于是产生了"啤酒与尿布"的故事。

1.1.3　产品质量管理与统计

美国两位著名的统计学家休哈特(Walter A. Shewhart)和戴明(W. Edeards Deming)对推动统计学在产品质量管理领域的应用做出了卓越的贡献。享有"统计质量控制之父"之称的休哈特是纽约贝尔实验室的一位统计学家，他的著作《产品生产的质量经济控制》被公认为质量基本原理的起源。休哈特宣称变异存在于生产过程的每个方面，但是可以通过使用简单的统计工具，如抽样和概率分析来了解变异，为此，他提出使用控制图来监测产品质量。控制图是一种用统计方法设计的对过程质量特性进行测定、记录、评估，从而监测产品生产过程是否处于控制状态的图表，用于对生产过程进行分析和监测，以及时发现异常因素，从而避免不合格品大量出现。戴明是休哈特的学生，供职于美国普查局，他不断完善老师的统计质量管理理论，提出了著名的"戴明循环"。此外，戴明还是第一个真正将全面质量管理思想与方法在企业成功推行的践行者，由于他的推行，日本经济在第二次世界大战后的废墟中迅速崛起。为了表彰和纪念戴明对日本经济发展所起巨大作用，日本管理协会设立以他的名字命名的日本最高质量管理奖——戴明质量奖。

由摩托罗拉公司的比尔·史密斯(Bill Smith)提出的六西格玛(6σ)管理是运用统计方法持续改进产品质量管理的又一成功案例，其目的是设计一个目标：在生产过程中降低产品及流程的缺陷次数，防止产品变异，提升品质。它真正流行并发展起来，源于通用电气公司的实践。20世纪90年代，通用电气公司(GE)在时任CEO的杰克·韦尔奇(Jack Welch)的带领下，总结了全面质量管理的成功经验，提炼了其中流程管理技巧的精华和最行之有效的方法，使六西格玛管理发展成为一种提高企业业绩与竞争力的管理模式。杰克·韦尔奇曾谈到："6σ培训计划是GE下一个世纪领导层得以产生繁衍的园地，6σ是我们曾经尝试过的最重要的管理培训方法，它胜过到哈佛工商学院就读，也胜过到克劳顿管理学院(克劳顿管理学院是GE高级管理人员培训中心，有人把它称为GE高级领导干部成长的摇篮，有'美国企业界的哈佛'之誉)进修，它教会你一种完全与众不同的思维方式。"

西格玛即希腊字母σ的译音，是统计分析人员用于衡量工艺流程中的波动性而使用的代码。企业可以用西格玛的级别来衡量在商业流程管理方面的表现。传统公司的一般产品质量要求已提升至3σ。这就是说产品的合格率已达99.73%，只有0.27%为次品，又或者解释为每生产1000件产品或提供1000次服务，只有2.7件或2.7次存有缺陷。很多人认为，产品达到这样的水平已非常满意。可是，根据专家研究结果证明，如果产品达到99.73%合格率的话，以下事件便会继续在现实中发生：每年有20000次配错药事件；每年有15000个婴儿出生时会被抛落地上；每年平均有9小时没有水、电、暖气供应；每星期有500宗做错手术事件；每小时有2000封信邮寄错误。然而，采用6σ标准，就产品生产或服务而言，则意味着在生产或服务过程中缺陷率不超过百万分之3.4，通俗地说，如果生产100万件产品或进行100万次服务，产品的不合格件数或服务达不到要求的次数平均来说不超过3.4件或3.4次。这样的不合格率非常低，可以忽略不计。

由此可以看出，随着人们对产品质量要求的不断提高和现代生产管理流程的日益复杂化，企业越来越需要 6σ 这样的高端流程质量管理标准，以保持在激烈的市场竞争中的优势地位。该管理方法在摩托罗拉、通用电气、戴尔、惠普、西门子、索尼、东芝、华硕等众多跨国企业的实际应用中被证明是卓有成效的。为此，国内一些部门和机构也在国内企业大力推广 6σ 管理工作，引导企业开展 6σ 管理。

1.1.4 人力资源管理与统计

随着知识经济时代的来临，人力资本成为企业最重要的资源，人力资源管理中不仅存在大量的传统统计报表管理和统计分析工作，如企业人员变动分析、劳动生产率变动分析、劳动报酬变动分析等，也存在大量运用统计分析技术探讨各类人力资源对企业贡献、胜任力等的应用性工作。随着大数据时代的来临，人力资源管理统计工作也日新月异。

Google 作为最受欢迎的 IT 公司之一，每月收到 10 万份以上的简历，该如何筛选出最合适的人呢？Google 求助于大数据技术，让所有在职员工各完成一份 300 道问题的问卷，并根据问卷结果建立一套数学模型，这套数学模型让 Google 不再唯文凭论人才，开始去发现那些在校成绩不太好但是却有潜力的申请者。

IBM 公司是跨国大公司，它将大数据技术应用到人力资源管理的方方面面，创建了 Professional Marketplace 数据库，数据库里有 IBM 员工的技能、薪资以及近期日程安排等信息，并通过统计分析等数据方法找到最佳的资源配置方式。这种方法使 IBM 的项目经理在组建项目团队时就像订机票一样简单。

1.1.5 投资风险管理与统计

任何投资都存在风险，企业经营需要在不确定的市场环境中进行一系列投资决策。风险管理成为企业规避经营中不确定性因素影响的重要内容。风险管理离不开统计，例如，在风险收益分析中通常用股指涨跌率的均值作为度量股市收益率的指标，用其方差或标准差或变形，如下半方差等作为度量风险的指标。

度量风险的一个著名工具 VaR(Value at Risk)就是一个统计模型。VaR 指未来一定时间内，在给定的条件下，任何一种金融工具和品种的市场价格的潜在最大损失。VaR 模型由 JP 摩根公司首创，它的原理是根据资产组合价值变化的统计分布图，直观地找到与置信度相对应的分位数，即 VaR 值。目前全球已有一千家以上的银行、保险公司、非银行金融性公司及其他资金管理者使用 VaR 和 VaR 的改进方法——条件 VaR 进行风险管理。

信用风险是国内外金融行业面临的最大风险之一，由次贷危机引发的全球金融危机更加激发了企业、监管机构、政府等各方对信用风险研究和管理的关注。《新巴塞尔资本协议》把违约损失率作为度量信用风险预期和非预期损失的重要参数，以及金融行业风险管理的基础。度量违约损失率的方法主要是分类统计、回归分析等。

由此判断，商务活动中的统计问题随处可见。在商务活动中，如果说以往凭经验、甚至凭勇气还能多少获得一些利润，取得一些成就，那么，在经济高速发展、全球化日趋明显的今天，管理人员都深刻地意识到，竞争已经在更高的层面展开，光有笼统的、定性的、模糊的认识，没有精确的、定量的、深刻的分析将会方向不明、目标不清、行动不力，使自己处在极其不利的地位。这就是统计分析、推理方法越来越受到现代管理人员重视的原因。

1.2 统计学基础

理解统计学的含义，了解统计学的发展演变，熟悉统计学的分类，对学习商务统计学来说，是十分必要的。

1.2.1 统计学含义

在介绍什么是统计学之前，很自然地涉及"统计"一词的含义。在日常生活中，"统计"有着多种含义。例如，开会时主持人要统计一下出席会议的人数；篮球比赛中教练员要统计每个队员的投篮命中率、犯规的次数；农户在农作物收获后统计其产量；等等。这时"统计"是一个动词，它有记数的含义。在这个意义上统计的起源是很早的，从历史上看，早在古代奴隶主统治的国家，由于赋税、徭役、征兵等需要，必须掌握人口和土地等数据。据记载，公元前3050年，埃及建造金字塔，为征集建筑费，就有对全国的人口与财产的调查。罗马皇帝凯撒·奥古斯都曾下过一道命令，要全世界向他纳税，于是要每个人都向就近的收税人登记。英国的威廉大帝下令测量英国的土地，其目的是为了征税和征兵役。我国春秋时期齐桓公任用管仲为相，齐国大治。在反映管仲思想的重要著作《管子》一书中就有这样的论述："不明于计数，而欲举大事，犹无舟楫而欲经于水险也。"这就是说不善于利用计数而进行宏伟事业，犹如没有船和桨而欲渡过激流险滩一样。可见在这个意义上，"统计"的应用十分广泛，而且是历来治理国家必不可少的一项重要工作。

统计工作是指对社会现象或自然现象的总体数量进行搜集、整理和分析的实践活动，包括对社会、经济以及自然现象的数量方面进行搜集、整理、分析的活动过程，其目的在于搜集、整理和分析数量化的信息，为认识事物、掌握规律、预测决策、科学研究和各项管理提供信息支持。

统计工作的结果形成一系列的数字资料，称为统计资料或统计数据，这是"统计"的另一个含义。它和前面讲的统计工作是紧密相关的，是统计工作的直接结果，因此也是很早就有的。根据历史记载，我国夏商时代就开始有人口统计数据。春秋时期，《商君书》中指出："强国知十三数：竟内仓、口之数，壮男、壮女之数，老、弱之数，官、士之数，以言说取食者之数，利民之数，马、牛、刍藁之数。欲强国，不知国十三数，地虽利，民虽众，国愈弱至削。"这十三数包括粮食储备、人口及其各项分类、农业生产资料以及自然资源等数据，不过当时还没有明确叫做统计资料。随着社会的发展，需要的统计数据也就越来越多，现在只要阅读各类媒介都可以看到各种各样的统计数据。国家统计局每年出版统计年鉴，反映国家的经济、文化教育以及科技发展等情况，这些都是在这个意义上的"统计"。

统计资料通常是指社会现象或自然现象的某一研究总体在特定的时间、空间条件下，依据总体内个体的特征（属性和数量），由点数、计量而获得的数据资料。故统计资料具有时间、空间和数据三个要素。

除了上面所讲的两个含义之外，"统计"还有另外的一个含义，即作为一门学科的统计学。统计工作的发展和深化需要理论的指导。有关统计的理论系统化为一门学科，就形成了统计学。

统计学是一门关于大量数据资料的收集、整理、描述、推断和分析的学科，是一门研究现象共体的数量表现和规律性的方法论的学科。

统计学与统计工作、统计资料有着密切的关系，如图 1.1 所示。统计工作是对客观现象总体的数量表现进行搜集、整理和分析的实践活动，它必须以科学的统计理论和方法为指导。统计资料是统计工作的产品和成果，是反映客观现象总体数量特征和规律性的数据、图表等资料的集合。统计学是统计实践活动发展到一定阶段的产物，是统计实践活动经验的科学总结、理论概括和创新发展。

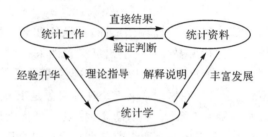

图 1.1 "统计"三个含义间的关系

开展统计研究，有两个问题不得不面对：第一个问题是这些数据从哪里来的，也就是说，怎样找出或采集数据。第二个问题是这些数据说明了什么，它对我们的生活、工作等有什么特别意义。统计学就是在探索和回答这两个问题中得到发展的。统计学的整个结构也在探索这两类问题的解答途径中形成。这就决定了统计学的性质是通过大量数据信息的搜集和挖掘，对事物、现象的数量方面进行研究，进而达到探索数据信息内在数量规律的目的。

统计学研究的基础是数据。数据，就其词义而言，指进行各种统计、计算、科学研究和技术设计等所依据的数值。英语里 data 作为 datum 一词的复数形式，具有如下含义：① 论据，作为论据的事实；② 材料，资料；③ 历史上的、计算或实验得到的数据。经济、管理领域分析研究的"数据"是作为集合名词出现的，是指进行决策所依据的客观事实基础。数据和信息是不可分离的，数据是信息的表达，信息是数据的内涵，因此，data 与 information 互为近义词。数据本身没有意义，数据只有对实体行为产生影响时才成为信息，其反映的是一定社会现象或自然现象在特定的时间、空间条件下表现出的特征，故经济、管理领域分析研究的数据需要具备时间与空间要素，并非数学学科中纯粹的、抽象的数字。

数据的载体是客观现象，全部研究现象的集合称为总体。总体是根据研究目的而确定的、客观存在的，在同一性质基础上结合起来的众多个别事物结合起来的整体。例如，研究全国服务业企业的利润情况时，全国所有的服务业企业形成了一个总体。成千上万不同的服务业企业可以结合在一起构成总体，这是因为每个服务业企业的经济职能是相同的，都是从事生产和销售服务产品的基本单位，在经营过程中都需要投入一定的成本以获取相应的收益。同质性是确定总体的基本标准，它是根据研究目的而确定的。研究目的不同，则所确定的总体也不同，其同质性的意义也随之变化。例如，研究全国服务业企业的营业收入时，全国所有的服务业企业构成了总体，凡是服务业企业都是同质的。如果研究的是中小型规模服务业企业的营业收入状况，那么，年营业收入在 2000 万元以下的服务业企业则构成了总体，这些企业是同质的，而年营业收入在 2000 万元以上的服务业企业就是非同质的了，不能归入此总体中。

　　总体单位(简称单位)是构成总体的各个事物,亦称个体。根据总体中包含的总体单位数目,总体可以分为有限总体和无限总体。总体所包含的个体数目是有限的,称为有限总体,如某一时刻一定区域内的人口、企业、汽车等。总体所包含的个体数目是无限的,称为无限总体,如一企业生产的某类产品,由于该产品可能会一直持续生产下去,总体包括已经生产、正在生产和将来生产的此类产品,数量难以具体确定,故属于无限总体。总体和总体单位的概念是相对而言的,随着研究目的改变而变化。同一个研究对象,在一种情况下为总体单位,但在另一种情况下有可能变成总体。例如,研究全国劳动密集型企业的员工结构,全国所有此类企业形成总体,每个劳动密集型企业为总体单位;但当研究局限于某一劳动密集型企业的员工结构时,则该企业就变成了总体,企业各个员工成了总体单位。

　　数据研究的目的是要确定总体的内在数量规律性。然而,当总体单位数量很多甚至无限时,不可能亦没有必要对构成总体的所有单位都进行调查。这时,采用一定的方式从总体中抽取一部分单位,作为总体的代表加以研究。这种由总体的部分单位组成的集合称为样本。样本和总体的关系主要体现在两方面。一方面,总体是人们所要研究的对象,而样本则是所要观察的对象,样本是总体的代表和缩影;另一方面,样本是用来推断总体的,对样本进行观察的目的是要对总体数量特征做出估计或判断,即通常所说的以样本推断总体。样本所包含的总体单位数目称为样本容量。

　　标志是总体各单位具有的共同特征的名称。从不同角度考察,每个总体单位可以有许多特征。例如,企业员工都具有性别、年龄、民族、受教育程度、工资、津贴等,这些都是员工的标志。标志在总体各单位中的具体表现即为数据。数据研究就是从收集各单位标志具体表现状况开始的,通过对标志的研究,综合反映出总体的数量特征。

　　数据分析研究需要进行必要的计量,这就必须要弄清楚数据具备怎样的运算功能。依据美国社会学家、统计学家史蒂文斯(S.S.Stevens)数据运算功能的研究,按照所具备运算功能由低到高、由粗略到精确,数据划分为四个类型:定类数据、定序数据、定距数据和定比数据,相应地,标志也分为四类:定类标志、定序标志、定距标志和定比标志(见表 1.1)。

表 1.1　标志与数据的类型

标志类型	数据类型	运算功能	特征	实　　例
品质标志	定类标志	定类数据	计数	分类	性别、民族、品种
	定序标志	定序数据	计数	分类	等级、产业、优劣、奖励
			排序	排序	
数值标志	定距标志	定距数据	计数	分类	产品、质量、差异
			排序	排序	
			加减	基本的测量单位	
	定比标志	定比数据	计数	分类	产量、产值、商品销售额、利润率、增长率、人均数
			排序	排序	
			加减	基本的测量单位	
			乘除	绝对零点	

　　观察人的性别、企业所属的行业、学生所在的学院等,这里的性别、行业、学院等标志

具体表现为不同的类别，比如性别：男、女，行业：制造业、零售业、旅游业等，学院：商学院、法学院等，这样一类标志称为定类标志，收集的定类标志具体表现所形成的结果为定类数据。定类数据一般不能直接表现为数值资料，只能通过文字、代码和其他符号来表达，这类数据只关心类别，不关心秩序，或者说排序对问题无实质性影响，所以对它们能够进行的唯一运算就是计数，即计算每一个类型中所包含总体单位的多少。若按某一标志分类后，分出的类别结果具有一定的顺序，也就是说，能测定各类别的等级差异，这种标志称为定序标志。例如受教育的程度为大学、高中、初中、小学，考试成绩按等级分为优、良、中、及格、不及格，一个人对事物的态度分为赞成、中立、反对。这里的教育程度、成绩等级、态度就是定序标志。定序标志在个体上的具体表现所形成的结果为定序数据，可以按照某个标准排序。

定距标志不仅能将总体单位进行分类并按某个标准进行排序，而且能测定其间距的大小。如某班学生某门课程的考分不仅可以从高到低分类排序，而且可形成从最高分直到最低分的序列；这些考生的得分不仅有明确的高低之分，而且还有基本确定的测量单位，可以计算差距，例如张三 95 分，李四 70 分，前者比后者多出 25 分，又比如温度，今天最高温度 33℃，最低温度 18℃，相差 15℃。定距标志的具体表现所形成的结果为定距数据，可以进行加或减的运算，但不可以进行乘除的计算，原因在于没有固定的有确定意义的零点。定比标志是比定距标志更高一级的标志，其具体表现出的数据为定比数据，不仅可以进行加减运算，而且可以做乘除运算，定比数据与定距数据的显著区别在于它有一个绝对的、非任意性的零点。例如人的年龄、体重以 0 为绝对界限，一个人的年龄不能比 0 更年轻，体重也不能比 0 更轻，因此我们不仅可以说 75 岁人比 25 岁人年长 50 岁，还可以说 75 岁人的年龄是 25 岁人的 3 倍。绝大多数的经济、管理数据都属于定比数据，如产量、产值、居民收入等。

标志按其性质可以分为品质标志和数值标志。品质标志表示事物的质的特性，是不能用数值表示的，如员工的性别、民族、工种等。数值标志表示事物的量的特性，是可以用数值表示的，如员工年龄、工资、工龄等。品质标志主要用于分组，将性质不相同的总体单位划分开来，便于计算各组的总体单位数，计算结构和比例指标。数值标志既可用于分组，也可用于计算标志总量以及其他各种指标。定类标志和定序标志构成了品质标志，定距标志与定比标志则形成了数值标志。

标志按变异情况可分为不变标志和变异标志。当一个标志在各个单位的具体表现都相同时，这个标志称为不变标志；当一个标志在各个单位的具体表现有可能不同时，这个标志称为可变标志或变异标志。如中国第六次人口普查规定："人口普查的对象是具有中华人民共和国国籍并在中华人民共和国国境内常住的人。"按照这一规定，在作为调查对象的人口总体中，国籍和在国境内居住是不变标志，而性别、年龄、民族、职业等则是变异标志。不变标志是构成总体的基础，因为至少必须有一个不变标志将各总体单位联结在一起，才能使它们具有"同质性"，从而构成一个总体。变异标志是数据分析研究的主要内容，因为如果标志在各总体单位之间的表现都相同，那就没有进行数据分析研究的必要了。

此外，标志还有一个名称，叫做变量，同样是用来说明事物、现象某种特征的概念。变量的具体表现为变量值。变量可以根据选择区分标准的不同，划分为定类变量、定序变量、定距变量和定比变量，或者分为品质变量和数值变量等。

1.2.2　统计学发展历程

作为一门学科，统计学初创于 17 世纪中叶至 18 世纪初，这一时期称为统计学的萌芽期，当时主要的学派有国势学派和政治算术学派。

国势学派的代表人物是德国人赫尔曼·康令（Hermann Conring）和戈特弗里德·阿亨瓦尔（Gottfried Achenwell）。康令和阿亨瓦尔都在德国的大学开设国势学课程，讲授和传播国家比较记述方法的知识，试图探讨事实的因果关系。阿亨瓦尔是"统计"一词的创用者，在他的代表著作《近代欧洲各国国势学纲要》的绪言中，把国势学名定为"Statistik"（统计）这个词，统计学的名称也由此确定。此后，各国相继沿用"统计"一词，并分别译成本国文字，如 18 世纪"Statistik"的译文传入英国，英语中才有"Statistic"和"Statistics"。但是国势学派只是对各国情况作一般性的比较记述，如"某国人口众多""土地辽阔"之类，而没有进行数量研究和描述，故又称作记述学派。严格地说，这一学派的研究方法与现代统计学有很大出入，因此，国势学派是有名无实的统计学。

政治算术学派的代表人物是英国人威廉·配第（William Petty）和约翰·格朗特（John Graunt）。配第，擅长研究分析的技巧，主张用"数字、重量和尺度"来说话，首先提出了用数量来科学地研究社会经济现象的方法即政治算术，通过计量和比较来研究社会经济现象及其规律性。他对人口规律的研究具有较大的贡献，并最早估算了国民收入。在他的代表著作《政治算术》序言中，配第明确指出："我进行这项工作所使用的方法，在目前还不常见。因为和只使用比较级或最高级的词语以及单纯做思维的论证相反，我却采用了这样的方法（作为我很久以来就想建立的政治算术的一个范例），即用数字、重量和尺度的词汇来表达我自己想说的问题，只进行诉诸人们感官的论证和考察在性质上有可见根据的原因。"卡尔·马克思（Karl Heinrich Marx）非常看重配第的理论和方法，对他的贡献给予了很高的评价，称誉配第是"政治经济学之父，在某种程度上也是统计学的创始人。"格朗特通过对当时伦敦市 50 多年的人口出生和死亡资料的计算，撰写了《对死亡表的自然观察和政治观察》一书，在生命统计、保险统计和经济统计方面做出了重大贡献。数量特征是现代统计学的关键特征，但配第和格朗特始终没有使用"统计学"一词，因此，政治算术学派是有实无名的统计学。

统计学的近代期时间跨度为 18 世纪末至 19 世纪末，当时主要的学派有数理统计学派和社会统计学派。

数理统计学派的代表人物是比利时人阿道夫·凯特勒（Adolphe Quetelet）。他的卓越之处是把概率论引入统计学，第一次把概率论的基本原理"大量观察法"引入到统计的研究领域，提出社会现象和自然现象中一切事物都受"大数定律"支配的理论。凯特勒认为统计学是可以用于任何科学的一般研究方法，统计自此成为一门独立的学科——数理统计学，统计方法得到广泛应用。他明确指出：统计学的目的在于揭示大量现象的数量规律性，是应用于任何事物数量研究的最一般方法的思想。这一观点几乎左右了统计学后来的发展趋向。同时，凯特勒把统计学发展中的三个主要源泉，即德国的国势学派、英国的政治算术学派和意大利、法国的古典概率学派加以统一、改造并融合成具有近代意义的统计学，促使统计学向新的境界发展。可以说，凯特勒是古典统计学的完结者，又是近代统计学的先驱，在统计发展史上具有承上启下、继往开来的地位。因此，他被誉为"近代统计学之父"。

社会统计学派的代表人物是阿道夫·克尼斯（Adolf Knies）、恩斯特·恩格尔（Ernst Engel）和格奥尔格·梅尔（Georg Mayr）。克尼斯把统计学的性质规定为"具有政治算术内容的社会科学"，认为统计学是一门对社会经济现象进行数量对比分析的科学。恩格尔通过对英、法、德和比利时等国的工人家庭调查，撰写了《比利时工人家庭的生活费》一书，提出著名的恩格尔定律，即：一个家庭（或个人）的收入愈低，其食品支出在收入中所占比例就愈高；反之，其比例就愈低。梅尔在他的著作《社会生活中的规律性》一书中提出，统计学是根据数量的大量观察，对人类社会生活的状态及其产生的规律作有系统的说明与研究。社会统计学在社会经济统计指标的设定与计算、指数的编制、资料的收集与整理、统计调查的组织与实施、社会经济的数量分析与预测等方面做出了巨大贡献。

统计学的现代期从 19 世纪末 20 世纪初开始，其标志是推断统计学的问世。英国人卡尔·皮尔逊（Karl Pearson）和罗纳德·艾尔默·费希尔（Ronald Aylmer Fisher）是现代统计学的主要奠基人。皮尔逊提出了包括正态分布、矩形分布、J 形分布、U 形分布等 13 种曲线及其方程式。他的这一成果，打破了以往次数分布曲线的"唯正态"观念，推进了次数分布曲线理论的发展和应用，为大样本理论奠定了基础。费希尔论证了方差分析的原理和方法，并应用于试验设计，阐明了最大似然性方法以及随机化、重复性和统计控制的理论。此外，他还阐明了各种相关系数的抽样分布，进行了显著性测验研究。

在现代期，统计学的发展有几个明显的趋势：第一，随着数学的发展，统计学依赖和吸收的数学方法越来越多；第二，向其他学科领域渗透，或者说，以统计学为基础的边缘学科不断形成；第三，随着统计学应用日益广泛和深入，特别是借助计算机后，统计学所发挥的功效日益增强。第四，统计学的作用与功能已从描述事物现状、反映事物规律，向抽样推断、预测未来变化方向发展。它已从一门实质性的社会性学科，发展成为方法论的综合性学科。

1.2.3　统计学分类

"人以群分，物以类聚"。统计学作为一门应用非常广泛的学科，其内容体系非常丰富，依据不同的分类标准，统计学分类的具体表现也不同。

（1）从统计学发展历程和应用实践的角度分类，统计学分为描述统计学和推断统计学。

描述统计学研究如何取得反映客观现象的数据，并通过图表形式对所收集的数据进行加工处理和显示，进而通过综合概括与分析得出反映客观现象的规律性数量特征。其内容包括数据的收集、数据的整理、数据的显示、数据分布特征的概括与分析等方法。

推断统计学是研究如何根据样本数据去推断总体数量特征的方法，它是在对样本数据进行描述的基础上，对总体的未知数量特征做出以概率形式表述的推断。

描述统计学和推断统计学的划分，一方面反映了统计学发展的前后两个阶段，同时也反映了应用统计学探索客观事物数量规律性的不同过程。图 1.2 很好地反映出描述统计学和推断统计学在统计学探索客观现象数量规律性中的地位。

由图 1.2 可以看出，统计分析研究过程的起点是数据，终点是探索出客观现象内在的数量规律性。在这一过程中，如果收集到的是总体数据，则经过描述统计学的环节之后就可以达到认识总体数量规律性的目的；如果所获得的只是研究总体的一部分数据：样本数据，要找到总体的数量规律性，则必须应用概率论的理论并根据样本信息对总体进行科学的推断。

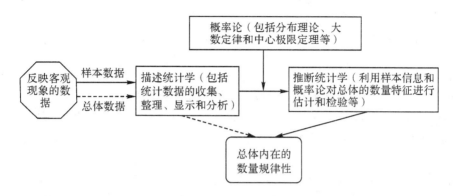

图 1.2　统计学探索客观现象数量规律性的过程

　　描述统计学和推断统计学是统计学的两个组成部分。描述统计学是整个统计学的基础，推断统计学则是现代统计学的主要内容。由于在对现实问题的研究中，所获得的数据主要是样本数据，因此，推断统计学在现代统计学中的地位和作用越来越重要，已成为统计学的核心内容。当然，这并不等于说描述统计学不重要，如果没有描述统计方法收集可靠的数据并提供有效的样本信息，即使再科学的推断统计方法也难以得出切合实际的结论。从描述统计学发展到推断统计学，既反映了统计学发展的巨大成就，也是统计学发展成熟的重要标志。

　　（2）从统计方法研究与应用的角度分类，统计学分为理论统计学和应用统计学。

　　理论统计学是指统计学的数学原理，它主要研究统计学的一般理论和统计方法的数学理论。理论统计学是统计方法的理论基础，没有理论统计学的发展，统计学也不可能发展成为像今天这样一个完善的科学知识体系。由于现代统计学用到了几乎所有方面的数学知识，从事统计理论和方法研究的人员需要有坚实的数学基础。此外，由于概率论是统计推断的数学和理论基础，因而广义地讲，统计学也是应该包括概率论在内的。

　　在统计研究领域，从事理论统计学研究的人相对是很少的一部分，大部分则是从事应用统计学研究的。应用统计学是研究如何应用统计方法去解决实际问题的。统计学是一门收集和分析数据的科学。由于在社会科学和自然科学研究领域中，都需要通过统计分析来解决实际问题，因而统计方法的应用几乎扩展到了所有的科学研究领域。例如，统计方法在生物学中的应用形成了生物统计学，在医学中的应用形成了医疗卫生统计学，在农业试验、育种等方面的应用形成了农业统计学，在商务活动中的应用形成了商务统计学，等等。以上这些应用统计学的不同分支所使用的统计方法基本上是一样的，但由于各应用领域有其自身的特殊性，这促使统计方法在应用中形成了一些不同的特点。

1.3　常用商务统计分析软件

　　商务活动涉及的数据研究规模不断扩大，渐渐超出了人们用纸和笔所能解决的范围。随着计算机技术的进步，不管是庞大的数据还是繁杂的计算，都已经不是统计分析的瓶颈。正是由于计算机的普及，让我们每个人都能随时随地快捷地借助软件完成统计分析，统计分析的方法得到了前所未有的推广。以前纸和笔时代的统计分析与如今计算机时代的统计分析之间存在着巨大的差异，进行统计分析必须在精通数理知识的同时，熟练掌握统计分析软件的操作。

1.3.1 Excel 软件

Excel 是微软办公软件 Office 中的一个重要组成部分。Excel 虽然不是一款专业的数据分析软件，但它具备的功能足够实现数据处理、统计分析和辅助决策的操作，能够满足一般的经济、管理工作需要。相对其他专业数据分析软件，它更容易获得，现在基本上每台计算机都有安装，且其人机界面更有亲和力、操作简单直观，即使缺乏数据分析方面知识的使用者，也很容易上手。

自从 1985 年第一个版本诞生以来，Excel 已经形成了在不同计算机操作系统运行的数十个版本。当前，Windows 系统中使用的 Excel 版本多为 2003、2007 和 2010。本书主要以当前使用较为广泛的 Excel 2007 版为基础进行讲解，辅以说明 Excel 2003、2010 版与之的差异。

Excel 2007 与 Excel 2003 最大的区别是菜单。Excel 2007 在菜单区的左上角增加了一个 Office 按钮，其很多属性的设置是从 Office 按钮开始的。Excel 2007 放弃了传统的下拉菜单，改为平铺式功能区。Excel 菜单的层次一般为三层，第一层为顶层菜单，第二层为平铺功能区，第三层为功能标签，有些功能标签还带有功能菜单。Excel 2007 的顶层菜单、平铺功能区、功能标签和功能菜单如图 1.3 所示。

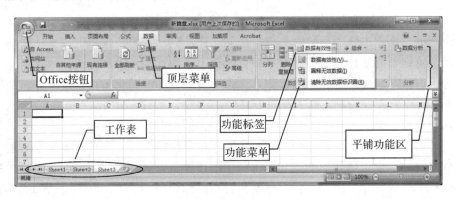

图 1.3 Excel 2007 的菜单布局

图 1.3 的界面显示的是一个空数据表，称为 Excel 工作簿，通常用列代表标志，行代表数据。在工作簿中直接录入数据，形成数据集合。工作簿底部的 Sheet1、Sheet2、Sheet3 表示的是工作表标签。一般情况下，新生成的工作簿默认有三个工作表，可根据实际需要增加或删减。

Excel 2007 与 Excel 2010 外观上区别不大，细节方面有所调整，最主要的是 Excel 2010 增加了很多实用的函数，使得 Excel 处理大量数据时更加得心应手。具体函数的使用将结合章节内容给予相应的说明。

在进行数据分析前，需要检查"数据"菜单中是否有"数据分析"命令。若没有，则可点击"Office 按钮"，选择右下方的"Excel 选项"，在弹出的窗口左侧菜单栏中点击"加载项"，选择底部"管理"中的"Excel 加载项"，点击"转到"（见图 1.4）。此时，会出现"加载宏"窗口。选择对话框中的"分析工具库""分析工具库—VBA"，点击"确定"（见图 1.5）。这时，"数据"菜单中就会出现"数据分析"的命令。有时 Excel 2007 未完全安装，则在点击"确定"后，会提示要求调用软件安装系统，按照提示给出软件安装系统所在位置就可以完成安装。

图 1.4　Excel 2007 添加"数据分析"命令

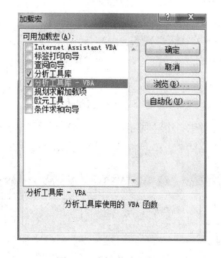

图 1.5　"加载宏"窗口

1.3.2　SPSS 软件

SPSS 最初是 Statistical Package for the Social Science 的英文缩写，意为社会科学统计软件包，是世界上最早的统计分析软件，由美国斯坦福大学的三位研究生 Norman H. Nie、C. Hadlai Hull 和 Dale H. Bent 于 1968 年研究开发成功，在开发 SPSS 软件的同时，还成立了 SPSS 公司。随着产品服务领域的扩大和服务深度的增加，其英文全称于 2000 年更改为 Statistical Product and Service Solution，即统计产品与服务解决方案。2009 年 7 月，IBM 公司收购了 SPSS 公司。2009 年至 2010 年 SPSS 的版本曾用 PASW Statistics 命名，称为预测统计分析软件(Predictive Analytics Software)，之后的版本更名为 IBM SPSS，至今 SPSS 已有二十余个版本。本书进行数据分析使用的版本是 SPSS 18 中文版，即 PASW

Statistics 18。选用此版本的原因主要在于它易取得、安装便利。在操作方面，SPSS 较新的版本与选用的版本间并无大的差异。

SPSS 是世界上最早采用图形菜单驱动界面的统计软件，它最突出的特点就是操作界面极为友好，输出结果美观。它将几乎所有的功能都以统一、规范的界面展现出来，使用 Windows 的窗口方式展示各种管理和分析数据方法的功能，对话框展示出各种功能选择项。SPSS 采用类似 Excel 表格的方式输入与管理数据，数据接口较为通用，能方便地从其他数据库中读入数据。可以说，SPSS 是世界上最优秀的数据分析软件之一。

数据编辑窗口是 SPSS 的主程序窗口，该窗口的主要功能是定义 SPSS 数据的结构、录入编辑和管理待分析的数据（见图 1.6）。其中，"数据视图"用于显示数据的内容，"变量视图"用于显示数据的结构。

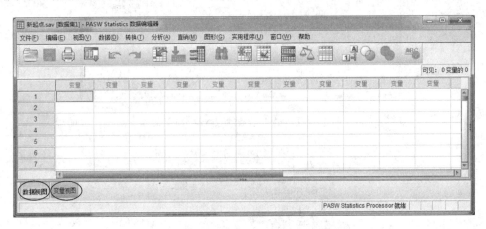

图 1.6　SPSS 数据编辑窗口

结果输出窗口是 SPSS 的另一个主要窗口，SPSS 数据分析的所有输出结果都显示在该窗口中，主要包括 SPSS 统计分析结果、报表及图形（见图 1.7）。

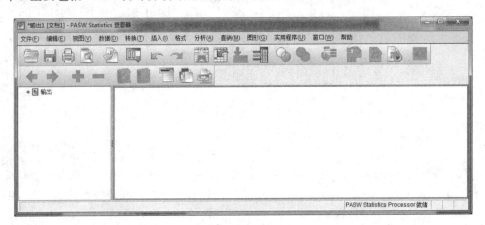

图 1.7　SPSS 结果输出窗口

1.3.3　SAS 软件

SAS 是英文 Statistical Analysis System 的缩写，翻译为中文是统计分析系统，是一个模块化、集成化的大型应用软件系统。它提供了从基本统计分析到各种试验设计的方差分析、相关回归分析，以及多变量分析的多种统计分析过程，几乎囊括了所有最新数据分析方法，其分析技术先进，可靠。由于运行稳定、功能强大，近年来，SAS 一直占据着统计软件的高端市场，遍及金融、医药卫生、企业生产、货物运输、通信、政府和教育科研等领域。在数据处理和统计分析领域，SAS 系统被誉为国际上的标准软件，堪称统计软件界的巨无霸。在国际学术界有条不成文的规定，凡是用 SAS 分析的结果，在国际学术交流中可以不必说明算法，由此可见其权威性和信誉度。SAS 虽然也提供了许多菜单操作方式，但仍然以编程为主，学习起来有一定困难，是最难掌握的统计软件之一。因此，对于基础数据分析课程来讲，SAS 使用起来不是很方便，但其强大的功能和可编程性使它成为一些超级用户的首选。

1.3.4　Stata 软件

Stata 是一款小型的统计软件，使用时可以每次只输入一个命令(适合初学者)，也可以通过一个 Stata 程序一次输入多个命令(适合高级用户)。这样的话，即使发生错误，也较容易找出并加以修改。由于 Stata 在分析时是将数据全部读入内存，在计算全部完成后才和存储硬盘交换数据，因此计算速度极快。Stata 最大的缺点应该是数据接口太简单，实际上只能读入文本格式的数据文件，同时，数据管理界面也过于单调。

SPSS、SAS 与 Stata 是三款专业的数据分析软件。相比较而言，SPSS 的口号是"真正统计，确实简单"，致力于简便易行，并且取得了成功。但是如果你是高级用户，随着时间推移会对它丧失兴趣。SPSS 是制图方面的强手，由于缺少稳健的调查方法，处理前沿的统计过程是其弱项。SAS 适合高级用户使用。它的学习过程是艰苦的，最初的阶段会使人灰心丧气。然而，它还是以强大的数据管理和同时处理大批数据文件的功能，得到高级用户的青睐。Stata 较好地实现了使用简便和功能强大两者的结合。尽管其简单易学，它在数据管理和许多前沿统计方法中的功能还是非常强大的。用户可以很容易地下载到别人已有的程序，也可以自己去编写，并使之与 Stata 紧密结合。

除此之外，常用来进行数据分析的软件还有 SYSTAT、Eviews、Minitab、MATLAB以及 R 语言等。可以说，每个软件都有其独到之处，也难免其软肋所在。实际应用中，需要根据数据特征和应用领域，进行选择。

由于模块化、程式化的设计，不同软件之间操作起来有不少相似之处。只要学会其中一种软件，再使用其他软件时也不会有太大困难，多看看软件自带的帮助与说明即可。学习软件的最好方法应该是边学边用，带着问题探讨软件的操作会事半功倍。

本 章 小 结

"统计"一词有统计工作、统计资料和统计学三种含义。统计工作是对客观现象总体的数量表现进行收集、整理和分析的实践活动，它必须以科学的统计理论和方法为指导。统计资料是统计工作的产品和成果，是反映客观现象总体数量特征和规律性的数据、图表等资料的集合。统计学是统计实践活动发展到一定阶段的产物，是统计实践活动经验的科学总结、理论概括和创新发展。统计学是一门关于大量数据资料的收集、整理、描述、推断和分析的学科，是一门研究现象共体的数量表现和规律性的方法论的学科。

统计学研究的基础是数据。数据无论来源于总体，还是来源于样本，直接的载体都是总体单位，也就是个体。数据若反映的是事物质的方面的特征，则为品质数据；若反映的是事物量的方面的特征，则为数值数据。根据不同数据在运算功能方面的差异，品质数据可细分为定类数据、定序数据，数值数据可细分为定距数据、定比数据，此四类数据演算的层次逐渐提高，从简单的计数、排序逐步过渡到可以进行加减、乘除运算。

统计学发展的萌芽期、近代期和现代期表明，随着社会的发展与实践需要，统计学越来越多地依赖和吸收数学方法，使统计方法不断丰富和完善，不断发展和演变，成为研究社会现象和自然现象数量方面的方法论学科。统计学内容体系非常丰富，从统计学发展历程和应用实践的角度，统计学可分为描述统计学和推断统计学；从统计方法研究与应用的角度，统计学可分为理论统计学和应用统计学。

统计分析与推理已从纸和笔的时代过渡到计算机时代。熟悉常见统计分析软件的操作成为了现代管理人员必备的知识技能之一。

思 考 练 习

1.1　解释统计工作、统计资料和统计学三个概念的含义。

1.2　阐述统计工作、统计资料和统计学三者间的关系。

1.3　一项民意调查的结果说："51.8％的西安人赞成保留明代的古城墙。"最后写到："这个结果是通过调查购买华商报的 2168 名读者给出的，调查对象遍布西安各区县。"这个调查的总体是什么？总体单位是什么？样本是什么？样本容量是多少？

1.4　阐述定类数据、定序数据、定距数据和定比数据的区别，并各举一个课本之外的例子。

1.5　解释品质标志与数值标志的含义，阐述其区别。

1.6　阐述统计学的发展史。

1.7　解释描述统计学和推断统计学。

1.8　解释理论统计学和应用统计学。

1.9　结合你生活、工作的实际情形，举例说明统计分析与推理方法的应用。

1.10　分别使用 Excel、SPSS 录入同一组你收集的数据，比较在数据录入方面，两个软件的操作有何差异？

1.11　如何激活 Excel 中的"数据分析"工具？

1.12　除了本章所提到的统计分析软件外，你还知道哪些统计分析软件？介绍给你的朋友、同学、同事。

第二章　数据收集

【引例】麦当劳选址的商圈调查

在考虑餐厅的选址时，麦当劳会通过商圈调查来估计当地的市场潜能。

1. 确定商圈范围

一般说来，商圈范围是以餐厅中心，以一到两千米为半径，画一个圆，作为它的商圈。如果这个餐厅设有汽车走廊，则可以把半径延伸到四千米，然后把整个商圈分割为核心商圈、次级商圈和边缘商圈。商圈的范围一般不能越过公路、铁路、立交桥、地下道、大水沟，因为顾客不愿通过这些阻隔到不方便的地方购物。商圈确定以后，麦当劳的市场分析专家便开始分析商圈的特征，以制订公司的地区分布战略，即规划在哪些地方开设多少餐厅为最适宜，从而达到通过消费导向去创造和满足消费者需求的目标。

因此，商圈特征的调查必须详细统计和分析商圈内的人口特征、住宅特点、集会场所、交通和人流状况、消费倾向、同类商店的分布，对商圈的优缺点进行评估，并预计设店后的收入和支出，对可能获取的净利润进行分析。为此，在商圈地图上，至少需要标注下列数据：餐厅所在社区的总人口、家庭数，人口的平均年龄；餐厅所在社区的学校数、事业单位数；构成交通流量的场所，包括百货商店、大型集会场所、娱乐场所、公共汽车站和其他交通工具的集中点等；平日和假日餐厅前的人流量，人潮走向；有无大型公寓或新村；商圈内的竞争店和互补店的店面数、座位数和营业时间等。

2. 进行抽样调查

在分析商圈的特征时，还必须在商圈内设置几个抽样点，进行抽样调查。抽样调查的目的是取得基准数据，以确定顾客的准确数字。

抽样统计可将一周分为三段：周一至周五为一段；周六为一段；周日和节假日为一段，从每天的早晨7时开始至午夜12点，以每两个小时为单位，计算通过的人流数、汽车和自行车数。人流数还要进一步分类为男、女、青少年、上班和下班的人群，等等，然后换算为每15分钟的数据。

3. 开展实地调查

除了进行抽样统计外，还要进行对顾客的实地调查，或称作商情调查。实地调查可以分为两种。一种以车站为中心，另一种以商业区为中心。以车站为中心的调查方法可以是到车站前记录车牌号码，或者乘公共汽车去了解交通路线，或从车站购票处取得购买月票者的地址。以商业区为中心的调查需要调查当地商会的活动计划和活动状况，调查抛弃在路边的购物纸袋和商业印刷品，看看人们常去哪些商店或超级市场，从而准确地掌握当地的购物行动圈。通过访问购物者，调查他们的地址，向他们发放问卷，了解他们的基本信息和购物、用餐习惯。

最后把调查得来的所有资料，载入最初画了圈的地图。这些调查得来的数据以不同颜色标明，这样就可以在地图上确定选址的商圈。"正因为麦当劳的选址坚持通过对市场的全面资讯和对位置的评估标准的执行，才能够使开设的餐厅，无论是现在还是在将来，都能健康稳定地成长和发展。"麦当劳香港总部如是说。

【学习目标】

- 了解数据的来源
- 掌握直接数据调查的主要方法
- 熟悉间接数据收集的方式以及评估其可用价值的标准
- 熟悉数据误差产生的原因
- 了解数据质量的要求

2.1 数 据 来 源

"除了上帝，任何人都必须用数据来说话"。那么，从哪里获得数据呢？就成了运用统计分析方法进行决策首先要回答的问题。站在使用者的角度来看，数据主要有两种来源：一种是数据使用者直接参与了数据的调查、观察或实验，数据使用者同时也是数据收集者，这时数据对使用者来说是直接数据（一手数据、初级数据）；另一种是数据使用者并没有直接参与数据的调查、观察或实验，数据使用者与收集者发生了分离，不是同一个或一组人，这时数据对使用者来说是间接数据（二手数据、次级数据）。

2.1.1 直接数据

直接数据是数据使用者为了一定目的，通过调查、观察或实验等方法专门收集的。

调查是通过人与人之间的交流来帮助调查人员获取调查对象信息的方法；观察是调查对象处于自然状态的条件下，调查人员就其行为、状态，边观察边记录以收集信息的方法，例如，有助于了解购买力和购买习惯的消费者支付情况观察，有助于广告价格确定的电视收视情况观察；实验是一种特殊的观察方法，是在特定的环境、条件下，取得调查对象相关数据的方法，如"科学管理之父"弗雷德里克·温斯洛·泰勒（Frederick Winslow Taylor）的金属切削实验、搬运生铁块实验、铁锹实验。

调查是取得商务活动数据的重要手段。根据调查范围的差异，调查可分为全面调查和非全面调查两大类。全面调查是指凡属于调查对象的所有单位都逐一接受调查，具体方式有普查、统计报表等；非全面调查则是仅就调查对象中的部分单位进行调查，常见方式有抽样调查、典型调查和重点调查等。

1. 普查

普查是为了某种特定的目的而专门组织的一次性或周期性的全面调查，用以搜集重要国情国力和资源状况的全面资料，为政府制定规划、方针政策提供依据，如人口普查、科技人员普查、工业普查、物资库存普查等。普查多半是在全国范围内进行的，特别是诸如人口、物资等时点的数据。

普查的组织形式有两种：一种是建立专门的普查机构，配备大量的普查人员，对调查单位进行直接的登记，如我国1953年、1964年、1982年、1990年、2000年、2010年开展的第一至六次人口普查采用就是这种形式；另一种是利用调查单位的原始记录和核算资料，结合清库盘点，由登记单位填报，采用此方式的有我国自1954年多次进行的黑色金属、有色金属、木材和粮食库存等。后者比前者简便，适用于内容比较单一、涉及范围较小的情况，特别是为了满足某种紧迫需要而进行的"快速普查"，就可以采用这种方式，它由登记单位将填报的表格越过中间一些环节直接报送到最高一级机构集中汇总。

普查作为一种数据搜集方式，具有以下几个特点：

（1）规定统一的普查项目。普查时必须按照统一规定的项目进行登记，不准任意改变或增减，以免影响汇总和综合，降低数据质量。同一种普查，历次调查项目在设计时通常遵循有增无减的原则。增加是为了满足社会经济发展和管理的需要，不减是为了便于进行历次调查数据的对比分析和观察社会经济现象发展变化情况。

（2）规定统一的标准时点。标准时点是指对调查对象登记时所依据的统一时点。调查资料必须反映调查对象在这一时点上的状况，以避免调查时因情况变动而产生重复登记或遗漏现象。例如，我国第六次人口普查的标准时点为2010年11月1日零时，就是要反映这一时点上我国人口的实际状况；农业普查的标准时点定为普查年份的12月31日24时。

（3）规定统一的普查期限。在普查范围内各调查单位或调查点尽可能同时进行登记，并在最短的期限内完成，以便在方法和步调上保持一致，保证资料的准确性和时效性。例如，我国第六次人口普查的期限为10天，要求2010年11月1日0时至10日24时完成入户调查。

（4）普查通常是一次性的或周期性的。由于普查涉及面广、调查单位多，需要耗费大量的人力、物力和财力，通常需要间隔较长的时间，一般每隔5年或10年进行一次。目前，我国已明确规定，逢末尾数字为"0"的年份进行人口普查；逢"3""8"的年份进行经济普查；逢"6"的年份进行农业普查。

（5）普查的使用范围比较窄，只能调查一些最基本及特定的现象。

2. 统计报表

统计报表又称定期统计报表，是由政府主管部门依照国家有关法规，以统计表格形式，借助行政手段自上而下布置，而后由企、事业等基层单位自下而上层层汇总上报逐级提供数据资料的一种调查方式。它的任务是经常地、定期地搜集反映国民经济和社会发展基本情况的资料，为各级政府和有关部门制定国民经济和社会发展计划，以及检查计划执行情况服务。

目前，我国的统计报表是由国家统计报表、业务部门统计报表和地方统计报表组成的。国家统计报表也叫国民经济基本统计报表，由国家统计部门统一制发，用以收集全国性经济和社会基本情况的数据，包括农业、工业、交通、基建、物资、商业、外贸、劳动工资、财政、金融等方面最基本的资料。业务部门统计报表是为了适应各部门业务管理需要而制定的专业技术报表，在本系统内实行，用于收集有关部门的业务技术资料，作为国家统计报表的补充。地方统计报表是针对地区特点而补充制定的地区性统计报表，是为本地区的计划和管理服务的。三者互有联系，其中，国家统计报表是统计表中的基本组成部分。

统计报表是我国传统的收集数据资料的主要方法，在过去很长一段时间里，为国家全面了解、掌握国民经济与社会发展状况，发挥了十分重要的作用。与其他数据收集方式相比较，统计报表具有以下优点：

（1）全面性。全面性是指依照国家相关法规，在规定范围内的所有单位都必须填写统计报表所要求的全部信息。

（2）连续性。连续性是指统计报表属于连续性数据调查，能连续不断地定期提供统计资料，有利于积累资料，并进行动态对比分析。

（3）统一性。统一性是指统计报表的内容、口径范围、计算方法、表格形式、报送程序等都是统一规定的。

（4）时效性。时效性是指统计报表明确规定有最晚上报的截止时间，各单位必须按时上报。

（5）可靠性。可靠性是指在统计报表填写时，必须以基层企事业单位的原始记录和结算资料为基础。

（6）层次性。层次性是指由于统计报表的资料是自下而上层层上报汇总的，因而能满足各级政府和主管部门对数据资料的不同需要。

统计报表在收集数据时也存在一些不足之处：

（1）数据失真。在经济利益多元化的条件下，有些单位为了本单位的利益可能会瞒报、虚报，甚至编造、篡改数据，数据质量得不到应有的保障。

（2）负担过重。一个基层单位会有多个不同的业务主管机构，如果这些上级机构向下布置的报表过多，会严重增加基层单位负担，使基层单位疲于应付。

3. 抽样调查

抽样调查又称抽样推断，是指为了特定的研究目的，按照随机原则从总体中抽取部分单位组成样本进行调查，然后根据样本信息从数量上推断总体的数量特征。

1）抽样调查的特点

抽样调查具有三个特点：

（1）样本单位是按随机原则抽取的。所谓随机原则，是指抽取样本时排除主观因素的影响，使总体中每个单位都有机会被抽中。

（2）抽样调查的目的是用样本数据推断总体的数量特征，取得样本数据只是必要的手段、使用的方法。

（3）抽样调查的误差是不可避免的，但可以计算，并通过一定的途径加以控制，保证抽样推断结果达到预期的可靠程度。

抽样调查的应用非常广泛，是商务活动中最主要的数据收集方式。原因除了上述三个方法论上的特征外，最主要的原因是经济性、时效性比较好，只调查部分而非全部，使得投入的人力、物力、财力等大幅度消减，花费的时间也缩短了。

2）抽样调查的适用范围

抽样调查的主要适用范围有：

（1）不可能进行全面调查的现象只能采用抽样调查，如具有破坏性的产品质量检验，像电子产品的耐用时数、轮胎的里程测定等，不可能对所有的产品一一鉴定其质量。

（2）不必要进行全面调查的现象可采用抽样调查，如城乡居民生活收支调查、民情民意的调查等，即使进行全面调查，对所有人逐一了解情况，也无法获得准确的信息。

（3）可作全面调查的研究对象，为了节省时间、人力和调查费用，亦可采用抽样调查，如一日用生活品，所有人都是它潜在的顾客，企业想要分析了解该产品的市场前景，不可能调查所有人的意见、看法。

（4）用抽样调查弥补全面调查的不足或修正补充全面调查的数据。由于全面调查涉及面广，工作量大，收集的数据容易与实际情况发生偏差，为减少这个误差，常会在全面调查开始之后，安排一次小规模的抽样调查，将抽样调查和全面调查的数据进行对比，以此为基础，对全面调查数据进行必要的修正。

3）常用的抽样调查方法

实践中，常用的抽样调查方法主要有简单随机抽样、整群抽样、分层抽样和等距抽样。

（1）简单随机抽样。简单随机抽样又称纯随机抽样，是指从总体 N 个单位中抽取 n 个单位组成样本，保证每一个单位被抽到的可能性完全相等的一种抽样方法。

简单随机样本的抽取可以有多种具体办法，抽签、摸球都是基本的做法。一个签或一个球代表总体的一个单位，总体的所有单位都要包括在内，将这些签或球放在一起搅匀后，按照重复抽样的办法从中选出组成样本的单位。当总体包含的单位数目很大时，采用此类方法，意味着需要写很多签或准备很多球，工作量比较大，特别是在无限总体的情况下，这种方法的应用基本上是不可能的。

很多情况下，利用计算机软件可以帮助我们完成简单随机抽样。

【例 2.1】　为了解员工对一项新绩效考核方法的看法，某公司想从 518 名员工中随机抽取 10 名员工进行调查，员工编号从 1～518，试用 Excel、SPSS 随机抽选出 10 名员工的工号。

解　① 使用 Excel 软件可有多种方法实现抽样，如：运用 RANDBETWEEN 函数、RAND 函数等。

RANDBETWEEN 函数的功能是产生介于两个指定数之间的随机整数。其语法结构为

RANDBETWEEN（bottom，top）

其中，bottom、top 是返回随机整数的上边界和下边界，二者并不要求一定是整数。单元格 A2、A3 中录入 B2、B3 相应的计算公式进行运算都可实现从工号 1～518 等可能机会抽取 1

名员工的工号。重复计算 10 次，即可得到 10 名员工的工号（见图 2.1）。Excel 中的操作为：选定 A2 单元格，用鼠标左键点住此单元格右下角拖至 A11。需要注意的是，每次点击运算单元格或开启 Excel 文件时，函数都会重新进行抽样。若使用函数生成了随机数，且不想使之随单元格计算而改变，可在输入函数后，保持编辑状态，然后按 F9，将公式永久性地改为随机数。若形成的是批量随机数，则可选定随机数所在单元格区域，按下 Ctrl＋C，点击鼠标

	A	B
1	**工号抽样**	
2	340	=RANDBETWEEN(1,518)
3	131	=RANDBETWEEN(0.1,518.9)
4	437	
5	243	
6	248	
7	283	
8	35	
9	241	
10	291	
11	338	

图 2.1　RANDBETWEEN 函数抽样

右键，激活"选择性粘贴"窗口，在"粘贴"栏，选定"数值"，即可将随机数批量固定下来。Excel 中的函数重复计算时想固定计算结果都可按照此操作进行，其他 Excel 函数就不再累述。

RAND 函数的功能是产生大于等于 0 小于 1 的均匀分布随机实数。其语法结构为

RAND( )

需要留意的是，此函数没有输入变量。本例题需要返回的是 1～518 间的整数，且包含 518，因此，需要借助直接舍去小数部分返回整数的 INT 函数来完成抽样（见图 2.2）。

	A	B
1	工号抽样	
2	356	=INT(RAND()*518+1)
3	136	
4	459	
5	189	
6	268	
7	39	
8	51	
9	455	
10	179	
11	209	

图 2.2 RAND 函数抽样

使用 Excel 中的随机数发生器命令也可实现抽样。

在 Excel 选择"数据"菜单中的"数据分析"命令，接着在弹出的"数据分析"对话框中，选择"随机数发生器"选项，点击"确定"按钮。在对话框中设置"变量个数"为"1"；设置"随机数个数"为"10"，点击"分布"后的下拉箭头按钮，选择"均匀"选项；设置"参数"下的"介于"为"1"与"518"；"输出选项"中选定"输出区域"，并点击其后的折叠按钮，选中单元格 A2，点击"确认"按钮（见图 2.3）。最后，再选中 A2：A11 的区域，点击鼠标右键，选择"设置单元格格式"，在弹出对话框中的"数字"选项卡中选择"数值"，设置"小数位数"为"0"。这样，就完成了抽样。

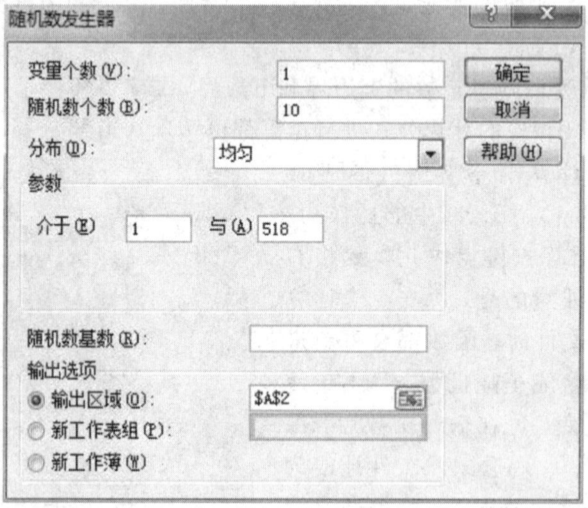

图 2.3 "随机数发生器"对话框

② 利用 SPSS 进行抽样时，首先建立随机数变量 random，在数据视图中变量的第 10 个单元格任意录入一数据，激活 10 个单元格，且在变量视图中将 random 变量的小数位设置为"0"。返回数据视图，点击菜单"转换"中的"计算变量"命令，在弹出的"计算变量"对话

框中,设置"目标变量"为 random,设置"数字表达式"中的运算为 RND(RV.UNIFORM(1,518)),完成对 random 的赋值(见图 2.4)。

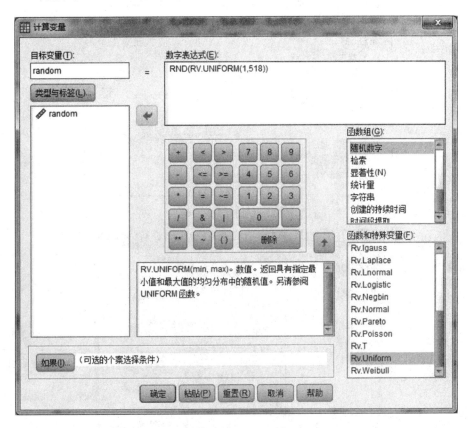

图 2.4　"计算变量"对话框

【例 2.2】　一湿地公园的餐厅为调查公园参观家庭一天中在食品方面的消费支出,收集了昨日到公园参观的 30 个家庭的食品消费支出数据,如表 2.1 所示。

表 2.1　湿地公园参观家庭一天的食品消费支出　　　　　　　　(单位:元)

50	55	59	55	56	36	26	50	34	44	41	58	58	53	51
62	43	52	53	63	62	62	65	61	52	60	60	45	66	83

试利用 Excel、SPSS 抽出 8 个数据以便分析研究。

解　① 利用 Excel 进行抽样时,选择"数据"菜单中的"数据分析"命令,在弹出的"数据分析"对话框中,选择"抽样"选项,点击"确定"按钮。在弹出的"抽样"对话框中,点击"输入区域"后的折叠按钮,选中区域 A2:A31;在"抽样方法"一栏中选择"随机"选项,"样本数"设置为"8";在"输出选项"中选中"输出区域",点击其后的折叠按钮,选中 B2 单元,点击"确定"按钮(见图 2.5)。

② 利用 SPSS 进行抽样时,点击数据视图中的"数据",选取"选择个案"命令。在弹出的"选择个案"对话框中,"选择"中圈定"随机个案样本",点击"样本"按钮(见图 2.6)。在"选择个案:随机样本"对话框中,设置"精确"的两个文本框为"8"和"30"(见图 2.7)。点击"继续"按钮,返回到"选择个案:随机样本"对话框,点击"确认"按钮。

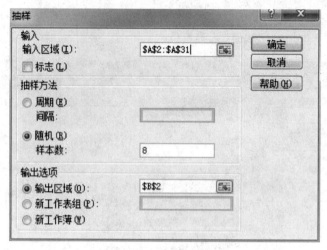

图 2.5 "抽样"对话框

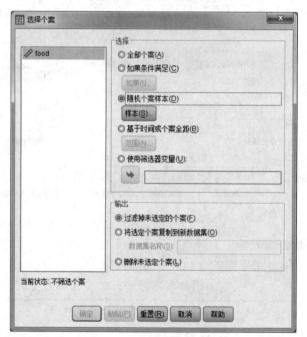

图 2.6 "选择个案"对话框

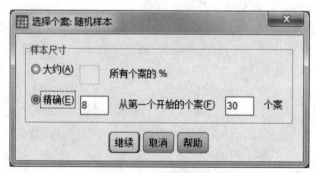

图 2.7 "选择个案：随机样本"对话框

（2）整群抽样。整群抽样又称聚类抽样，是将总体中各单位归并成若干个互不交叉、互不重复的集合，称之为群；然后以群为抽样单位，从所有群中随机地抽取若干群作为样本。被抽中的群中每一个单位都成为样本的组成部分，而没有被抽中的群中则任何一个单位都不属于样本。与简单随机抽样相比，整群抽样的对象是每一个群，而简单随机抽样则是每一个单位。

总体中的群一般是根据行政区域、所处地域以及其他自然形成的特征进行划分的，因此，群通常是由那些地理位置邻近的或隶属于同一系统的单位所构成，这样调查时地点会相对集中，从而节省了调查费用，方便了调查的实施。整群抽样的主要弱点是估计的精确度较差，因为同一群内的单位或多或少地有些相似，有可能不足以说明总体中其他群的情形。为此，整群抽样需要遵循的一个总原则是，尽可能使群内各单位的差异大一些、群与群之间的差异小一些。

（3）分层抽样。分层抽样是将总体的单位按某种特征分为若干不同的层，然后再从每一层内进行简单随机抽样形成样本。分层抽样是先分层，后从层内抽样，这样抽样的各个单位散布在总体的各个层中，同简单随机抽样和整群抽样相比，分层样本的覆盖程度可能更为理想，有可能会显著地减少极端值的出现。所以，分层抽样的样本对总体有较高的代表性，分层抽样是一种比较常用的抽样方法，在商务活动中有着广泛的应用。

在具体确定各层应选的样本数目时，常用的方法有三种：第一种是等额分配，将要抽取的样本数目平均地分配到各层；第二种是等比例分配，按照各层单位数目占总体单位数目的比例大小抽取同比例的样本数目；第三种是最优分配，根据各层内部差异程度大小，差异程度大的层多抽些，差异程度小的层则少抽些。

（4）等距抽样。等距抽样也称为系统抽样、机械抽样，是将总体中各单位按某一标志排队，根据样本容量要求确定间隔距离，然后抽取第一个样本单位，按照间隔距离确定其他样本单位。排队时，标志可选择与调查内容相关的项目，也可选择与调查内容无关的项目。确定间隔距离需要考虑总体单位数目和样本容量。假设总体有 N 个单位，欲抽取容量为 n 的样本，则与 N/n 最接近的整数 k 即为间隔距离。若选择的是与调查内容相关的标志进行排队，第一个样本单位从排列在第 $1 \sim k$ 个单位中的中间位置选取；若选择的是与调查内容无关的标志进行排队，在第 $1 \sim k$ 个单位中随机抽取。第一个样本单位排列在第 i 个位置上，则其他样本单位排列的位置依次为 $i+k$、$i+2k$ …。

等距抽样操作简便，如果有辅助信息，对总体内的单位进行有组织的排列，可以有效地提高抽样效率，所需时间、费用较少。

4. 典型调查

典型调查是根据调查研究的目的和要求，在对总体进行全面分析的基础上，有意识地选择其中有代表性的典型单位进行深入细致的调查，借以认识事物的本质特征、因果关系和发展变化的趋势。所谓典型单位，是指那些最充分、最集中地体现总体某方面共性的单位。

典型调查的中心问题是如何正确选择典型单位，选择的好坏直接影响调查的效果。选择典型单位必须依据正确的理论进行全面的分析，切忌主观片面性和随意性；它不仅要求调查者有客观的、正确的态度，而且要有科学的方法。根据不同的研究目的和要求，选典方法有以下三种：

（1）"解剖麻雀"的方法。这种选典方法适用于总体内各单位差别不太大的情况。通过对个别代表性单位的调查，即可估计总体的一般情况。

（2）"划类选典"的方法。总体内部差异明显，但可以划分为若干个组，各组的内部差异较小。从各组中分别抽选一两个具有代表性的单位进行调查，即为划类选典。这种调查既可用于分析总体内部各组的特征，以及它们的差异和联系，也可综合各组的信息对总体情况作出大致的估计。

（3）"抓两头"的方法。从社会经济组织管理和指导工作的需要出发，可以分别从先进单位和落后单位中选择典型，以便总结经验和教训，带动中间状态的单位，推动整体的发展。

典型调查通常是为了研究某种特殊问题而专门组织的、非全面的、一次性调查。但是，有时为了观察事物发展变化的过程和趋势，系统地总结经验，也可对选定的典型单位连续地进行长时间的跟踪调查，特别适合研究尚未充分发展、处于萌芽状况的新生事物或带有某种倾向性的社会问题。通过对典型单位深入细致的调查，可以及时发现新情况、新问题，探索事物发展变化的趋势，形成科学的预见。

5. 重点调查

重点调查是专门组织的一种非全面调查，它是在总体中选择个别的或部分重点单位进行调查，以了解总体的基本情况。所谓重点单位，是指在总体中具有举足轻重地位的单位。这些单位虽然少，但就调查标志而言，在总体标志总量中占有绝大比重。通过对这些单位的调查，就能掌握总体的基本情况。例如，鞍山钢铁厂、武汉钢铁厂、首都钢铁厂、包头钢铁厂、攀枝花钢铁厂和宝山钢铁厂等特大型钢铁企业，虽然在企业数上只是少数，但它们的产量却占全国钢铁产量的绝大比重。对这些重大企业进行调查，便能省时省力而且及时地了解全国钢铁生产的基本情况。

重点调查的优点在于调查单位少，可以调查较多的项目，了解较详细的情况，取得及时的资料，使用较少的人力和时间，取得较好的效果。当调查任务只要求掌握总体的基本情况，而且总体中确实存在重点单位时，采用重点调查是比较适宜的。但必须指出，由于重点单位与一般单位的差别较大，通常不能由重点调查的结果来推算整个调查对象总体中其他单位的情况。

重点调查的关键问题是确定重点单位，首先重点的多少，要根据调查任务确定。一般来说，选出的单位应尽可能少些，而其标志值在总体中所占比重应尽可能大些，其基本标准是所选出的重点单位的标志必须能够反映研究总体的基本情况。其次选择重点单位时，要注意重点是可以变动的，即要看到，一个单位在某一问题上是重点，而在另一问题上不一定是重点；在某一调查总体上是重点，在另一调查总体中不一定是重点；在这个时期是重点，在另一时期不一定是重点。因此，对不同问题的重点调查，或同一问题不同时期的重点调查，要随着情况的变化而随时调整重点单位。当然选中的单位应是管理健全、基础工作较好的单位，以有利于调查的实施。

如果在对重点单位进行深入、全面调查的同时，对非重点单位进行抽样调查，把两部分调查结果进行组合，就可以较为全面地掌握总体情况。

2.1.2 间接数据

间接数据是由数据使用者为实现当前目的而把为追求其他目的已经收集的数据拿来使

用形成的。与直接数据相比，间接数据收集起来所需的费用和投入的时间会相对少得多。

一般情况下，对于大多数据使用者，特别是个体使用者，亲自通过调查、观察或实验去收集数据往往是不可能或不必要的，因而常使用间接数据。

1. 间接数据来源

根据来源不同，间接数据有两种基本类型：内部间接数据和外部间接数据。

内部间接数据是从调查对象内部直接获取的与调查有关的数据。例如，研究一公司的经营状况，可调用公司内部的原材料采购、产品库存、市场销售以及资产负债、现金流量等数据。内部间接数据涵盖了会计账目、生产记录、销售记录和各类报告，如公司财务报告、审计报告、市场销售调研报告；也包括企业信息管理系统、企业决策支持系统和各类数据库，如现有和潜在消费者的信息数据库。

外部间接数据是指来自调查对象外部的数据，多由政府部门、行业协会、研究机构等收集。此类数据从来源的表现形式上可分为纸质外部间接数据和在线外部间接数据。

纸质外部间接数据来自各类出版物，如《中国统计年鉴》《国际统计年鉴》《联合国统计年鉴》等统计年鉴，《丝绸之路经济带发展报告》《金融行业发展报告》《世界发展报告》等报告，还有《经济预测分析》《中国经济景气月报》《中国经济数据分析》等期刊。

通过查阅各类出版物来收集数据，往往要数次往返于图书馆、书店或者其他存储有此类出版物的相关机构，需要花费很多时间在路途中。互联网越来越普及的今天，只需一台连接网络的计算机或手机，人们就可以很方便地获取在线外部间接数据。

在线外部间接数据多存放在一些门户网站和数据库网站。例如，中华人民共和国统计局网站(www.stats.gov.cn)、国务院发展研究中心信息网(www.cei.gov.cn)、中国经济信息网(www.cei.gov.cn)等门户网站，还有CCER经济金融数据库(www.ccerdata.cn)、中国知网(www.cnki.net)、万方数据知识服务平台(www.wanfangdata.com.cn)等数据库网站。

2. 间接数据评估

在使用间接数据时，有时会碰到一些问题：

(1) 难以获得。例如一公司推出一款新产品，且市场尚未出现过相似功能的产品，此时，要判断该产品的销售量，没有办法借助间接数据完成，只能收集直接数据了才能预测。

(2) 数据缺失。数据保存不完全，或由于其他原因，导致数据缺失过多。

(3) 不够准确。间接数据往往是经过加工的，在收集、整理、分析和表现数据的过程中可能潜藏了许多错误。没有提及误差和误差范围的数据是值得怀疑的。

(4) 时效性差。间接数据即使保存完好，但也有可能因为与现实已相去甚远，无法为当前的目的服务。

为此，需要在使用前评估间接数据的可用价值，在评估间接数据的可用价值时应注意以下几个问题。

(1) 谁收集的？数据的来源是关系到数据准确程度的最关键因素。政府部门、大的市场调查机构、非盈利性组织等权威性较高，收集的数据较值得信赖。

(2) 研究的目的是什么？弄清研究的动机，有助于判断数据的质量。为了某一团体利益而收集的数据是令人怀疑的，例如公司自身所作的形象调查、广告公司对广告效果的自我测量等。

(3) 什么内容？研究者一定要时时注意辨明数据的内容，即使间接数据的质量可以让人接受，但也可能难于使用或不能适应需要。

（4）何时收集的？过时的数据是没有什么用处的。在收集间接数据时，一方面要注意其发表的时间，更重要的是要注意其实施调查的时间，因为调查结果发表和数据收集的真正时间常常是相隔很长的。

2.2　问卷设计

问卷是用来收集调查数据的一种工具，是调查者根据调查目的和要求所设计的，由一系列问题、备选答案、说明以及码表组成的一种调查形式。

问卷是社会研究中用来收集资料的一种工具。问卷的历史可追溯到经验社会调查广泛开展的 19 世纪。例如，卡尔·马克思（Karl Heinrich Marx）曾精心制作过一份工人调查表，它分为四个方面，包括近百个问题，以全面了解工人的劳动、生活和思想状况。20 世纪以来，结构式的问卷越来越多地被用于定量研究，与抽样调查相结合，已成为社会学（特别是商务活动领域）研究的主要方式之一。

大多数调查方法都要使用问卷来搜集调查所需的资料。根据调查所用方法的不同，可以把问卷分为访问调查问卷、座谈会调查问卷、邮寄调查问卷和电话调查问卷等。根据问卷的填写方式不同，可以把问卷分为自填式问卷和代填式问卷。自填式问卷是由被调查者自己填写的问卷，这种问卷主要适合于邮寄调查、宣传媒介发放的问卷调查等方式；代填式问卷是由调查者根据被调查者的回答来填写的问卷，这种问卷主要适合于访问调查、座谈会调查以及电话调查等方式。

2.2.1　问卷基本结构

不同的调查问卷在具体结构、题型、措辞、版式等设计上会有所不同，但在结构上一般都由开头部分、甄别部分、主体部分和背景部分组成。

1. 开头部分

开头部分一般包括问候语、填表说明和问卷编号等内容。不同的问卷开头部分所包含的内容会有一定差别。

1）问候语

在自填式问卷中，写好问候语十分重要。它可以引起被调查者对调查的重视，消除顾虑，激发参与意识，以争取他们的积极合作。问候词要语气亲切，诚恳礼貌，文字要简洁准确，并在结尾处表明对被调查者参与和合作的感谢。例如，下面是一份"DRF 公司客户满意度调查问卷"中的问候语：

亲爱的朋友：

您好！我是 DRF 公司售后服务部的员工。我们正在进行一项有 DRF 公司顾客满意度方面的调查，目的是能进一步为您提供更优质的服务。您的回答无所谓对错，只要真实地反映了您的情况和看法，就达到了这次调查的目的。希望您积极参与，您的资料我们会给予保密。调查要耽误您一些时间，请您谅解。能倾听您的意见，我们感到十分荣幸。谢谢！

2）填写说明

在自填式问卷中要有详细的填表说明，让被调查者知道如何填写问卷，如何将问卷返回到调查者手中。这部分内容可以集中放在问卷的前面，也可以分散到各有关问题的前面。下面是一份自填式问卷集中写明填写要求的例子：

填写要求：

（1）请您在所选择答案的题号上画"√"。

（2）对只许选择一个答案的问题只能画一个"√"；对可选多个答案的问题，请在您认为合适的答案上画"√"。

（3）需填写数字的题目在留出的横线上填写。

（4）对于表格中选择答案的题目，在所选的栏目内画"√"。

（5）对注明要求您自己填写的内容，请在规定的地方填上您的意见。

3）问卷的编号

问卷的编号主要用于识别问卷、调查者、被调查者姓名和地址等，以便于校对检变、更正错误。

2. 甄别部分

当一个被调查者面对询问，发现问题的答案直接或间接与自身或亲朋好友的利益相关时，就很难客观公正地依据事实来给出答案了。此外，还有一种可能是，被调查者对问题所涉及的内容并不了解，甚至可能一无所知，但出于八卦好发表意见的天性，又或者面子上的原因，怕显得自己太"无知"，又或者是受其他相关经验的混淆等，很多人都会倾向于发表自己的意见，很乐意给出答案。无论上述哪种情形，给出的答案都与事实发生了很大程度的背离，这可称为"虚假答案"。虚假答案对调查和研究人员而言，是没有价值的，甚至可能造成严重误导。数据收集人员不能指责被调查者故意给出虚假答案，作为问卷的设计者，要做的就是通过研究设计，尽量不给被调查者回答虚假答案的机会。

甄别就是在问卷中设置的"过滤器"。它是先对被调查者进行过滤，筛选掉不需要的部分，然后针对特定的被调查者进行调查。通过甄别，一方面可以筛选掉与调查事项有直接关系和对调查事项一无所知的这两类人；另一方面，也可以确定哪些人是合适的被调查者。甄别的目的是确保被调查者合格，使之能够作为该市场调查项目的代表，从而符合调查研究的需要。例如，下面是一份问卷的甄别部分：

A. 请问您或您的家庭有没有在下列行业工作的呢？

（1）广告、公关机构……………………………………………
（2）市场研究、咨询、调查机构……………………………
（3）电视、广播、报纸、网络等媒介机构……………………　终止访问
（4）轿车制造…………………………………………………
（5）轿车批发、零售…………………………………………

（6）以上皆无……………………………………………………　继续访问

B. 请问您的年龄是：

（1）20岁以下……………………………………………………　终止访问

（2）20岁至30岁之间…………………………………………
（3）30岁至40岁之间……………………………………………　继续访问
（4）40岁至50岁之间…………………………………………

（5）50 岁以上·······································　终止访问

3. 主体部分

该部分是调查问卷的核心内容，它包括所要调查的全部问题，主要由问题和答案所组成。

4. 背景部分

背景部分通常放在问卷的最后，主要是有关被调查者的一些背景资料。该部分所包含的各项问题，可使研究者根据背景资料对被调查者进行分类比较和分析，探讨更深层次的问题。

例如，下面是一份调查问卷所包括的背景资料：

A. 请问您的受教育程度？

（1）未上过学·······································　1

（2）小学···　2

（3）高中···　3

（4）大学专科·······································　4

（5）大学本科·······································　5

（6）研究生···　6

B. 请问您的职业是什么？

（1）各类专业、技术人员·····························　1

（2）国家机关、党群组织、企事业单位的负责人···　2

（3）办事人员和有关人员·····························　3

（4）商业工作人员···································　4

（5）服务性工作人员·································　5

（6）农林牧渔劳动者·································　6

（7）生产工作、运输工作和部分体力劳动者·······　7

（8）不便分类的其他劳动者·························　8

2.2.2　提问项目设计

问卷所要调查的资料，由若干个提问的具体项目即问题所组成。如何科学准确地提出所要调查的问题，是问卷设计中十分重要的一步，对调查质量有着重要影响。

问题要符合客观实际，即符合当前社会经济状况和科学发展水平，符合大多数人的思想、文化、语言、习惯的实际，符合调查研究的实际。问题的数量要适中，问题的多少决定着问卷的长度。为了保证问卷的回收率、有效性和时效性，问卷的长度有一定的限度。很多初学调查或问卷设计的人，往往以为多一道题，可多得一份资料，所以会询问一些不必要的问题，不但浪费时间和资料处理的费用，有时也因问题过多，使被调查者感到厌烦，影响整体调查的质量。一般来说，代填式问卷的回答时间控制在半个小时到一个小时之间；自填式问卷的回答时间控制在半个小时之内为宜。因此，一份问卷中的内容不宜过多，不必要的问题不要列入。

在设计提问项目时，需要注意以下几点：

1）提问的内容尽可能短

如果提问的问题太长，不仅会给被调查者的理解带来一定的困难，也会使其感到厌烦，从而不利于其对问题的回答。特别是访问调查中使用的问卷，提问的部分过长，会使被调查者忘记开头的内容，更不利于对整个问题的理解和回答。

2）用词要确切、通俗

问卷中的用词一定要保证所要提问的问题清楚明了。用词是否确切，具体可按"6W"准则加以推敲。"6W"即 Who（谁），Where（何处），When（何时），Why（为什么），How（如何），What（什么事），以此来判断问题是否清楚。当然，并不是一项提问中必须同时具备这"6W"，只要被调查者与调查者对问题的理解相同，没有产生歧义即可。

例如：

请问您使用什么牌子的牙膏？

这个问题中的 Who 很清楚，What 指牙膏的牌子，When 则未表明，是指过去还是现在？很容易造成回答偏差。因此，可以修改为：

请问您最近三个月使用什么牌子的牙膏？

此外，时间的范围一定要清楚。例如：

您最近一段时间使用什么品牌的化妆品？

这里的 When 过于笼统，被调查者不清楚"最近"是指哪段时间，时间范围不明确，因此，可改为

您最近一个月使用什么品牌的化妆品？

还有许多词，如"一般""经常""很多"等都属于过于笼统、含义不确切的词，不同的人可能会有不同的理解，从而造成回答的偏差。

也有一些所询问问题的含义不清或过于笼统。例如：

您觉得这种电视机的画面质量怎么样？

这里的"画面质量"的含义是很笼统的，被调查者不知道要回答哪些质量方面的问题。因此可以改为

您认为这种电视机的画面是否清晰？

此外，由于被调查者的文化程度不同，问卷中的用词要通俗，易被人理解，避免使用过于专业的术语。问题设计时，必须考虑被调查者是否有能力准确回答。凡是被调查者不可能了解和回答的问题不应提出，凡是被调查者不可能或不太可能正确理解和回答的问题不应提出。例如：

您觉得这则广告的社会临场感如何？

很多人可能不知道什么是"社会临场感"，因此无法回答这样的问题。这就属于很难得到正确答案的问题。

3）一项提问的内容要具体、单一

如果在一项提问中包含了两项以上的内容，被调查者就很难回答。例如：

您觉得这种新款轿车的加速性能和制动性能怎么样？

这里包括加速性能和制动性能两项内容。如果被调查者认为加速性能很好，而制动性能不好，或者认为加速性能不好，而制动性能很好，一时很难作出判断和回答。所以，不如把它分成两个问题：

您觉得这种新款轿车的加速性能怎么样？

您觉得这种新款轿车的制动性能怎么样？

4）提问内容要客观，不要带有诱导性、倾向性

问卷中提问的问题不能带有倾向性，而应保持中立。词语中不应暗示调查者的观点，不要引导被调查者该做出何种回答或该如何选择。例如：

人们认为比亚迪 F3 型轿车质量不错，你觉得怎么样？

这里已经暗示了比亚迪 F3 型轿车很好，对被调查者的选择具有引导作用。不如改为

您觉得比亚迪 F3 型轿车的质量怎么样？

5）提问方式要恰当，避免否定形式的问句

在日常生活中，人们往往习惯于肯定陈述的提问，而不习惯于否定陈述的提问。例如，对一种产品新包装的市场调查，采用否定的提问是：

您觉得这款汽车的外形不漂亮吗？

而采用肯定的提问则是：

您觉得这款汽车的外形漂亮吗？

6）避免社会上禁忌和敏感性问题

这类问题有各地风俗和民族习惯中忌讳的问题、涉及个人利害关系的问题、个人隐私问题、不轨行为的问题等，都是被调查者不愿意让别人知道答案的问题。例如：

您家有多少存款？

被调查者往往会有本能的自我防卫心理，产生种种顾虑。问卷中要尽量避免提问敏感性问题或容易引起人们反感的问题。对于这类问题，被调查者可能会拒绝回答，或者采用虚报、假报的方法来应付回答，从而影响整个调查的质量。对有些调查，必须涉及敏感性问题的，应当在提问的方式上进行推敲，尽量采用间接询问的方式，用语也要特别婉转，以降低问题的敏感程度。

2.2.3 回答项目设计

回答项目是针对提问项目所设计的答案。由于问卷中的问题有不同类型，所设计的答案类型和对被调查者的回答要求也是不同的。

问卷中的问题类型有两类：一类是开放式问题，另一类是封闭式问题（见图 2.8）。

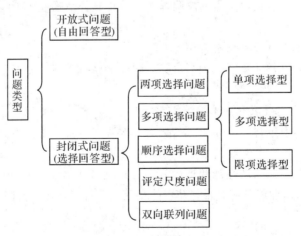

图 2.8　回答差异为标准的问题分类

1. 开放式问题

开放式问题是指对问题的回答未提供任何具体的答案，由被调查者根据自己的想法自由作出回答，属于自由回答型。设计问卷时，只需在问题之下留有适当空白篇幅即可。例如：

您认为这款产品还需要增加哪些方面的功能？

_____

开放式问题灵活性大，适应性强，适合于回答各种类型的问题，尤其是适合于回答其答案内容是未知的或答案情况是复杂的问题；它给予调查对象自我表现的机会，使之发挥主动性和创造性，畅所欲言，从而使调查者可能获取预料之外的、有价值的信息内容，比封闭式问题提供更多的信息。但开放式问题答案的标准化程度低，难以进行整理和分析，而且回答要花费被调查者较多的精力和时间，这往往会降低问卷的回收率和有效率。

2. 封闭式问题

封闭式问题是指对问题事先设计出各种可能的答案，由被调查者从中选择。封闭式问题的答案是标准化的，容易回答，节省时间，文化程度较低的被调查者也能完成，回答者比较乐于接受这种方式，因而问题的回答率较高。同时，也有利于调查后的资料整理。但封闭式问题对答案的要求较高，对一些比较复杂的问题，有时很难把答案设计周全。一旦设计有缺陷，被调查者就可能无法回答问题，从而影响调查的质量。因此，如何设计好封闭式问题的答案，是问卷设计中的一项重要内容。

封闭式问题的答案是选择回答型，所以设计出的答案一定要穷尽和互斥。穷尽即要求列出问题的所有答案，不能有遗漏。对有些问题，当答案不能穷尽时，可以加上"其他"一类，以保证被调查者能有所选择或回答。互斥即要求各答案间不能相互重叠或包容。

根据提问项目或内容的不同，封闭式问题的回答方法主要有两项选择问题、多项选择问题、顺序选择问题、评定尺度问题、双向列联问题等五种。

（1）两项选择问题。两项选择问题的答案只有两项，要求被调查者选择其中之一来回答。例如：

您有手机吗？

A. 有　　　B. 没有

两项选择问题的特点是被调查者只需在二者之中选择一项，回答比较容易；调查后的数据处理也很方便。其缺点是得到的信息量较少；当被调查者对两项答案均不满意时，很难作出回答。

（2）多项选择问题。多项选择问题是在设计问卷时，对一个问题给出三个或三个以上的答案，让被调查者从中选择从而进行回答。根据要求选择的答案多少不同，多项选择问题有以下三种选择类型。

单项选择型：要求被调查者选择所给出的问题答案中的一项。例如：

您觉得哪种类型的广告宣传效果最好？　　　　　　　　　　　　　　（单选）

A. 电视广告　　B. 网络广告　　　C. 杂志广告　　　D. 报纸广告　　E. 其他

多项选择型：要求被调查者在所给出的问题答案中，选出自己认为合适的答案，数量不受限制。例如：

在您身边哪些人购买过保健品？　　　　　　　　　　　（选出您认为合适的答案）

A. 青少年　　B. 家庭主妇　　C. 职场人士　　D. 中老年人群　　E. 其他

限制选择型：要求被调查者在所给出的问题答案中，选出自己认为合适的答案，但数量要受一定限制。例如：

您在购买手机时，主要是考虑哪些因素？　　　　　　　　　　　　（最多选三项）

A. 产品品牌　　B. 价格合理　　C. 售后服务　　D. 外形美观　　　E. 维修方便

（3）顺序选择问题。顺序选择问题的问题答案也有多个，要求被调查者在回答时，对所选的答案按要求的顺序或重要程度加以排列。其中，对所选的答案数量可以进行一定的限制，也可以不进行限制。例如：

您在购买手机时，主要是考虑哪些因素？　　　　　　　　　　（按重要程度进行排序）

A. 产品品牌　　B. 价格合理　　C. 售后服务　　D. 外形美观　　　E. 维修方便

（4）评定尺度问题。评定尺度问题中的问题答案，由表示不同等级的形容词组成，并按照一定的程度排序，由被调查者选择。例如：

您对本次服务是否感到满意？

A. 非常满意　　B. 比较满意　　C. 一般　　D. 不太满意　　E. 不满意

（5）双向列联问题。这种方法是将两类不同问题综合到一起，通常用表格来表现。表的横向是一类问题，纵向是另一类问题。这种问题结构可以反映两方面因素的综合作用，提供单一类型问题无法提供的信息，同时也可以节省问卷的篇幅。例如：

请在您赞同项目的空格内划"√"。

	比亚迪 F3	雪佛兰科鲁兹	大众桑塔纳
1. 耗用量低			
2. 外观大方			
3. 乘坐舒适			
4. 整车价格合理			
5. 驾驶容易			
6. 制动性好			
7. 维修方便			
8. 零配件齐全			
9. 故障率低			
10. 售后服务周到			

2.2.4　问题顺序设计

为了提高问卷的回收率，设计问卷时，应站在被调查者的角度、顺应被调查者的思维习惯，使问题容易回答。因此，在问卷设计过程中，安排好问题的顺序也是很重要的。具体来说，设计问题的顺序时，应注意以下几点：

1. 逻辑性

设计试卷时，问题的安排应具有逻辑性，以符合被调查者的思维习惯。否则，会影响被调查者回答问题的兴趣，不利于其对问题的回答。

2. 先易后难

把简单的、容易回答的问题放在前面，而复杂的、较难的问题放在后面，使被调查者开始时感到轻松，有能力继续回答下去。如果让被调查者一开始就感到很难回答，就会影响他们回答的情绪和积极性。

3. 先一般性后敏感性

把被调查者感兴趣的问题放在前面，这样可引起他们填写问卷的兴趣和注意力，而比较敏感的问题放在后面，如果一开始就遇到敏感性问题，会引起被调查者的反感，产生防卫心理，不愿意回答或拒绝回答，从而影响整个调查。

4. 先封闭式后开放式

封闭式问题有备选答案容易做，开放式问题在回答时则需要被调查者花费一定的时间进行思考。因此，一份问卷中的开放式问题不宜过多，而且，开放式问题一般应放在后面，否则，会影响被调查者填写问卷的积极性，甚至会影响到整份问卷的回答质量。

2.3 数据误差与质量

19 世纪，美国幽默家亚特慕斯·沃德(Artemus ward)说过一句话，一针见血地指出了虚假数据的危害："办事不力非因无知，实因误知"。数据误差分析与数据质量判断是数据正确运用的前提条件和基础。

2.3.1 数据误差

数据误差是指数据与客观现实之间的差距。不论采用什么途径或哪种调查方法，收集到的数据资料总会由于种种原因而存在一定程度的误差，误差的类型主要有抽样误差和非抽样误差。

抽样误差主要是指在用样本数据推断总体时所产生的随机误差。产生的原因有：抽取样本时没有遵循随机原则；样本结构与总体结构存在差异；样本容量不足等。在非全面调查中，这类误差通常是无法消除的，但事先可以进行控制或计算；全面调查中则不存在此类问题。

非抽样误差是调查过程中由于调查者或被调查者的人为因素所造成的误差。例如，登记过程的重复、遗漏，记录失误，调查者提问不当，被调查者记忆不清而回答错误，更何况还有故意瞒报、虚报等，上述这些原因导致的误差，都属于非抽样误差。不论是全面调查，还是非全面调查都可能存在非抽样误差。不过，非全面调查一方面由于参加的人员少，调查人员有条件接受比较细致的培训，另一方面涉及的调查对象也少。因此，对于非全面调查而言，非抽样误差比全面调查相对少些。非抽样误差理论上是可以消除的。

如何看待数据误差，应该从两个方面分析。一方面，数据的准确性是数据质量的核心问题，它是人们进行研究、分析和决策的基础，而数据的准确性是通过误差大小来衡量的，误差越小越好；另一方面，由于被测量的对象是有意识的人，或有意识的人的有意识的行为，并且进行测量的也是有意识的人，计量手段、计量方法受历史条件的约束，种种误差难以避免。此外，衡量误差是以客观事物的准确值为标准的，而客观事物绝对的准确值很难取得，这也造成了误差，有人称此为统计测不准原理。

因此，要正确地看待、利用数据，一方面要努力降低误差、精益求精，另一方面也不必过于苛刻。例如，多消耗 50% 的费用只能降低 1% 的误差，而这样的降低又并非必须，那么就不必过分强调误差的降低。

2.3.2 数据质量

数据的质量包括多方面的含义，不仅仅是指数据本身的准确性或误差的大小。就一般数据而言，其质量评价标准可概括为六个方面：

(1) 精确度，即最低的抽样误差或随机误差；

(2) 准确性，即最小的非抽样误差或偏差；

(3) 关联性，即满足用户决策、管理和研究的需要；

(4) 及时性，即在最短的时间里取得并公布数据；

(5) 一致性，即保持时间序列的可比性；

(6) 最低成本，即在满足以上标准的前提下，以最经济的方式取得数据。

由此可见，数据的质量是多方面要求的综合体现。

现在，人们对数据的质量提出了越来越高的要求，当我们为某一需要收集数据时，在数据登记、汇总、处理、分析的各个环节中，都应注意保证数据的质量，以便得出切合实际的结论。

本 章 小 结

"巧妇难为无米之炊。"数据就是统计分析与推理最重要的基础，是数据管理盛宴的"米"。如果没有数据，数据管理就成了"无源之水，无本之木"，是不可能实现的。

就数据的使用者而言，数据可分为直接数据和间接数据。直接数据是通过调查、观察和实验的方法获取的。商务活动中的数据，主要是通过调查人员与被调查者之间信息的交流来完成，即通过调查的方法来获取。普查、统计报表属于全面调查，抽样调查、典型调查和重点调查属于非全面调查。这几种方法在获取直接数据方面各有优势，也各有劣势，实际使用中，需要结合调查人员掌握的资源情况，选择合适的方法。抽样调查是商务活动中当前应用最广泛的一种数据收集方法。然而，很多情况下，特别是对个人研究者来说，直接数据的各种调查方法，在经济、时间方面的投入过大，无法实际应用。此时，使用间接数据成为一个不错的选择，但要特别注意其是否具有可用价值。

直接数据的各类调查方法通常会用到一个工具：问卷。问卷是用来收集调查数据的一种工具，是调查者根据调查目的和要求所设计的，由一系列问题、备选答案、说明以及码表组成的一种调查形式。提问反映的是调查人员想要收集的数据，回答则是被调查者对此的信息反馈。正是这一问一答，完成了调查人员与被调查者之间信息的交流。因此，在问卷中要特别留意提问项目与回答项目的设计。

数据误差指的是数据与客观现实之间的差距。这种差距有可能是由样本推断总体产生的，也可能是人为原因造成的。前者为抽样误差，后者为非抽样误差。抽样误差是可以计算和控制的，非抽样误差可以通过调查人员的挑选与培训、督导员的监督以及调查过程的控制尽量降低。

思 考 练 习

2.1 简述全面调查与非全面调查的区别及各自的主要调查方法。

2.2 为什么抽样调查是商务活动中收集数据应用最广泛的方法？

2.3 简述常用的抽样调查方法。

2.4 如何使用 Excel 或者 SPSS 实现简单随机抽样？简述其步骤。

2.5 典型调查与重点调查的联系与区别有哪些？

2.6 使用间接数据时需要注意哪些方面的问题？如何评估其可用价值？

2.7 简述问卷的基本结构。

2.8 问卷中提问项目的设计应注意哪些问题？

2.9 问卷中回答项目的设计应注意哪些问题？

2.10 开放式问题与封闭式问题在问卷使用中各自的优势与劣势有哪些？

2.11 问卷中问题顺序的设计应注意哪些问题？

2.12 数据误差类型有哪些？如何看待数据的误差？

第三章　数据整理

【引例】第二次世界大战期间轰炸机战损率降低策略

在第二次世界大战期间，美国陆军航空队和英国皇家空军一起对德国进行战略轰炸。但在早期，每次执行任务战损率都很高。

为此，美国陆军航空队采取种种措施，希望减少损失。其中有一条措施就是请国内派统计分析专家来前线，看看能不能通过定量分析手段降低战损率。一位统计分析专家很快来到前线基地。他在各个部队走访了一圈，然后让配合他工作的军士去制作了陆军航空队所用的B17、B24等轰炸机大尺寸模型。在接下来的时间里，只要有执行任务的轰炸机部队返航，统计分析专家和他的军士就在第一时间去机场，详细地记录下每一架飞机的损伤情况，随后在模型上用墨汁将所有被击中的部位涂黑。结果，不到两个月时间，统计分析专家面前的轰炸机模型上，除了几个很小的区域还是机身原来的颜色以外，其他全被涂黑了。很多地方显然是被反复涂过多次，墨汁都已经像油漆一样凝结成厚厚的一层。

统计分析专家将这些飞机模型带到了陆军航空队司令的办公室。在场的还有各个轰炸机生产厂家的代表。在部队司令的面前，统计分析专家指着模型，先是解释了一下机身被涂黑意味着什么，接着提出了他的建议："请让厂家将轰炸机上这些没有被涂成黑色的部位，尽快增加装甲。"几个厂商代表马上发出了疑问："为什么是这些没有被击中的地方？难道那些被击中次数最多的部位不需要增加装甲吗？"统计分析专家很无奈地摇了摇头，解释道："这些部位之所以没有被涂黑，不是因为那里不会被击中，而是因为所有被击中这些部位的飞机，最终都没有返回基地。"

陆军航空队司令非常赞同统计分析专家的观点，立刻下令让各个厂家给轰炸机的相应部位增加防护措施。在采取统计分析专家的建议后，轰炸机部队在执行任务时的战损率果然有了明显的下降。

【学习目标】

- 理解分组与频数分布的内涵
- 掌握品质数据的整理与图示方法
- 掌握数值数据的整理与图示方法
- 熟悉顺序数据、多指标数据和多总体数据的整理与图示方法
- 把握统计表和统计图的合理使用

3.1 分组与频数分布

数据整理是指根据研究的目的和任务要求，对收集到的数据进行科学的加工处理，使之系统化、条理化和综合化，以反映研究对象的特征、规律和趋势。通过分组和汇总，使大量的、零散的、反映个体特征的数据，转化为综合的、反映整体特征的数据，将人们对现象、事物的认识从"个别"上升到"一般"，起到"就事说理"的效果。

在整个统计分析过程中，数据整理起着承上启下的作用，是数据收集的继续，也是统计分析的开始，因此要十分强调其科学性、条理性和充分性。科学性是指数据整理的分组和汇总必须科学合理，注意质的界限，符合客观事实；条理性是指数据整理的过程要层次分明，条理清晰，逻辑关系严密；充分性是指运用各种数据整理方法和技术，通过多角度、多方位的加工处理，使整理的结果尽量充分地体现出数据中包含的有用信息，最大程度地满足统计分析的需要。

3.1.1 分组

分组（group）就是根据研究的目的和任务要求，按照一定的标志将数据集中划分成若干不同的组成部分，使组内的差异尽可能小些，而组和组之间的差异尽可能大些，从而使大量无序的、混沌的数据变为有序的、层次分明的、显示总体或全部调查数据数量特征的资料。

在商务活动研究中，分组能起到三个基本的作用：一是划分现象、事物的类型。通过分组，确定现象、事情内部的各种类型，以便进行比较、分析和综合。例如，将工业企业按生产要素组合特征划分为资金密集型、技术密集型和劳动密集型，便可以分析各种类型企业的生产组织特点和在生产体系中的作用。二是分析现象、事物内部的结构。在划分类型的基础上，计算各类型在现象、事物中的比例，可以说明其结构和基本性质。例如，将人口按照年龄分组，说明人口的年龄结构，据此可判断人口变化属于增长型、稳定型还是减少型。三是研究现象、事物的依存关系。在分组的基础上，计算相关数据，可以观察出数据之间存在的相互联系、依存关系。例如，将服装行业的企业按照规模大小分组，计算它们的产量、效率和效益等数据，便可看出随着规模扩大，生产效率呈现提高的趋势，显示出规模效益。

分组标志是分组时划分各组界限的标准和依据，需要根据研究的目的和任务要求来确定。由于同一研究目的和任务要求并不是只有一个分组标志可以反映，因此就有一个选择分组标志的问题。只有选择最恰当的分组标志才能使分组的结果正确反映现象、事物的本质特征。

根据分组标志性质的不同，可分为按品质标志分组和按数值标志分组。

按品质标志分组就是要选择反映现象、事物属性差异的标志，划定区别各组之间的界限。在一些场合下，品质标志的具体表现明确，分组也比较简单，容易确定总体单位的归属，例如，企业的顾客按性别分组、按文化程度分组，等等；但在许多场合下，按品质标志分组比较复杂。例如工业人口与农业人口的归类，应当说是很简单的问题，但是在农村中很多农民，既从事农业生产，又兼营工业，而且工业品的产量很大。为了使这些复杂的分类统一起来，各国都制定有适合一般情况的标准分类目录，例如我国的《国民经济行业分类目录》《工业部门分类目录》《大中型工业企业划分标准》《职业分类标准》等。

按数值标志分组就是要选择反映事物数量差异的标志，划定各组之间的数量界限。数值标志可以是绝对数，例如，研究不同年龄人口的消费特点，可将总人口按年龄分为儿童组、少年组、青壮年组和老年组，并划定各组年龄界限；也可以是相对数或平均数，例如，企业按完成计划百分比、发展速度、资金利税率进行分组，工人按加工零件平均使用时间分组等。数值标志分组需要确定分组的组数，每一组的数量界限，组限的表示等问题，较之品质标志分组要复杂些。

品质标志分组和数值标志分组是一对重要的数据分组标准，数据分组方法主要是围绕这两种分组标志来阐述的。不论选择什么标志分组，分组都必须遵循"不重不漏"原则，即现象、事物中任何一个个体都必须而且只能归属于某一个组，不能出现遗漏或重复出现的情况。

3.1.2　频数分布

将数据按某个标志分成若干组，统计出各组数据的个数，把它们一一排列，说明总体单位在各组的分配情况，这种分组的结果称为频数分布或次数分配（frequency distribution）。频数分布反映现象、事物的分布规律和性质，在统计分析中有广泛的应用。

频数分布由两部分组成：一部分是分组形成的组别；另一部分是与各组对应的总体单位数，即落在各组中的个体数目，称为频数或次数。

以频数为基础，还可以衍生出其他一些在频数分布时常用到的概念。频率是各组所包含个体的数目占全部数据个体数目的比率，也称比重或比例。计算频率实质上是将各组别的个体数目调整为同一个基数，也就是都以 1 为基数。此时，若将对比的基数调整为 100 得到的就是百分比，用％表示，百分比是一个更为标准化的数值，很多相对数都用百分比表示。当分子的数值很小而分母的数值很大时，也可以用千分数（‰）来表示比例，例如人口的出生率、死亡率、自然增长率等都可用千分数来表示。比率是不同组别的频数比值，为便于理解，通常会将分母化为 1 或 100。

例如，一企业为调查顾客的消费行为特征，共收集了 180 名顾客的信息。按性别对顾客分组，男顾客 120 人，女顾客 60 人，这就是频数。用各组的频数除以顾客总数，分别得到 0.67、0.33，即为频率。频率乘以 100 就是百分比，分别为 67％、33％。男顾客与女顾客的人数比率则为 120：60，一般会将其记为 2：1。

频数是一个组所含个体数目的绝对值。频率和百分比则是相对值，通常用于反映现象、事物的结构。比率反映的是各组之间的对比关系。

3.2　品质数据整理与图示

分组与频数分布能够将现象、事物客观存在的特点和规律显现出来，加深人们对其的认识和理解。

3.2.1　品质数据整理

品质数据整理的基本步骤如下：

（1）罗列出数据的组别。

（2）计算每个组的频数，即数一下落入每个组的个体数目。

（3）以频数分布表的形式呈现结果。

【例3.1】　为研究不同类型运动鞋品牌的市场占有率，一家市场调查公司对随机抽取的一家五环运动商城进行调查。调查员随机对60名顾客购买的运动鞋品牌进行了记录（见表3.1）。编制频数分布表，分析运动鞋品牌的市场占有情况。

表3.1　运动鞋品牌市场占有情况的数据

阿迪达斯	安踏	阿迪达斯	其他	匹克	耐克
耐克	其他	耐克	李宁	阿迪达斯	其他
匹克	耐克	其他	耐克	耐克	安踏
阿迪达斯	安踏	阿迪达斯	安踏	安踏	其他
李宁	耐克	其他	耐克	李宁	耐克
其他	其他	阿迪达斯	其他	耐克	李宁
李宁	阿迪达斯	耐克	其他	阿迪达斯	耐克
安踏	李宁	其他	耐克	耐克	匹克
耐克	安踏	耐克	阿迪达斯	李宁	匹克
阿迪达斯	耐克	其他	匹克	李宁	耐克

解　① 使用Excel软件可运用COUNTIF函数、数据透视表等实现品质数据频数分布表的编制。

COUNTIF函数的功能是统计满足某个条件的单元格的数量。语法结构如下：

COUNTIF（range，criteria）

其中：range是存放待分析数据的位置区域；criteria是给定的统计标准。符合条件的才进行计数。在B2～B7的单元格中，依次列入C2～C7中相应的计算公式，就可得到60名顾客中各有多少位分别购买了"阿迪达斯""安踏""李宁""耐克""匹克"以及其他品牌的运动鞋（见图3.1）。

	A	B	C
1	**运动鞋品牌**		
2	阿迪达斯	10	=COUNTIF（A2:A61，"阿迪达斯"）
3	耐克	7	=COUNTIF（A2:A61，"安踏"）
4	匹克	8	=COUNTIF（A2:A61，"李宁"）
5	阿迪达斯	18	=COUNTIF（A2:A61，"耐克"）
6	李宁	5	=COUNTIF（A2:A61，"匹克"）
7	其他	12	=COUNTIF（A2:A61，"其他"）

图3.1　COUNTIF函数

在Excel中选择"插入"菜单中的"数据透视表"命令，接着在弹出的"创建数据透视表"对话框中，输入待分析数据所在区域和结果的输出位置（见图3.2）。

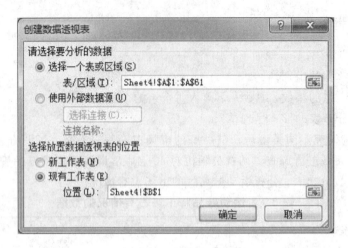

图 3.2 "创建透视表"对话框

点击"确认"后，在 Excel 表格的右侧会出现一个"数据透视表字段列表"。在"选择要添加到报表的字段"栏，选定"运动鞋品牌"，点击右键，先后选定"添加到行标签""添加到值"（见图 3.3）。

	A	B	C
1	**运动鞋品牌**	**行标签** ▼	**计数项：运动鞋品牌**
2	阿迪达斯	阿迪达斯	10
3	耐克	安踏	7
4	匹克	李宁	8
5	阿迪达斯	耐克	18
6	李宁	匹克	5
7	其他	其他	12
8	李宁	**总计**	**60**

图 3.3 "数据透视表"工具

在获得的各组频数的基础上，进行再加工，还可以得到频率、百分比、比率等数值。

② 利用 SPSS 进行品质数据整理时，选择菜单栏上"分析"中"描述统计"的"频率"命令。在弹出的"频率"对话框中，将"运动鞋品牌"选入"变量"栏，点击"确定"（见图 3.4）。

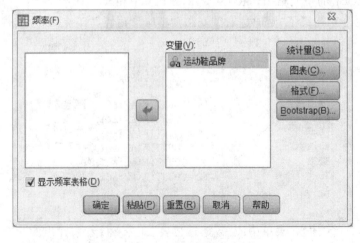

图 3.4 "频率"对话框

运算之后，输出的结果如表 3.2 所示。

表 3.2　SPSS 分析运动鞋品牌市场占有情况的频数分布结果

（运动鞋品牌）

		频率	百分比	有效百分比	累积百分比
有效	阿迪达斯	10	16.7	16.7	16.7
	安踏	7	11.7	11.7	28.3
	李宁	8	13.3	13.3	41.7
	耐克	18	30.0	30.0	71.7
	匹克	5	8.3	8.3	80.0
	其他	12	20.0	20.0	100.0
	合计	60	100.0	100.0	

SPSS 输出结果中的"频率"是指各组包含的个体数目，是实质上的"频数"概念，在进行结果整理时需稍加留意。

运动鞋品牌市场占有情况的频数分布表如表 3.3 所示。

表 3.3　运动鞋品牌市场占有情况的频数分布

运动鞋品牌	频数/名	比例	百分比/%
阿迪达斯	10	0.17	17
安踏	7	0.12	12
李宁	8	0.13	13
耐克	18	0.30	30
匹克	5	0.08	8
其他	12	0.20	20
合计	60	1.00	100

3.2.2　品质数据的图示

"一幅好图胜过千言万语。"精心设计、形象生动的图形往往要比一张呆板、乏味的频数分布表更能吸引人们的注意力。

品质数据整理的结果常用到的图示类型主要有条形图、帕累托图和饼图等，这些图形多可以由 Excel、SPSS 等软件完成。利用 Excel 画图时，选择"插入"菜单中的"柱形图""饼图"等命令来绘制；利用 SPSS 画图时，选择菜单栏上"图形"中"旧对话框"的"条形图""饼图"等命令来绘制。

1. 条形图

条形图是用宽度相同的条形的高度或长短来表示各组数据多少的图形，有单式、复式等形式。运动鞋品牌市场占有情况的条形图如图 3.5 所示。

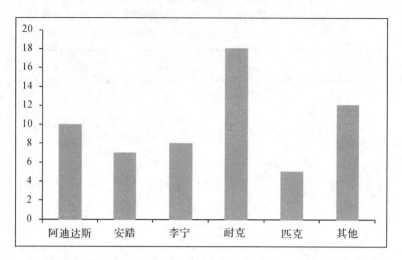

图 3.5　运动鞋品牌市场占有情况的条形图

2. 帕累托图

帕累托图又叫排列图、主次图，是以意大利经济学家维弗雷多·帕累托（Vilifiedo. Pareto）的名字而命名的。该图是按各组数据出现的频数从高到低排序后绘制而成的条形图。通过对条形的排序，容易看出哪组数据出现得多，哪组数据出现得少。运动鞋品牌市场占有情况的帕累托图如图 3.6 所示。

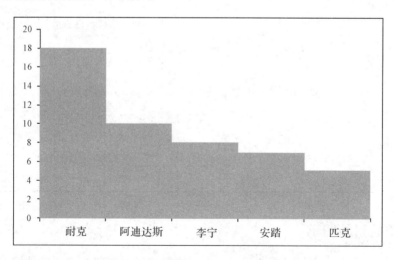

图 3.6　运动鞋品牌市场占有情况的帕累托图

帕累托图的直接应用是显现重点单位的所在，多用于分析质量问题。帕累托图将出现的质量问题和质量改进项目按照重要程度依次排列，确定产生质量问题的主要因素，以便有的放矢采取措施纠正造成最多数量缺陷的问题。

帕累托图的间接应用是引申出来"二八定律"。1897 年，意大利经济学者帕累托偶然注意到 19 世纪英国人的财富和收益模式。在调查取样中，发现大部分的财富流向了少数人。同时，他还从早期的资料中发现，在其他的国家，这种微妙关系一再出现，而且在数学上呈现出一种稳定的关系。于是，帕累托从大量具体的事实中发现：社会上 20% 的人占有 80% 的社会财富，即：财富在人口中的分配是不平衡的。其他领域也存在类似结果，例如一个企业 80% 的利润由 20% 的员工创造，一个企业 80% 的利润来源于 20% 的顾客等。这些例子都体现了"重要的少数和无关紧要的多数"思想，提醒人们在商务活动中要分清主次、抓住要害，才能事半功倍。

3. 饼图

饼图也称圆形图，是用圆形及圆内扇形的面积来表示数值大小的图形。饼图主要用于表示总体中各组成部分所占的比例，对于研究结构性问题十分有用。在绘制饼图时，总体中各部分所占的百分比用圆内的各个扇形面积表示，这些扇形的中心角度是按各部分百分比占 360° 的相应比例确定的。运动鞋品牌市场占有情况的饼图如图 3.7 所示。

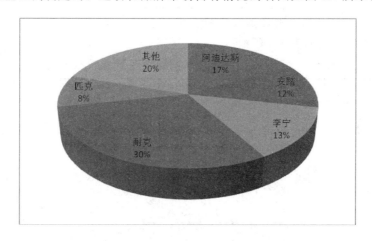

图 3.7　运动鞋品牌市场占有情况的饼图

3.3　数值数据整理与图示

由于性质方面的差异，数值数据的整理与图示和品质数据的整理与图示在方法运用、工具使用上虽然有相似的地方，但也存在一定的区别。

3.3.1　数值数据整理

数值数据分组有单值分组和组距分组两种。单值分组每组包含的个体都取同一个数，主要适用于数据取值离散且数目较少、变动范围不大的情形。组距分组使用一个区间表示一个组内个体取值的情况，落在同一个区间范围的个体属于同一个组，适用于数据取值连续或离散但数目较多、变动范围较大的情形。

1. 单值分组

单值分组的方法与品质数据分组的方法基本相同。

【例 3.2】　一制造企业生产大型精密仪器设备，下属加工车间共 50 个班组，一个月一个班组加工完成的设备最少 1 台，最多 5 台不等，月产量数据如表 3.4 所示。编制频数分布表，分析加工车间月产量的分布情况。

表 3.4　某制造企业加工车间班组月产量数据　　　　　　　　（单位:台）

1	3	1	5	2
2	1	3	2	3
1	3	3	4	1
3	4	1	3	4
4	2	2	4	2
3	1	1	3	5
5	1	3	3	3
3	4	2	5	4
2	3	4	3	2
3	1	4	5	1

解　鉴于加工车间月产量的数据取值只有 1、2、3、4、5 等 5 个数值,决定采用单值分组。月产量频数分布表如表 3.5 所示。

表 3.5　某制造企业加工车间班组月产量频数分布表

月产量/台	班组数	频率	百分比/(%)
1	11	0.22	22
2	9	0.18	18
3	15	0.30	30
4	9	0.18	18
5	6	0.12	12
合计	50	1.00	100

2. 组距分组

组距分组的主要步骤有:

(1)确定组数。一组数据应该分为多少个组,一般与数据自身的特点及数据的多少有关,主要目的是为了显示数据的分布特征和规律。因此,组数的多少应适中,尽量避免把组数分得过少或过多。组数太少,数据的分布就会过于集中,容易将不同质的个体归入一个组内,而组数太多,数据的分布就会过于分散,容易将同质的个体分散在不同的组内,这都不便于观察数据分布的特征和规律。在分组时,常用斯特格斯(Sturges)提出的检验公式来确定组数 k 的大小,计算公式为

$$k = 1 + 3.32 \lg n$$

其中:n 为数据数目;k 为分组组数,是计算结果四舍五入取整得到的。由于实际碰到的情况可能比较复杂,这里确定的组数只能作为参考,不可当成万能的标准。

(2)确定组距。组距是一个组内数据取值范围的描述。同样的数据,分的组数越多,每个组所包括的数据范围就越窄,组距就越小;相反,分的组数越少,每个组所包括的数据范围就越宽,组距就越大。因而,组数与组距成反比例关系,有

$$组距 = \frac{数据的最大观察值 - 数据的最小观察值}{组数}$$

$$组数 = \frac{数据的最大观察值 - 数据的最小观察值}{组距}$$

（3）确定组限。组距分组各组取值区间两端的数值称为组限，较小的一头称为下限，较大的一头称为上限。一个组的上限与下限的差就是组距。位于各组中间的点，称为组中值，它可以作为各组观察值一般水平的代表。组中值的代表性如何，取决于组中观察值的变化是否呈均匀分布状态。组中值的一般计算方法为

$$组中值 = \frac{上限 + 下限}{2}$$

确定组限的注意事项：遵从"不漏"的原则，第一组的下限值应比数据的最小观察值小一点，最后一组的上限值应比数据的最大观察值大一点；特别需要或不得已的情况除外，最好不要使用开口组，因为如此一来，在寻找一个数来代表落到该组的个体取值大小时，偏差可能会很大。只有当全部数据中的最大观察值和最小观察值与其他数据相差悬殊，为避免出现空白组（不包含有任何数据的组）或个别极端值被漏掉，第一组和最后一组可以采取"××以下"及"××以上"这样的开口组。开口组的情况下，一般以相邻组的组距作为其组距，使用下面的公式之一计算组中值：

$$组中值 = \frac{上限 - 相邻组组距}{2}, \qquad 组中值 = \frac{下限 + 相邻组组距}{2}$$

组限应取得美观些，按照人们对数字的偏好，组限值应能被 5 除尽，且一般都用整数表示。组数、组距在确定时，也有同样的处理习惯。

最后，依据确定的各组组限，统计各组的频数，编制频数分布表。

【例 3.3】 为了解淘宝双十一购物节顾客消费的情况，阿里巴巴集团数据分析部门随机抽取了 100 名顾客的消费额数据，如表 3.6 所示。编制频数分布表，分析顾客消费额的分布状况。

表 3.6 淘宝双十一购物节顾客消费额数据 （单位：元）

730	754	801	721	864	805	718	768	828	808
735	830	798	809	894	809	801	811	812	811
830	760	853	766	756	866	865	829	794	785
868	880	815	842	778	710	838	820	791	759
745	790	815	821	824	702	722	818	836	751
812	792	724	893	859	876	727	841	783	841
776	843	829	734	782	823	762	791	806	817
810	820	812	786	803	895	792	782	764	820
815	741	815	761	817	817	791	758	825	829
810	821	774	806	744	808	828	785	784	800

解 数据共 100 个，代入斯特格斯计算公式，有

$$k = 1 + 3.32 \lg n = 1 + 3.32 \times 2 = 7.64 \approx 8 \Rightarrow 10$$

数据的最大观察值为 895，数据的最小观察值为 702，则有

$$组距 = \frac{895 - 702}{10} = 19.3 \approx 19 \Rightarrow 20$$

第一个组的下限值为700，最后一个组的上限值为900，各组的上、下限分别为700～720、720～740、…、880～900，统计各组的频数后，得到频数分布表，如表3.7所示。

表3.7　淘宝双十一购物节顾客消费额的频数分布表(上、下组限重叠)

消费额/元	顾客数/名	频率	百分比/(%)
700～720	3	0.03	3
720～740	7	0.07	7
740～760	8	0.08	8
760～780	9	0.09	9
780～800	15	0.15	15
800～820	26	0.26	26
820～840	17	0.17	17
840～860	6	0.06	6
860～880	5	0.05	5
880～900	4	0.04	4
合计	100	1.00	100

遵循"不重"的原则，分组时习惯上规定"上组限不在本组内"，即当相邻两组的上下限重叠时，恰好取值等于某一组上限的个体不算在本组内，而计入下一组。

当数据取值是离散的，在保证相邻两组组限间断的区域内没有个体取值时，可以采用上、下组限间断的方式呈现结果，如表3.8所示。

表3.8　淘宝双十一购物节顾客消费额的频数分布表(上、下组限间断)

消费额/元	顾客数/名	频率	百分比/(%)
700～719	3	0.03	3
720～739	7	0.07	7
740～759	8	0.08	8
760～769	9	0.09	9
780～799	15	0.15	15
800～819	26	0.26	26
820～839	17	0.17	17
840～859	6	0.06	6
860～879	5	0.05	5
880～899	4	0.04	4
合计	100	1.00	100

若数据中存在偏离大多数取值范围的个体，例如，有顾客的消费为506元，或者1888元，采用上面的分组就会出现"空白组"，这时可采用"开口组"，如表3.9所示。

表 3.9　淘宝双十一购物节顾客消费额的频数分布表(开口组)

消费额/元	顾客数/名	频率	百分比/(%)
720 以下	3	0.03	3
720~740	7	0.07	7
740~760	8	0.08	8
760~780	9	0.09	9
780~800	15	0.15	15
800~820	26	0.26	26
820~840	17	0.17	17
840~860	6	0.06	6
860~880	5	0.05	5
880 以上	4	0.04	4
合计	100	1.00	100

利用 Excel 进行数值数据的整理,可借助 FREQUENCY 函数、直方图工具等完成。

FREQUENCY 函数的功能是计算数据在某个数值区间内的出现频数,然后返回一个数组。这里,FREQUENCY 必须以数组公式的形式输入。语法结构为

FREQUENCY(data_array, bins_array)

其中:data_array 指定的是待整理的数据所在区域;bins_array 指定的是各分组的上限(此处是上、下组限间断表达方法的各分组上限)。运算时,先在 B2~B11 单元格录入各分组上限值,然后选定返回数组的区域 C2~C11,再输入函数公式,如图 3.8 所示。最后同时按下 Ctrl+Shift+Enter 键,系统即输出各组的频数分布数据。

	A	B	C	D	E
1	顾客消费额	接受区域			
2	730	719	=FREQUENCY(A2:A101,B2:B11)		
3	735	739			
4	830	759			
5	868	779			
6	745	799			
7	812	819			
8	776	839			
9	810	859			
10	815	879			
11	810	899			

图 3.8　FREQUENCY 函数

利用 Excel 中的直方图工具也可实现数值数据的整理。选择"数据"菜单中的"数据分析"命令,接着在弹出的"数据分析"对话框中,选择"直方图"选项,点击"确定"按钮。在"输入"栏,"输入区域"选定待整理数据所在区域,"接收区域"指定各分组上限的所在区域,如图 3.9 所示。

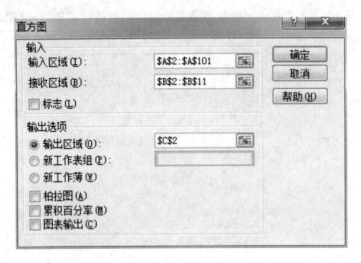

图 3.9 "直方图"对话框

使用 SPSS 进行数值数据的整理,点击数据视图中的"转换",选取"重新编码为不同变量"命令。在弹出的"重新编码为不同变量"对话框中,选择分组变量(这里为"顾客消费额")到"数字变量->输出变量"。在"输出变量"栏,输入"名称"(这里命令新变量为 fq)和"标签",点击"更改"按钮确认。点击"旧值和新值"按钮,在弹出的窗口进行分组区间定义,如图 3.10 所示,完成后点击"继续"按钮,按下"重新编码为不同变量"对话框中"确认"按钮。至此,SPSS 便完成了组距分组,并在数据编辑窗口中创建存放分组结果的名为"fq"的新变量。

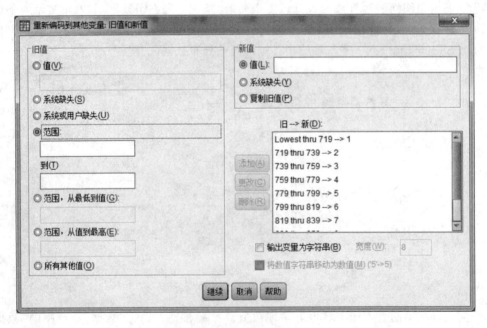

图 3.10 "重新编码到其他变量:旧值与新值"对话框

接着,再点击数据视图中的"数据",选取"分类汇总"命令。选定"fq"到"分组变量",同时,在"汇总变量"栏选择"个案数",默认名称为"N_BREAK"(可根据需要进行适当修改)。

"保存"栏选择"创建只包含汇总变量的新数据集",输入数据集名称"顾客消费额频数分布",点击"确定"完成分组整理,如图3.11所示。

图3.11　"汇总数据"对话框

在组距分组时,如果各组的组距相等则称为等距分组,比如例3.3中的分组就是等距分组。有时,对于某些特殊现象或为了特定研究的需要,各组的组距也可以是不相等的,称为不等距分组(亦称异距分组)。例如,对人口年龄的分组,可根据人口成长的生理特点分成0岁~3岁以下(婴儿)、3岁~6岁(幼儿)、6岁~12岁(童年)、12岁~16岁(少年)、16岁~35岁(青年)、35岁~65岁(中年)、65岁以上(老年)等。

等距分组时,各组频数的分布不受组距大小的影响,可直接根据绝对频数来观察频数分布的特征;不等距分组时,各组频数的分布受组距大小不同的影响,各组绝对频数的多少不能反映频数分布的实际状况,需要用频数密度反映频数分布的实际状况。

$$频数密度=\frac{频数}{组距}$$

3.3.2　数值数据图示

数值数据整理的结果常用到的图示类型有直方图、折线图、曲线图和茎叶图等,这些图形多可以由 Excel、SPSS 等软件完成。利用 Excel 画图时,选择"插入"菜单中的"柱形图""折线图""XY(散点图)"等命令来绘制;利用 SPSS 画图时,选择菜单栏上"图形"中"旧对话框"的"直方图""饼图"等命令来绘制。

1. 直方图

直方图用矩形的宽度和高度来表示频数分布的图形，实际上是用矩形的面积来表示各组的频数分布。在二维坐标图中，用横轴表示数据分组，纵轴表示频数或频率，各组与相应的频数就形成了一个矩形，即直方图。淘宝双十一购物节顾客消费额的直方图如图3.12所示。

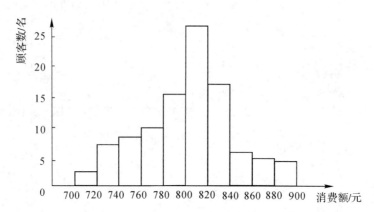

图3.12　淘宝双十一购物节顾客消费额的直方图

对于等距分组的数据，可以用矩形的高度直接表示频数的分布。如果是不等距分组数据，用矩形的高度来表示各组频数的分布就不再适用。这时，如果用矩形的面积来表示各组的频数分布，或根据频数密度来绘制直方图，可以更准确地表示各组数据分布的特征。实际上，无论是等距分组数据还是不等距分组数据，用矩形的面积或频数密度来表示各组的频数分布都更为合适，因为这样可使直方图下的总面积等于1。例如在等距分组中，矩形的高度与各组的频数成比例，如果取矩形的宽度（各组组距）为一个单位，高度表示比例（即频率），则直方图下的总面积等于1。在直方图中，实际上是用矩形的面积来表示各组的频数分布。

直方图与条形图不同。首先，条形图是用条形的长度表示各分组频数的多少，其宽度（表示分组）是固定的；直方图是用面积表示各组频数的多少，矩形的高度表示每一组的频数或频率，宽度则表示各组的组距，因此其高度与宽度均有意义。其次，由于数值数据具有连续性，直方图的各矩形通常是连续排列，而条形图则是分开排列，以体现品质数据的特征。在使用上，条形图主要用于展示品质数据，而直方图则主要用于展示数值数据。

2. 折线图

折线图也称频数多边形图，是在直方图的基础上，把直方图顶部的中点用线段连接起来，再把原来的直方图抹掉。

折线图的两个终点要与横轴相交，具体的做法是：第一个矩形的顶部中点通过左边的竖边中点（即该组频数一半的位置）连接到横轴，最后一个矩形顶部中点与其右边的竖边中点连接到横轴。

折线图下所围成的面积与直方图的面积相等，二者所表示的频数分布是一致的。淘宝双十一购物节顾客消费额的折线图如图3.13所示。

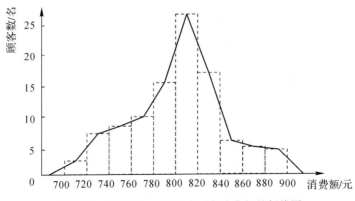

图 3.13 淘宝双十一购物节顾客消费额的折线图

3. 曲线图

当数据量比较大，分的组数也随之增加时，折线就会近似地表现为一条平滑的曲线。曲线图是数据分组组数趋向于无限多时折线图的极限描绘，是描述数据分布的一种理论上的曲线。

数据分布的曲线图，主要分布形态有钟形图、U 形图、J 形图和茎叶图等类型。

1）钟形图

钟形分布的特征是"两头小，中间大"，即靠近中间取值的数据出现的次数较大，靠近两边取值的数据出现的次数较小。图 3.14(a)所示的数据分布，其分布特征以中间数值为中心，左右两侧对称，两侧数据出现的次数随着与中间数值距离的增大而逐渐减少，这种分布称为对称分布；而图 3.14(b)、(c)为非对称分布，它们各有不同方向的偏态，为左偏态分布和右偏态分布。客观实际中，许多商务活动现象的总体分布都趋于对称分布中的正态分布。

图 3.14 钟形分布示意图

2）U 形分布

U 形分布的形状与钟形分布相反，靠近中间数值的数据出现次数少，靠近两端的数据出现次数多，形成"两头大，中间小"的 U 形分布，如图 3.15 所示。例如，人口死亡率分布，人口总体中幼儿和老人的死亡率高，而中青年死亡率低。

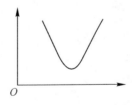

图 3.15 U 形分布示意图

3) J 形分布

J 形分布有两种类型：一种是出现次数随数据取值的增大而增多，为正 J 形分布，如图 3.16(a)所示，例如，投资按利润大小分布；另一种呈反 J 形分布，即出现次数随数据取值的增大而减少，如图 3.16(b)所示，例如，随着产量的增加，产品单位成本下降。

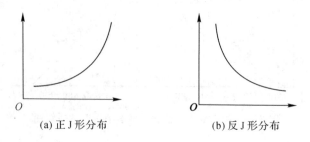

(a) 正 J 形分布　　　　　　　　　(b) 反 J 形分布

图 3.16　J 形分布示意图

4) 茎叶图

对于未分组的原始数据，可以用茎叶图和箱线图来显示其分布特征。茎叶图由"茎"和"叶"两部分构成，其图形是由数字组成的。通过茎叶图，可以看出数据的分布形状及数据的离散状况，例如，分布是否对称，数据是否集中，是否有离群点等。

绘制茎叶图的关键是设计好树茎，通常是以该组数据的高位数值作为树茎。树茎一经确定，树叶就自然地长在相应的树茎上了。

茎叶图类似于横置的直方图，与直方图相比，茎叶图既能给出数据的分布状况，又能给出每一个原始数值，即保留了原始数据的信息。而直方图虽然能很好地显示数据的分布，但不能给出原始的数值。

Excel 中没有绘制茎叶图的功能，SPSS 中有绘制茎叶图的功能，但并不在数据视图的"图形"菜单中，而是在"分析"菜单中。具体操作为：在"分析"菜单中选择"描述统计"中的"探索"命令，在弹出的对话框中将"顾客消费额"变量选入"因变量列表"，点击左侧的"绘制"按钮，选择"描述性"中的"茎叶图"，点击"继续""确认"，如图 3.17 所示。淘宝双十一购物节顾客消费额分布的茎叶图如图 3.18 所示。

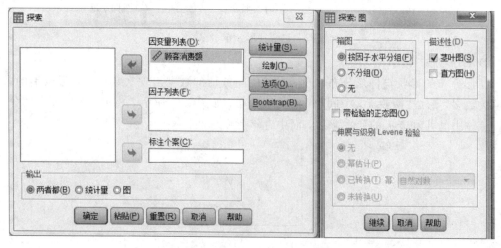

图 3.17　"探索"与"探索：图"对话框

树茎	树叶	顾客数/名
70	2	1
71	0 8	2
72	1 2 4 7	4
73	0 4 5	3
74	1 4 5	3
75	1 4 6 8 9	5
76	0 1 2 4 6 8	6
77	4 6 8	3
78	2 2 3 4 5 5 6	7
79	0 1 1 1 2 2 4 8	8
80	0 1 1 3 5 6 6 8 8 9 9	11
81	0 0 1 1 2 2 2 5 5 5 5 7 7 7 8	15
82	0 0 0 1 1 3 4 5 8 8 9 9 9	13
83	0 0 6 8	4
84	1 1 2 3	4
85	3 9	2
86	4 5 6 8	4
87	6	1
88	0	1
89	3 4 5	3

图 3.18　淘宝双十一购物节顾客消费额分布的茎叶图

3.4　顺序数据、多指标数据与多总体数据整理与图示

品质标志、数值标志作为分组标准对数据进行分类，计算各类别的频数、频率、百分比、比率等，属于对数据的初步处理，还可以对其进一步加工整理。

3.4.1　顺序数据整理与图示

分组后的类别数据按照一定的顺序加以罗列就会形成顺序数据。顺序数据的整理需要计算累积频数和累积频率。

累积频数（cumulative frequencies）是将各类别的频数逐级累加起来，累积频率（累积百分比，cumulative percentages）则是将各类别的频率（百分比）逐级累加起来。累积的方法有两种：向上累积和向下累积。向上累积的若为品质数据，是从类别顺序的开始一方向类别顺序的最后一方累加，若是数值数据，则为从数值小的一方向数值大的一方累加；向下累积的若为品质数据，从类别顺序的最后一方向类别顺序的开始一方累加，若是数值数据则从数值大的一方向数值小的一方累加。

通过累积数据，可以很容易看出某一类别（或数值）以下及某一类别（或数值）以上的频数（频率、百分比）之和。

【例3.4】 在一商业银行柜台业务顾客满意度的研究中，调查人员随机抽取了该银行光华路支行的 600 名顾客，请他们对所接受服务的满意程度进行评价：

A. 非常不满意　　　B. 不满意　　　C. 一般

D. 满意　　　　　　E. 非常满意

编制累积频数分布表，绘制累积频数分布图。

解　调查结果整理后，如表 3.10 所示。

表 3.10　一商业银行光华路支行柜台业务顾客满意度的数据

满意程度	顾客数	百分比/(%)	向上累积		向下累积	
			顾客数	百分比/(%)	顾客数	百分比/(%)
非常不满意	112	18.67	112	18.67	600	100.00
不满意	216	36.00	328	54.67	488	81.33
一般	168	28.00	496	82.67	272	45.33
满意	72	12.00	568	94.67	104	17.33
非常满意	32	5.33	600	100.00	32	5.33
合计	600	100.00	—	—	—	—

绘制累积频数分布图，如图 3.19 所示。

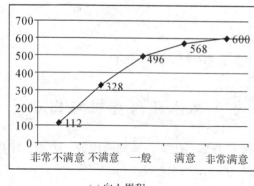

(a) 向上累积

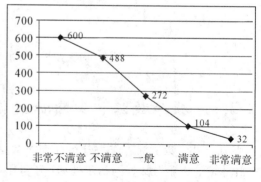

(b) 向下累积

图 3.19　一商业银行光华路支行柜台业务顾客满意度的累积频数分布图

此例为品质数据的累积数据整理与图示，相同的思路和方法还可以处理数值数据，可用例 3.3 淘宝双十一购物节顾客消费额的数据练习。

累积数据可以简要地概括反映数据的分布特征。向上累积分布曲线呈上升状，向下累积分布曲线呈下降状。组的频数（或频率）较少，曲线显得平缓；组的次数（或频率）较密集，曲线显得较为陡峭。

累积分布图可用于研究财富、土地和工资收入的分配是否公平。这种累积分布图最早是由洛伦兹（Max Otto Lorenz）提出的，故又称洛伦兹曲线图。绘制方法为：首先，将分配对象（如一国或地区的财富、土地或收入等）和接受分配者（如一国或地区的人口）的数量转化为百分比并进行向上累积；其次，纵轴自下而上用以测定分配的对象，横轴由左向右用以测定接受分配者，纵轴和横轴均以百分比作为尺度；最后，根据计算所得的分配对象和接受分配者的累积百分比数据，在图中标出相应的点，依次连接各点并使之平滑化，所得曲线即所要求的洛伦兹曲线，如图 3.20 所示。

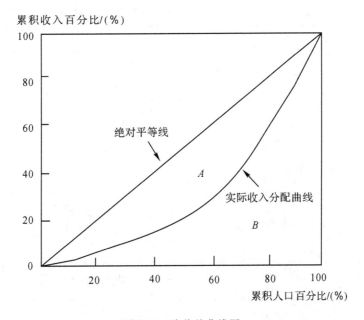

图 3.20　洛伦兹曲线图

如果一个国家或地区的收入完全按人头平均分配，那么同样的人口百分比，就应该占有同样的收入百分比，则同样的累积人口比重对应同样的累积收入比重，这时的分配曲线就如图中的对角线，反映绝对平等的收入分配。倘若一个国家或地区收入是绝对不平等的，那么曲线就与横轴和右纵轴重合。一般来说，任何一个国家或地区收入的分配既不可能绝对平等，也不可能绝对不平等，而是处于两者之间，如图中的曲线，曲线越靠近绝对平等线，收入分配就越平等；曲线越远离绝对平等线，收入分配就越不平等。这种不平等的程度可以通过基尼系数来测算，用 A 表示曲线与绝对平等线所夹的面积，用 B 表示曲线和绝对不平等之间所夹的面积，基尼系数的计算公式为

$$基尼系数 = \frac{A}{A+B}$$

3.4.2　多指标数据的整理与图示

当研究数据的指标只有两个时，可以在二维坐标系中进行绘图，当有三个指标时，虽然可以在三维坐标系上绘图，但让人看起来就很不方便，特别是当指标多于三个时，利用一般的点图方法就很难做到了，为此，人们研究了多指标的图示方法，其中雷达图较为常见。

假设有一组数据测得 m 个指标 $I_1, I_2, \cdots, I_m$，要绘制这 m 个指标的雷达图，其具体做法是：先作一个圆，然后将圆 m 等分，得到 m 个点，令这 m 个点分别对应 m 个指标，再将这 m 个点与圆心连线，得到 m 个辐射状的半径。这 m 个半径分别作为 m 个指标的坐标轴，每个指标值的大小由半径上的点到圆心的距离表示，再将指标值对应在 m 个坐标上的点连线。这样就形成了一个多边形，即为一个雷达图。

【例 3.5】 西安市某一年城镇居民家庭人均生活消费支出构成比例数据如表 3.11 所示，绘制雷达图。

表 3.11 西安市某一年城镇居民家庭人均生活消费支出构成比例数据

消费支出项	百分比/（%）
食品	36.23
衣着	10.94
居住	8.90
家庭设备及用品	6.69
医疗保健	6.38
交通和通信	14.73
文教娱乐服务	12.20
其他	3.94

解 绘制雷达图，如图 3.21 所示。

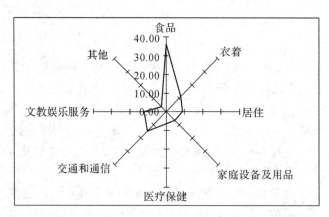

图 3.21 西安市某一年城镇居民家庭人均生活消费支出构成比例雷达图

3.4.3 多总体数据的整理与图示

当研究的数据来源于多个不同的总体或样本时，需要进行对比分析，以了解它们相互间的联系与区别。

研究时，可将不同总体或样本同一指标的数据编制在同一张频数分布表中的相邻单元格，也可通过将这些数据绘制在同一张图形中来实现，如雷达图、环形图等。

环形图与饼图类似，但又有区别。环形图中间有一个"空洞"，总体中的每一部分数据用环中的一段表示。饼图只能显示一个总体各部分所占的比例，而环形图则可以同时绘制多个总体的数据系列，每一个总体的数据系列为一个环。因此，环形图可显示多个总体各部分所占的相应比例，从而有利于进行比较研究。

【例 3.6】 在例 3.4 中，若调查人员还获得了该银行高新路支行的柜台业务顾客满意度数据（见表 3.12），绘制环形图，对比分析两支行的顾客满意度情况。

表 3.12　一商业银行光华路支行与高新路支行柜台业务顾客满意度的数据

满意程度	光华路支行		高新路支行	
	顾客数	百分比/(%)	顾客数	百分比/(%)
非常不满意	112	18.67	80	13.33
不满意	216	36.00	176	29.33
一般	168	28.00	200	33.33
满意	72	12.00	88	14.67
非常满意	32	5.33	56	9.33
合计	600	100.00	600	100.00

解　绘制环形图，如图 3.22 所示。

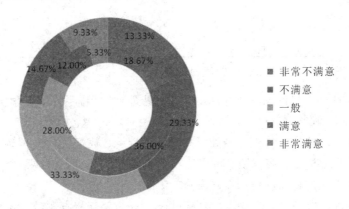

图 3.22　一商业银行两支行柜台业务顾客度对比的环形图

两个不同总体、样本数据多个指标间的对比分析，还可以通过将数据绘制在同一张雷达图中进行分析。

3.5　统计表与统计图的合理使用

统计表(频数分布表是统计表中一个基本类型)和统计图是显示数据的两种基本方式。日常生活、工作中，在计算机、手机等网络终端、电视、报纸杂志上，我们都能看到大量的统计表格和统计图形。统计表把杂乱的数据有条理地组织在一张简明的表格内，统计图把数据形象地显示出来。显然，看统计表和统计图要比看一堆枯燥的数字更有趣。当人们对某些实际问题进行研究时，也经常要使用统计表和统计图。正确地使用统计表和统计图是做好统计分析的最基本技能。

3.5.1　统计表结构与设计

把经过调查整理汇总计算而得到的数据按一定的结构和顺序，系统地排列在一定的表格内，就形成了统计表。统计表是表现数据的基本工具。经过整理的数据用统计表的形式来表现，较之冗长的文字叙述更为醒目、清楚，便于数据的检查、核对和比较分析。

统计表从结构上看一般由总标题、行标题、列标题、数据资料和附注等部分组成。总标题是统计表的名称，在表的上方，概括、说明全表的核心内容；行标题和列标题通常安排在统计表的第一列和第一行，即表内的最左端和最上端，表示的主要是数据的空间、时间等界定条件；表内的其余部分是具体的数据资料；必要时在统计表的下方加上附注，用于说明数据资料的来源、计算方法、计算口径以及数据的其他一些必要背景信息，如表 3.13 所示。

表 3.13 2012—2014 年我国国内生产总值（GDP）的产业构成 （单位：%）

统计表的设计必须目的明确、内容具体、美观简洁、清晰明了、科学实用。具体而言，应该注意以下几个问题：

（1）合理安排统计表的结构。例如行标题、列标题、数据资料的位置应安排合理。由于强调的问题不同，根据实际需要，可以互换行标题和列标题，但应使统计表的横竖长度比例适当，避免出现过高或过长的表格形式。

（2）总标题内容应满足 3W 要求。总标题应十分简要地概括出统计表的基本内容为何种数据（What）以及表中资料所属的时间（When）、地点（Where）。

（3）统计表中的上、下两条横线一般用粗线，中间的其他线用细线。这样使人看起来清楚、醒目。通常情况下，统计表的左、右两边不封口，列标题之间可用竖线分开，而行标题之间则不必用横线隔开。总之，统计表中尽量少用横竖线。

（4）数据计量单位相同时，可放在表的右上角标明，不同时，应放在每个指标后或单列出一列标明。

（5）表中的数据一般是右对齐，有小数点时应以小数点对齐，而且小数点的位数应统一。

（6）若有相同数据应全部填列，不得写"同上""同下""同左""同右"等字样。对于没有数字的表格单元，一般用"—"表示。

3.5.2 统计图绘制

统计图的形式多种多样，有条形图、帕累托图、饼图和直方图、折线图、茎叶图，还有雷达图、环形图等，但是如何既能生动形象又能准确无误地表现数据资料的特征，却是任何时候都不能忽视的重要问题。虽然在制图时需要注意的问题很多，例如数据资料自身特征和图的功能等，但有一个问题是基本的，在制作任何图形时都需要注意：要恰当地确定图中的尺度和坐标。

同样的数据资料、同样的图形工具，什么都没有变，但由于选择了不同的尺度和坐标，会给人留下截然不同的印象。视错觉就是这种情形的一种典型表现。视错觉的典型图形如图 3.23 所示。

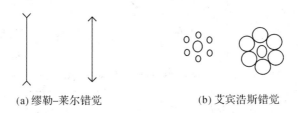

(a) 缪勒–莱尔错觉   (b) 艾宾浩斯错觉

图 3.23　视错觉的典型图形

"图并没有说谎，是说谎者在画图"。说谎者常用的一个伎俩就是选择了不合时宜的参照物留给看图者一个扭曲的印象。因此，画图时一定要注意尺度和坐标的选择，传达准确的信息。

本 章 小 结

数据包含着有价值的信息，正如大山蕴藏着有用的矿产一样。矿产只有经过开采、提取，才能为人们所用；信息散布在数据之中，也需要通过对数据的整理才能显现出来。系统化、条理化、综合化的数据能够反映现象和事物的特征、规律和趋势，通过整理数据也就转化为了有用的信息。

分组与频数分布就是对数据最基础的加工处理。分组需要选择恰当的标志，尤其是当同一个研究目的和任务要求并不只有一个标志可以反映时。分组标志选择要达到的效果有三点：一能否有助于划分现象、事物的类型；二能否有助于分析现象、事物内部的结构；三能否有助于研究现象、事物的依存关系。频数分布则是作为分组的结果，借助频数、频率、百分比、比例等指标来反映现象、事物数量方面的特征。

品质数据、数值数据在性质上的区别影响着它们在整理和图示方法、工具上的选择。相比较而言，品质数据的整理较为容易，数值数据的整理则需要把握好组数、组距、组限等的计算和选择。数值数据的组数可参照一些经验方法和人们对数字的偏好习惯确定，组数与组距间的反比例关系和"不重不漏"原则可帮助人们确定各组的取值范围。条形图、帕累托图、饼图等通常用来分析品质数据，直方图、折线图、茎叶图等通常用来研究数值数据，累积数据分布图、雷达图、环形图等则常用来展示顺序数据、多指标数据、多总体数据的特征。

作为显示数据的两种基本方式，统计表和统计图在使用时要注意结构的完整和标尺的选择。统计表通常由总标题、行标题、列标题、数据资料和附注等部分组成，显示时要合理安排结构，突出表的核心内容。统计图绘制时要恰当地确定图中的尺度和坐标，传递准确的信息。

思 考 练 习

3.1　条形图、直方图分别用于分析哪类数据？二者有何差异？

3.2 帕累托图的主要应用在哪些方面？

3.3 阐述茎叶图与直方图的区别和联系。

3.4 一餐馆为了解顾客对就餐服务的满意程度，随机抽取了120名顾客进行调查。顾客满意程度分别表示为：1. 非常不满意；2. 不满意；3. 一般；4. 满意；5. 非常满意。依据获得的调查结果（见表3.14），分析数据的类型，编制频数分布表，绘制条形图反映顾客满意程度分布情况。

表 3.14 顾客对就餐服务满意程度的调查数据

2	5	1	2	3	5	3	4	3	4	1	5
5	1	3	2	3	3	3	4	5	3	5	5
3	4	1	3	3	2	1	1	5	4	3	2
2	1	3	3	4	5	2	1	2	4	4	3
3	2	3	3	5	4	4	2	1	3	2	3
4	5	3	2	3	1	4	1	3	3	5	1
1	3	3	3	3	1	2	4	1	3	1	2
5	1	3	5	5	2	1	4	2	3	4	4
1	4	3	5	4	4	3	4	5	3	3	2
3	2	3	5	4	4	2	3	5	3	2	3

3.5 根据下面一旅馆住宿客人投诉原因的调查数据（见表3.15），绘制帕累托图。如果旅馆想减少投诉应关注哪些方面？理由是什么？

表 3.15 一旅馆住宿客人投诉原因的调查数据

原 因	投诉次数
房间不干净	33
房间未准备好	18
房间不足	12
网络连接不好	10
手机信号不稳定	17
热水洗浴供应不好	20
空调制冷（热）效果不好	15
缺少满足特殊要求的房间	2

3.6 一研究公司对西安市软饮料的销售情况进行了一项调查，发现软饮料的五大销售场所为超市、餐馆、便利店、杂货店和自动贩卖机，依据表3.16的数据绘制饼图描述软饮料销售场所分布的情况。

表 3.16 西安市软饮料销售情况的调查数据

销售场所	百分比/（%）
超市	56
餐馆	22
便利店	10
杂货店	7
自动販卖机	5

3.7 最近一家证券公司完成了一项关于 35～55 岁年龄段客户所持网上证券投资组合（股票、债券、基金、存款）规模的研究，得到 70 位被调查者全部投资的总额（单位：百元），如表 3.17 所示。据此，编制频数分布表，绘制直方图，并进行简要分析。

表 3.17 35～55 岁年龄段客户所持网上证券投资总额的调查数据 （单位：百元）

892	1854	2270	1743	3021	1453	3632	1234	2211	6699
5263	825	1567	3154	1257	4082	1267	3012	2957	3019
630	3211	1006	2681	266	519	1181	434	75	1364
4034	2763	59	5169	344	4303	357	4370	2354	3807
235	2367	8995	1872	522	239	2123	772	6169	2286
1719	1022	2199	2961	820	1549	878	7164	33	395
1717	6452	3155	1075	3528	2433	75	4406	3087	313

3.8 一制造企业生产管理部门，调查获得了该企业加工车间共同工种的 40 名员工完成个人生产定额（%）的数据，利用表 3.18 中的数据编制频数分布表，计算向上和向下累积频数、频率，绘制直方图、折线图和曲线图，并说明其属于何种分布类型。

表 3.18 加工车间共同工种的 40 名员工完成的个人生产定额 （单位：%）

136	88	97	115	119	116	104	129	127	100
125	110	105	113	120	137	103	125	138	117
108	87	103	123	117	114	118	112	146	142
158	95	92	107	108	126	108	105	119	127

3.9 调查得到一超市里的 ATM 机在过去 30 天中使用的次数如表 3.19 所示，绘制茎叶图，说明其使用规律。

表 3.19 一超市里的 ATM 机在过去 30 天中使用的次数

44	51	11	90	76	36	43	28	47	53
62	36	74	51	72	64	72	38	63	22
37	51	46	85	43	37	37	61	41	36

3.10　现有一地区某一年家庭收入的数据(见表 3.20),绘制该地区家庭月收入的洛伦兹曲线。

表 3.20　一地区某一年家庭收入的数据

收入分组	人　口			收　入			累积收入百分比	
	人口数/万人	百分比/(%)	累积百分比/(%)	月收入/亿美元	百分比/(%)	累积百分比/(%)	绝对平等/(%)	绝对不平等/(%)
最低	128.50	12.85	12.85	1.57	5.00	5.00	12.85	0.00
偏低	348.00	34.80	47.65	4.08	12.99	17.99	47.65	0.00
中等	466.90	46.69	94.34	16.33	52.01	70.00	94.34	0.00
较高	45.60	4.56	98.90	7.54	24.01	94.01	98.90	0.00
最高	11.00	1.10	100.00	1.88	5.99	100.00	100.00	100.00
合计	1000.00	100.00	—	31.40	100.00	—	—	—

3.11　品质数据、数值数据分组整理时借助 Excel 中哪些工具能够帮助人们进行分析?这些工具在使用过程中你认为有哪些需要注意的地方?

3.12　将习题 3.11 中数据整理的软件换成 SPSS,能够用到的工具和需要注意的事项有哪些?

第四章　数据分布特征

【引例】平均人

你见过中国的"平均先生"吗？他的名字叫"张伟"，年龄32岁，身高167.1厘米，体重66.2公斤，腰围2尺6寸，每天睡眠时间为8.3小时，每周工作时间46.8小时，年收入40152元。

你还有可能遇到过中国的"平均女士"？她的名字叫"王芳"，年龄37岁，身高155.8厘米，体重57.3公斤，每天睡眠时间为8.5小时，每周工作时间43.6小时，年收入23288元。

这些数据是怎么得来的呢？是运用"平均化"思想计算而来的。在如何才能征召到合格士兵的调查中，比利时统计学家阿道夫·凯特勒（Adolphe Quetelet）发明了"平均人"概念。

所谓"平均人"，就是运用统计分析方法计算出来的人类自身各性质标志的综合平均值。凯特勒一方面将平均的身高、体重、肺活量、握力、视力、寿命等生理特征值作为"平均人"的肉体素质，另一方面又赋予该时代的平均倾向的智力、婚姻、犯罪、自杀等道德素质，从而形成了一种标准化的"平均人"。他在《论人类》中指出："我在这里所观察的人，在社会中，犹如物体的重心一样，他是一个平均数，各个社会成员都围绕着它摆动不定。"对于"平均人"的道德素质，他进一步指出："在我们对于多数人进行观察的时候，人的意志就平均化起来了，并且不留任何显著的痕迹。所有部分意志的作用，和纯粹受偶然原因所制约的各种现象一样，它们即被中和或者抵消了。"

凯特勒甚至还认为，统计分析的基本任务就是关于平均人的比较与研究。他在《社会物理学》中指出："不应当注意个别的人，而应当把个别的人当作种族的一部分来考察。只有把人的个性去掉之后，我们才能把存在于人们中间的所有偶然性的东西摒弃殆尽。这样，那种对于大量现象仅起极小作用的、或完全不起作用的个别特殊性，就自然会平均化起来，从而我们就能够把握住综合的结果。"

留心观察身边的各类现象、各种事物，你会发现：几乎没有一件东西能逃出"平均化"的手掌心。"平均化"思想是这样的普及，以致我们认为它是固有的、不学而知的，当然也无须某个人来发明它。不过，那个"没有平均数的世界"确实存在过，就在1831年凯特勒发明"平均人"这个概念之前。原来，"平均人"还不到两百岁啊！

【学习目标】

- 熟悉数据分布三大特征：集中趋势、离中趋势和分布形态的内涵
- 掌握数据分布集中趋势主要测度值的特点、适用场合与计算
- 熟悉算术平均数、众数与中位数间的关系
- 掌握数据分布离中趋势主要测度值的特点、适用场合与计算

- 熟悉算术平均数与标准差的结合使用
- 熟悉数据分布形态主要测度值的计算

4.1 数据分布集中趋势

数据分布集中趋势(central tendency)是指一组数据向某一中心值靠拢的倾向,反映的是一组数据所具有的共同趋势,即各数据聚集的位置。测度集中趋势也就是寻找数据一般水平的代表值或中心值。

取得一组数据集中趋势代表值的方法通常有两种:一是从该组数据取值中抽象出具有一般水平的量,这个量不是某个数据的具体取值,但又要能反映该组数据的一般水平,这种代表值称为数值平均数。数值平均数有算术平均数、调和平均数、几何平均数等形式。二是先将该组数据的取值按一定顺序排列,然后取某一位置的数据值来反映该组数据的一般水平,把这个特殊位置上的数值看作是代表值,这种代表值称作位置平均数。位置平均数有中位数、四分位数、众数等形式。

4.1.1 数值平均数

数值平均数可以消除范围不同而带来的数值差异,使不同规模的数值具有可比性;与分组结合运用,可以分析现象、事物之间的相互依存关系;算术平均数还是抽样推断的重要指标之一。

1. 算术平均数

算术平均数(average mean)也称均值,是集中趋势测度中最重要的一种指标,也是应用最为广泛的一种指标。因为它的计算方法是与许多商务活动中个别现象与全部现象之间存在的客观数量关系相符合的,其基本计算公式为

$$算术平均数 = \frac{数据取值之和}{数据的个数}$$

通常用 $\overline{x}$ 表示算术平均数。

依据数据的表现形式不同,算术平均数有不同的计算方法:简单算术平均数和加权算术平均数。

简单算术平均数(simple mean)的计算方法是数据以未分组的个体形式呈现时,将各个数据直接相加除以数据的个数。假设一组数据为 x_1, x_2, $\cdots$, x_n,则简单算术平均数的计算公式为

$$\overline{x} = \frac{\sum\limits_{i=1}^{n} x_i}{n}$$

加权算术平均数(weighted mean)的计算方法是数据以经过整理的分组形式呈现时,将各组组中值与频数的乘积之和除以各组的频数之和。假设数据分为 k 个组,各组的组中值为 m_1, m_2, $\cdots$, m_k,各组的频数为 f_1, f_2, $\cdots$, f_k,则加权算术平均数的计算公式为

$$\overline{x} = \frac{m_1 f_1 + m_2 f_2 + \cdots + m_k f_k}{f_1 + f_2 + \cdots + f_k} = \frac{\sum_{i=1}^{k} m_i f_i}{\sum_{i=1}^{k} f_i} = \sum_{i=1}^{k} \frac{f_k}{\sum_{i=1}^{k} f_i} m_i = \sum_{i=1}^{k} \omega_i m_i$$

【例 4.1】 一小区的便利店盘点过去一年利润，整理得到每个月的利润额（见表 4.1），计算该便利店的月平均利润。

表 4.1　便利店月利润额　　　　　　　　　　　　　　（单位：万元）

1.32	1.86	1.52	1.33	1.45	1.38	1.32	1.81	1.72	1.65	1.36	1.28

解　　　　　　　　$$\overline{x} = \frac{1.32 + 1.86 + \cdots + 1.36 + 1.28}{12} = 1.50（万元）$$

算术平均数 1.50 万元是 12 个不同数值的月利润额相互抵消的结果，用来说明该便利店月盈利的平均水平。从数据分布来看，各数据围绕着算术平均数 1.50 万元上下波动，通过削峰平谷抵消差异，算术平均数成为该组数据分布的中心值，用于说明该组数据分布的集中趋势。

利用 Excel 进行运算时，可借助 AVERAGE 函数完成（见图 4.1）。AVERAGE 函数的功能是返回一组数据的算术平均数。语法结构为

　　　　AVERAGE(number1，[number2]，…)

其中，number1 必选，表示要计算平均值的第一个数字、单元格引用或单元格区域；number2 …可选，表示要计算平均值的其他数字、单元格引用或单元格区域。

	A	B	C
1	月利润（万元）	简单算术平均数	
2	1.32	1.50	=AVERAGE(A2:A13)
3	1.86		
4	1.52		
5	1.33		
6	1.45		
7	1.38		
8	1.32		
9	1.81		
10	1.72		
11	1.65		
12	1.36		
13	1.28		

图 4.1　AVERAGE 函数求平均

【例 4.2】 结合例 3.3 中淘宝双十一购物节顾客消费额的频数分布数据（见表 4.2），计算顾客的平均消费额。

表 4.2　淘宝双十一购物节顾客消费额平均数计算表

消费额/元	顾客数 f_k	组中值 m_k
700～720	3	710
720～740	7	730

消费额/元	顾客数 f_k	组中值 m_k
740~760	8	750
760~780	9	770
780~800	15	790
800~820	26	810
820~840	17	830
840~860	6	850
860~880	5	870
880~900	4	890
合计	100	—

解

$$\bar{x} = \frac{710 \times 3 + 730 \times 7 + \cdots + 890 \times 4}{3 + 7 + \cdots + 4} = \frac{80\,200}{100} = 802(元)$$

利用 Excel 进行运算时，可借助 SUMPRODUCT 函数、SUM 函数组合完成（见图 4.2）。SUMPRODUCT 函数的功能是在给定的几组数组中，将数组间对应的数据相乘，并返回乘积之和。SUM 函数的功能是返回一组数据的和。SUMPRODUCT 函数、SUM 函数的语法结构分别为

SUMPRODUCT(array1，[array2]，...)

SUM(number1，[number2]，...)

其中，array1，[array2]，... 表示需要计算乘积之和的各组数据所在区域。加权算术平均数的计算中，可用它们分别计算各组组中值与频数的乘积之和、各组的频数之和。

	A	B	C	D	E
1	消费额（元）	顾客数（名）	组中值	加权算术平均数	
2	700~720	3	710		802 =SUMPRODUCT(B2:B11,C2:C11)/SUM(B2:B11)
3	720~740	7	730		
4	740~760	8	750		
5	760~780	9	770		
6	780~800	15	790		
7	800~820	26	810		
8	820~840	17	830		
9	840~860	6	850		
10	860~880	5	870		
11	880~900	4	890		
12	合计	100	—		

图 4.2 SUMPRODUCT 函数、SUM 函数求平均

算术平均数在统计分析中具有重要的地位，它是进行统计分析和抽样推断的基础。首先，从思想上看，它是一组数据的重心所在，是数据误差相互抵消后的必然性结果。例如对同一事物进行多次测量，若所得结果不一致，可能是由于测量误差所致，也可能是其他因素的偶然影响，利用算术平均数作为其代表值，则可以使误差相互抵消，反映出事物必然性的数量特征。其次，它具有下面一些重要的数学性质，这些数学性质在实际工作中有着广泛的应用，例如在方差分析、相关分析和回归分析等方法中就有使用。

性质 1　任一分析数据的各数据取值与其算术平均数之差(称为离差)的和恒为零。

$$\sum_{i=1}^{n}(x_i - \overline{x}) = 0 \text{ 或 } \sum_{i=1}^{k}(m_i - \overline{x})f_i = 0$$

性质 2　任一分析数据的各数据取值与其算术平均数的离差平方之和为最小值。

$$\sum_{i=1}^{n}(x_i - \overline{x})^2 = \min \text{ 或 } \sum_{i=1}^{k}(m_i - \overline{x})^2 f_i = \min$$

性质 3　若有 k 组数据,各组的算术平均数和个数分别为 $(f_1, \overline{x}_1)$、$(f_2, \overline{x}_2)$、$\cdots$、$(f_k, \overline{x}_k)$,则将 k 组数据合并后的算术平均数为

$$\overline{x} = \frac{\overline{x}_1 f_1 + \overline{x}_2 f_2 + \cdots + \overline{x}_k f_k}{f_1 + f_2 + \cdots + f_k} = \sum_{i=1}^{k} \frac{f_k}{\sum_{i=1}^{k} f_i} \overline{x}_i = \sum_{i=1}^{k} \omega_i \overline{x}_i$$

总之,算术平均数的计算符合商务活动中的个别现象、事物与全部现象、事物之间存在的数量关系,其概念、计算方法容易理解和掌握。同时,它又是对所提供数据信息运用最充分的测度指标,最灵敏,最适合代数方法处理,具有优良的数学性质。然而,算术平均数也有局限,它的主要局限在于其数值容易受极大值或极小值的影响。当一组数据存在极端值时,算术平均数的代表性就会受很大影响,会偏离大多数数据的取值,这种情况统计上称为不稳健。

2. 调和平均数

调和平均数(harmonic mean)是一组数据倒数的算术平均数的倒数,也称倒数平均数,是平均数的另一种表现形式,通常记为 H_{m}。

未分组数据的简单调和平均数计算公式为

$$H_{\mathrm{m}} = \frac{n}{\sum_{i=1}^{n} 1/x_i}$$

该公式主要用于具有倒数性质的数据求解平均数,例如行驶距离相同的时速、混合液体所含某种元素的浓度、电路中并联电阻的等效电阻等的计算。

分组数据的加权调和平均数计算公式为

$$H_{\mathrm{m}} = \frac{\sum_{i=1}^{k} m_i f_i}{\sum_{i=1}^{k} \frac{m_i f_i}{m_i}} \Longleftrightarrow \overline{x} = \frac{\sum m_i f_i}{\sum f_i}$$

由公式的表达可以看出,其等价于加权算术平均数的计算。本质上,调和平均数是算术平均数的一种变形,区别在于计算时使用了不同的数据。当使用加权算术平均数计算,无法直接获取各组频数之和时,可选择调和平均数计算。

【例 4.3】　一个人开车从出发地到目的地共行驶 100 千米,前 50 千米每小时时速为 60 千米,后 50 千米每小时时速为 80 千米,计算此人全程的平均时速。

解
$$H_{\mathrm{m}} = \frac{2}{\frac{1}{60} + \frac{1}{80}} = 68.57 \text{ (千米/小时)}$$

利用 Excel 进行运算时,可借助 HARMEAN 函数完成。HARMEAN 函数的功能是返

回一组数据的调和平均数。语法结构为

$$\mathrm{HARMEAN}(number1，[number2]，\cdots)$$

【例 4.4】 一制造企业先后购进一加工原材料三批(见表 4.3)，利用每批采购价格和成交金额计算该企业购买此原材料的平均价格。

表 4.3　一制造企业采购三批原材料的交易数据

采购批次	采购价格/(元·件$^{-1}$)	成交金额/元
第一批	30	15 000
第二批	15	90 000
第三批	25	3000
合计	—	108 000

解

$$H_{\mathrm{m}}=\frac{15\ 000+90\ 000+3000}{\dfrac{15\ 000}{30}+\dfrac{90\ 000}{15}+\dfrac{3000}{25}}=16.31\ (\text{元/件})$$

需要留意的是，数据中若有一个零，则无法进行调和平均数的计算。

3. 几何平均数

几何平均数(geometric mean)是 n 个数据乘积的 n 方根，主要用于计算比率数据的平均数。当各比率的乘积等于总的比率时，就应采用几何平均数计算平均比率，例如发展速度、复利率等数据的平均，通常记为 G_{m}。

未分组数据的简单几何平均数计算公式为

$$G_{\mathrm{m}}=\sqrt[n]{x_1 x_2 \cdots x_n}=\sqrt[n]{\prod_{i=1}^{n} x_i}$$

几何平均数同调和平均数一样，与算术平均数本质上相同，只是形式上存在差异。将简单几何平均数的计算公式两侧同时取自然对数，可得

$$\ln G_{\mathrm{m}}=\frac{1}{n}(\ln x_1+\ln x_2+\cdots+\ln x_n)=\frac{\sum_{i=1}^{n}\ln x_i}{n}$$

也就是说，几何平均数的对数等于一组数据各取值的对数的算术平均数。

分组数据的加权几何平均数计算公式为

$$G_{\mathrm{m}}=\sqrt[f_1+f_2+\ldots+f_k]{m_1^{f_1} m_2^{f_2} \cdots m_k^{f_k}}=\sqrt[\sum_{i=1}^{k} f_i]{\prod_{i=1}^{n} m_i^{f_i}}$$

【例 4.5】 一企业的流水生产线有前后衔接的五道工序，一日测量得到各工序加工产品的合格率分别为 96%、98%、99%、98%、95%、97%，计算整个流水线产品的平均合格率。

解

$$G_{\mathrm{m}}=\sqrt[6]{0.96\times 0.98\times\cdots\times 0.97}=0.97$$

利用 Excel 进行运算时，可借助 GEOMEAN 函数完成。GEOMEAN 函数的功能是返回一组数据的几何平均数。语法结构为

$$\mathrm{GEOMEAN}(number1，[number2]，\cdots)$$

【例 4.6】 一企业响应政府号召计划用 10 年时间，将员工的收入增加一倍，计算员工收入的年平均增长率达到多少才能实现此目标。

解 $G_m = \sqrt[10]{2} = 1.07$，则收入的年平均增长率为 $1.07 - 1 = 7\%$。

需要留意的是，计算几何平均数的前提是各个数据的乘积有现实意义，且数据中不存在零或者负数。

算术平均数、调和平均数、几何平均数是三种不同形式的数值平均数，分别有各自的应用条件。进行统计分析时，适宜采用算术平均数时就不能用调和平均数或几何平均数，适宜用调和平均数时，同样也不能采用其他两种平均数。但从数量关系来考虑，如果用同一组数据，在各数据取值不相等的情况下，计算以上三种平均数的结果是：算术平均数大于等于几何平均数，而几何平均数又大于等于调和平均数。它们的关系可用不等式表示为

$$\bar{x} \geqslant G_m \geqslant H_m$$

4.1.2 位置平均数

位置平均数是根据各数据在一组数据中所处的位置确定的数据代表值，它不容易受极端值的影响。

1. 中位数

中位数（median）是将一组数据按大小顺序进行排列后，处于中间位置上的数据取值，用 M_e 表示。由于位置居中，中位数将全部数据分成两等份，一半数据取值比它大，一半数据取值比它小。

在分析数据存在极端取值的情况下，用中位数作为代表值要比用算术平均数更好，因为中位数不受极端数据取值的影响；如果研究目的就是为了反映中间水平，当然也应该用中位数。在进行数据处理和分析时，可结合使用中位数。例如，许多国家的政府部门发布的个人收入和人口年龄的数据，往往采用中位数，这是因为个人收入的分布和人口年龄的分布通常是非对称的，极少数人可能拥有较高的收入，极少数人比较长寿。

未分组数据确定中位数时，需要将所有数据按照从小到大的顺序进行排列。假设一组数据为 $x_1, x_2, \cdots, x_n$，排序后记为 $x_{(1)}, x_{(2)}, \cdots, x_{(n)}$。若数据的个数 n 为奇数，中位数就是位于中间位置上的那个数据的取值；若数据的个数 n 为偶数，数据的中间位置介于两个数据之间，此时中位数为这两个数据取值的简单算术平均数。

$$M_e = \begin{cases} x_{\left(\frac{n+1}{2}\right)}, & n \text{ 为奇数} \\ \frac{1}{2}\left\{x_{\left(\frac{n}{2}\right)} + x_{\left(\frac{n}{2}+1\right)}\right\}, & n \text{ 为偶数} \end{cases}$$

利用 Excel 进行运算时，可借助 MEDIAN 函数完成。MEDIAN 函数的功能是返回一组数据的中位数。语法结构为

$$\text{MEDIAN}(\text{number1}, [\text{number2}], \cdots)$$

分组数据确定中位数时，第 $\sum_{i=1}^{k} f_k / 2$ 位置的数据所在组为中位数组。根据线性内插法可计算得出中位数的取值。

下限公式：
$$M_e = L_{M_e} + \frac{\sum_{i=1}^{k} f_i/2 - F_{M_e}^-}{f_{M_e}} \times d_{M_e}$$

上限公式：
$$M_e = U_{M_e} - \frac{\sum_{i=1}^{k} f_i/2 - F_{M_e}^+}{f_{M_e}} \times d_{M_e}$$

其中：L_{M_e} 为中位数组的下限；U_{M_e} 为中位数组的上限；f_i 为各组的频数；f_{M_e} 为中位数组的频数；$F_{M_e}^-$ 为小于中位数组下限的向上累积频数；$F_{M_e}^+$ 为大于中位数组上限的向下累积频数；d_{M_e} 为中位数组的组距。

【例 4.7】 结合例 4.1 中小区便利店过去一年每个月的利润额（见表 4.4），计算该便利店的月利润额的中位数。

表 4.4　便利店月利润额 （单位：万元）

原始数据	1.32	1.86	1.52	1.33	1.45	1.38	1.32	1.81	1.72	1.65	1.36	1.28
排序数据	1.28	1.32	1.32	1.33	1.36	1.38	1.45	1.52	1.65	1.72	1.81	1.86

解　数据个数 12 为偶数，则中位数由处于第 $\frac{12}{2}$ 与 $\frac{12}{2}+1$ 位置上的两个数据取值决定。

$$M_e = \frac{1.38+1.45}{2} = 1.415 （万元）$$

【例 4.8】 结合例 3.3 中淘宝双十一购物节顾客消费额的频数分布数据计算其中位数（中位数计算表见表 4.5）。

表 4.5　淘宝双十一购物节顾客消费额中位数计算表

消费额/元	顾客数	向上累积频数	向下累积频数
700～720	3	3	100
720～740	7	10	97
740～760	8	18	90
760～780	9	27	82
780～800	15	42	73
800～820	26	68	58
820～840	17	85	32
840～860	6	91	15
860～880	5	96	9
880～900	4	100	4
合计	100	—	—

解　依据 $\frac{\sum_{i=1}^{k} f_i}{2} = \frac{100}{2} = 50$，确定第 50 个位置上的数据所在组为中位数组 800～820，则中位数为

下限公式：
$$M_e = 800 + \frac{50-42}{26} \times 20 = 806.15 \text{（元）}$$

上限公式：
$$M_e = 820 - \frac{50-32}{26} \times 20 = 806.15 \text{（元）}$$

2. 分位数

中位数是指从中间点将分析数据等分为两部分。与中位数相类似的还有四分位数（quartile）、十分位数（decile）和百分位数（percentile）等，统称为分位数。它们分别用 3 个点、9 个点、99 个点将数据 4 等分、10 等分和 100 等分后各分位点上的数值。

分位数的位置公式为

$$Q_j \text{ 的位置} = (n+1)\frac{j}{m}$$

其中，j 为所求分位数的排序（取值为 1～m 间的一整数）；n 为数据的个数；m 为数据等分的份数（常为 2，4，10，100）。

第 j 个分位数将一组数据分为两部分，有 $\frac{j}{m}$ 比例的数据小于第 j 个分位数，有 $1-\frac{j}{m}$ 比例的数据大于第 j 个分位数。例如，四分位数中的第一个四分位数 Q_1，一组数据中有 25% 的数据比它小，有 75% 的数据比它大；第三个四分位数 Q_3 则将一组数据分割为 75% 的数据比它小，25% 的数据比它大。第一个四分位数、第三个四分位数也可称为上四分位数、下四分位数，因此也可将它们分别记为 Q_L、Q_U，第二个四分位数就是中位数。

当分位数的位置不是一个整数时，可用相邻两个整数位置上数据的简单算术平均数计算得到，或者按比例分摊分位数位置两侧数据的差值。

利用 Excel 进行运算时，可借助 QUARTILE 函数、PERCENTILE 函数完成。QUARTILE 函数的功能是返回一组数的四分位数。PERCENTILE 函数的功能是返回一组数据的和。QUARTILE 函数、PERCENTILE 函数的语法结构分别为

      QUARTILE(array, quart)

      PERCENTILE(array, k)

其中，array 表示要求分位数值的数组或数字型单元格区域；quart 表示返回第几个四分位数（取值为 0，1，2，3，4）；k 表示分析数据中小于返回分位数值的数据比例（取值为 0～1 之间的数）。

3. 众数

众数（mode）是一组数据中出现次数最多的数值，通常记为 M_0。从众数的含义可知，它不受数据中极端取值的影响。商务活动中常常用众数作为代表值。例如，服装商店在进货时，经常就一款式服装销售量最多的尺码或规格大量进货；又如，为掌握市场中一商品的价格水平，往往依据该商品最普遍成交的价格，这里的衣服尺码、商品价格都是众数。

众数在分析数据个数较多且众数出现次数明显集中时才具有相当的现实意义。在使用时需要注意这些前提条件，否则，众数就会不存在或者存在但缺乏足够的代表性。此外，当一组数据中有两个或几个数据的取值次数出现的比较集中时，可能会出现不止一个众数。众数的这种性质称为不唯一性。众数示意图如图 4.3 所示。

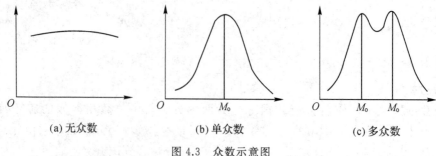

图 4.3　众数示意图

未分组数据确定众数时，只需通过计数找到出现次数最多的数据即为众数。利用 Excel 进行运算时，可借助 MODE 函数完成。MODE 函数的功能是返回一组数据的众数。语法结构为

$$MODE(number1, [number2], \cdots)$$

分组数据确定众数时，频数最大的组为众数组。从常识看，如果数据取值小于众数组的那个相邻组的频数多于数据取值大于众数组的那个相邻组的频数，则众数小于众数组的组中值；如果数据取值小于众数组的那个相邻组的频数少于数据取值大于众数组的那个相邻组的频数，则众数大于众数组的组中值；如果数据取值小于众数组的那个相邻组的频数等于数据取值大于众数组的那个相邻组的频数，则众数等于众数组的组中值。因此，通常用下面的公式推算众数：

下限公式：
$$M_o = L_{M_o} + \frac{\Delta_1}{\Delta_1 + \Delta_2} \times d_{M_o}$$

上限公式：
$$M_o = U_{M_o} - \frac{\Delta_2}{\Delta_1 + \Delta_2} \times d_{M_o}$$

其中，L_{M_o} 为众数组的下限；U_{M_o} 为众数组的上限；Δ_1 为众数组的频数与紧邻的较小数据取值组的频数之差；Δ_2 为众数组的频数与紧邻的较大数据取值组的频数之差；d_{M_o} 为众数组的组距。

【例 4.9】　结合例 3.3 中淘宝双十一购物节顾客消费额的频数分布数据计算其众数。

解　组频数最大为 27，对应的众数组为 $800\sim820$，则众数为

$$M_o = 800 + \frac{11}{11+9} \times 20 = 811(元)$$

$$M_o = 820 - \frac{9}{11+9} \times 20 = 811(元)$$

4.1.3　综合平均数：截尾均值

数值平均数根据一组数据的各个取值计算得到，利用了全部数据的信息，这是它的长处，但同时也是其弱点，容易受到极端值的影响；位置平均数根据一组数据取值的大小顺序位置确定，虽不受极端值的干扰，但未充分利用全部数据的信息。能否找到一个既同时具备数值平均数和位置平均数的长处，又能避免两者缺陷的集中趋势的测量方法呢？回答是肯定的，截尾均值就是这样的一个指标。

截尾均值（trimmed mean）是将一组数据中的极端值去掉，然后依据保留下来的数据计

算得到的算术平均数，通常记为 $\overline{x}_a$。截尾均值的计算去掉了极大值、极小值的影响，又尽可能多地利用了数据信息，代表性比较好。在电视的各类选秀比赛、体育比赛以及需要多人打分评价的竞赛类活动中，常常使用这种方法。

截尾均值的计算公式为

$$\overline{x}_a = \frac{x_{\left(\left[\frac{n\alpha}{2}\right]+1\right)} + x_{\left(\left[\frac{n\alpha}{2}\right]+2\right)} + \cdots + x_{\left(n-\left[\frac{n\alpha}{2}\right]\right)}}{n - [n\alpha]}$$

其中，α 表示极端值占全部数据的比例，称为截尾系数；中括号表示取整。

【例 4.10】　在一次电视达人秀比赛中，11 名评委分别给一位参赛选手打分（见表 4.6），计算去掉两个最高分和两个最低分后该选手的最后平均得分。

表 4.6　达人秀比赛选手得分　　　　　　　　　　　　　　　　　　　　（单位：分）

原始数据	9.3	9.4	9.2	9.8	9.9	9.4	9.3	9.2	8.5	9.1	8.6
排序数据	8.5	8.6	9.1	9.2	9.2	9.3	9.3	9.4	9.4	9.8	9.9

解　去掉的极端值占全部数据的比例为 $\frac{4}{11}$，截尾均值为

$$\overline{x}_{\frac{4}{11}} = \frac{9.1 + 9.2 + \cdots + 9.4}{11 - 4} = 9.27$$

利用 Excel 进行运算时，可借助 TRIMMEAN 函数完成。TRIMMEAN 函数的功能是返回一组数据的截尾均值。语法结构为

TRIMMEAN(array, percent)

其中，array 表示需要进行整理并求平均值的数组或数值区域；percent 表示截尾系数。

4.1.4　算术平均数、中位数与众数间的关系

算术平均数、中位数与众数是集中趋势的三个主要测度值，它们具有不同的特点和应用场合。

从数据分布的角度看，算术平均数是各数据差异抵消后的结果，中位数是处于一组数据中间位置上的数值，众数始终是一组数据分布的最高峰值。当数据呈对称分布或接近对称分布时，三者相等或接近相等，这时理应选择算术平均数作为集中趋势的代表值。算术平均数的主要缺点是易受数据中极端值的影响，对于偏态分布的数据，算术平均数的代表性较差。因此，当数据为偏态分布，特别是偏斜的程度较大时，应选择中位数或众数等位置平均数说明数据的一般水平，这时它们的代表性要比算术平均数好。

在单峰分布条件下，对同一组数据计算算术平均数、中位数与众数，三者之间具有以下关系：如果数据的分布是对称的，则算术平均数、中位数与众数必定相等，即有

$$\overline{x} = M_e = M_o$$

如图 4.4（a）所示。

如果数据是右偏分布，说明数据存在极大值，必然拉动算术平均数向极大值一方靠拢，而中位数与众数由于是位置平均数，不受极值的影响，因此三者之间的关系表现为

$$M_o < M_e < \overline{x}$$

如图 4.4（b）所示。

如果数据是左偏分布，说明数据存在极小值，必然拉动算术平均数向极小值一方靠拢，此时三者之间的关系表现为

$$\overline{x} < M_e < M_o$$

如图 4.4(c)所示。

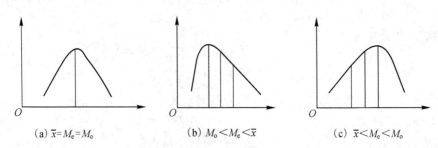

$$(a) \; \overline{x}=M_e=M_o \qquad\qquad (b) \; M_o<M_e<\overline{x} \qquad\qquad (c) \; \overline{x}<M_e<M_o$$

图 4.4　算术平均数、中位数与众数的关系

4.2　数据分布离中趋势

集中趋势只是数据分布的一个特征，它所反映的是各数据向其代表值、中心值聚集的程度。正如任何物体的运动都是由向心运动和离心运动两种趋势共同构成的一样，一组数据中各数据的取值同时存在偏离其代表值、中心值的情况，即存在离中趋势(measures of dispersion)。

数据分布集中趋势的各测度值是对数据一般水平的概括性度量，其对一组数据的代表程度如何取决于该组数据的离中趋势。数据分布离中趋势越大，集中趋势的测度值对该组数据的代表性就越差；离中趋势越小，其代表性就越好。

4.2.1　异众比率

异众比率(variation ratio)是指一组数据中非众数出现的次数与全部数据出现次数的比值，或者是分组条件下非众数组的频数占所有组频数和的比值，通常记为 V_r。其计算公式为

$$V_r = \frac{\sum\limits_{i=1}^{k} f_i - f_{M_o}}{\sum\limits_{i=1}^{k} f_i} = 1 - \frac{f_{M_o}}{\sum\limits_{i=1}^{k} f_i}$$

其中，f_{M_o} 为众数组的频数。

异众比率的作用是衡量众数对一组数据的代表程度。根据异众比率的计算公式可知，异众比率的取值在 0～1 之间。异众比率越大，越接近于 1，说明非众数组的频数占所有组频数和的比重越大，众数的代表性就越差；异众比率越小，越接近于 0，说明非众数组的频数占所有组频数和的比重越小，众数的代表性就越好。

【例 4.11】　结合例 3.1 中运动鞋品牌市场占有情况的数据，判断用"耐克"代表顾客购买运动鞋品牌的效果好坏。

解　在全部接受调查的 60 名顾客中，购买耐克的顾客有 18 名，是所有运动鞋品牌中购买顾客最多的，因而耐克是此次调查中运动鞋品牌的众数。

$$V_r = \frac{60-18}{60} \times 100\% = 0.70 \times 100\% = 70\%$$

异众比率为70％，意味着顾客中购买其他品牌的人数占到70％。因此，用"耐克"代表顾客购买运动鞋品牌的状况，代表性不是很好。

4.2.2　全距与四分位差

全距（range）是一组数据的最大值与最小值之差，也称为极差，通常记为R。

未分组数据：$R＝$数据最大值$－$数据最小值

分组数据：$R＝$最大值组上限$－$最小值组下限

以全距来测度数据的离中趋势，最大的优点在于意义明确，计算简单方便。因此，在商务活动中比较常用。例如，在企业生产的质量控制方面，以全距规定产品规格的上、下限，当产品差异超出全距时，立即采取矫正行为。又如，在研究有关证券行情发展趋势时，需要记录各股票的当天最高价和最低价，用全距来说明当天成交价的变动范围，既简单快捷又明了。

以全距来测度数据的离中趋势，较为严重的缺点在于仅仅考虑最大值和最小值两个数据。一组数据的所有差异完全由这两个数据之间的差异来说明，不能准确衡量整体的差异程度，特别是存在极端值的情况下。

利用 Excel 进行运算时，可借助 MAX 函数和 MIN 函数完成。MAX 函数、MIN 函数的功能是返回一组数据的最大值、最小值。语法结构为

MAX(number1，[number2]，…)

MIN(number1，[number2]，…)

为避免极端值的影响，可用一组数据75％位置上的四分位数与25％位置上的四分位数之差即四分位差（quartile deviation），来反映数据的离中趋势。本质上来讲，四分位差反映了中间50％数据的离散程度，其数值越小，说明中间的数据越集中；数值越大，说明中间的数据越分散。又由于中位数处于数据的中间位置，因此四分位差的大小在一定程度上也说明了中位数对一组数据的代表程度。

四分位差通常记为Q_d，计算公式为

$$Q_d ＝ Q_U － Q_L$$

利用 Excel 进行运算时，可借助 QUARTILE 函数、PERCENTILE 函数完成。

相对于全距，虽然四分位差避免了极端值的影响，但它仍然只利用了两个位置上的数据，没有考察全部数据的分布情况，因而对数据的离中趋势反映也是不全面的。

4.2.3　平均差

平均差（average deviation 或 mean deviation）是指一分析数据的各数据取值与其算术平均数的离差绝对值的算术平均数，通常记为M_d。其计算公式为

未分组数据：
$$M_d ＝ \frac{\sum\limits_{i=1}^{n} |x_i － \overline{x}|}{n}$$

分组数据：
$$M_d ＝ \frac{\sum\limits_{i=1}^{k} |m_i － \overline{x}| f_i}{n}$$

未分组数据可借助 Excel 中的 AVEDEV 函数进行运算。AVEDEV 函数的功能是返回一组数据的平均差。语法结构为

$$AVEDEV(number1，[number2]，\cdots)$$

【例 4.12】 结合例 3.3 中淘宝双十一购物节顾客消费额的频数分布数据计算其平均差（平均差计算表见表 4.7）。

表 4.7 淘宝双十一购物节顾客消费额平均差计算表

消费额/元	顾客数 f_i	组中值 m_i	$\lvert m_i - \overline{x} \rvert$
700～720	3	710	92
720～740	7	730	72
740～760	8	750	52
760～780	9	770	32
780～800	15	790	12
800～820	26	810	8
820～840	17	830	28
840～860	6	850	48
860～880	5	870	68
880～900	4	890	88
合计	100	—	—

解
$$M_d = \frac{92 \times 3 + 72 \times 7 + \cdots + 88 \times 4}{100} = \frac{3328}{100} = 33.28 \text{（元）}$$

计算结果表明，平均说来，淘宝双十一购物节顾客消费额与平均消费额相差 33.28 元。

平均差充分考虑了每一个数据离中的情况，完整地反映了全部数据的离散程度，在反映离中趋势方面比较灵敏，计算方法也比较简单。它的缺陷是敏感性较强，容易受极端值影响，且由于计算中需要取绝对值，不便于进一步的代数运算，给应用带来了一定的局限，实际中并不常见。

4.2.4 方差与标准差

平均差在数学处理上是通过取绝对值避免正负离差的相互抵消得到的，通过取平方的办法也可以达到此效果，同时也更便于数学上的运算。用离差取平方的方法计算得到的离中趋势测度值称为方差。

方差（variance）是待分析数据中各数据取值与其算术平均数的离差平方的算术平均数。方差开平方后的结果称为标准差（standard deviation）。方差与标准差是测度数据分布离中趋势的最常用值，通常记为 s^2、s。其计算公式为

未分组数据的方差：$s^2 = \dfrac{\sum\limits_{i=1}^{n}(x_i - \overline{x})^2}{n-1}$ ， 未分组数据的标准差：$s = \sqrt{\dfrac{\sum\limits_{i=1}^{n}(x_i - \overline{x})^2}{n-1}}$

$$\text{分组数据的方差：} s^2 = \frac{\sum_{i=1}^{k}(m_i - \overline{x})^2 f_i}{\sum_{i=1}^{k} f_i - 1}, \qquad \text{分组数据的标准差：} s = \sqrt{\frac{\sum_{i=1}^{k}(m_i - \overline{x})^2 f_i}{\sum_{i=1}^{k} f_i - 1}}$$

方差、标准差的计算是用离差平方和除以数据个数或各组频数之和减1，数据个数或各组频数之和减1实际上是离差平方和的自由度。自由度（degree of freedom）是指数据个数与附加给独立的数据取值的约束或限制的个数之差。从字面含义来看，自由度是指一组数据中可以自由取值的个数。当一组数据的个数为 n 时，若算术平均数确定了，则附加给 n 个数据取值的约束个数就是1个，因此只有 $n-1$ 个数据可以自由取值，其中必有一个数据不能自由取值。例如，有6个数据，若它们的算术平均数为 $\overline{x} = 8$ 已确定，则这6个数中必然仅有5个数可以自由取值，有一个数不能随意取值，假设其中5个数分别取7、8、9、10、11，则另一个数只有取3，才能使其算术平均数 $\overline{x} = 8$。为什么离差平方和要除以自由度呢？这可以从多个方面进行解释，其中最主要的、最实际的一个原因是当需要估计总体方差时，利用抽样数据计算得到的样本方差是总体方差的无偏估计量，这一问题的进一步解释会在参数估计的章节给出。

未分组数据可借助 Excel 中的 VAR 函数、STDEV 函数进行运算。VAR 函数、STDEV 函数的功能是返回一组抽样数据的方差、标准差。语法结构为

　　　　VAR(number1，[number2]，…)

　　　　STDEV(number1，[number2]，…)

【例 4.13】 结合例 3.3 中淘宝双十一购物节顾客消费额的频数分布数据计算其方差和标准差（方差与标准差计算表见表 4.8）。

表 4.8　淘宝双十一购物节顾客消费额方差与标准差计算表

消费额/元	顾客数 f_i	组中值 m_i	$(m_i - \overline{x})^2$
700～720	3	710	8464
720～740	7	730	5184
740～760	8	750	2704
760～780	9	770	1024
780～800	15	790	144
800～820	26	810	64
820～840	17	830	784
840～860	6	850	2304
860～880	5	870	4624
880～900	4	890	7744
合计	100	—	—

解　　　$$s^2 = \frac{8464 \times 3 + 5184 \times 7 + \cdots + 7744 \times 4}{100 - 1} = 1793.94$$

$$s = \sqrt{s^2} = 42.35 \text{（元）}$$

4.2.5　离散系数

全距、四分位差、平均差和标准差都是反映一组数据离中趋势的绝对值，与平均数有相同的计量单位。它们在反映离散程度大小时，不仅取决于数据的离中趋势，还取决于数据取值一般水平的高低。当需要比较具有不同水平或不同计量单位的数据的离中趋势时，一般不能直接利用这些数据分布离中趋势的绝对测度值。

为解决这一问题，应该采用数据分布离中趋势的相对测度值即离散系数。离散系数（coefficient of variation）是一组数据分布离中趋势的绝对测度值与其相应的算术平均数之比。其意义是单位平均数上的差异，离散系数越小，数据离中趋势越小，算术平均数的代表性就越高；离散系数越大，数据离中趋势越大，算术平均数的代表性就越低。离散系数也称变异系数，其计算公式为

$$全距系数：V_R = \frac{R}{\overline{x}}，四分位差系数：V_{Q_d} = \frac{Q_d}{\overline{x}}$$

$$平均差系数：V_{M_d} = \frac{M_d}{\overline{x}}，标准差系数：V_s = \frac{s}{\overline{x}}$$

商务活动中常用到的离散系数为标准差系数。

【例 4.14】　一服装制造企业员工的平均月产量为 300 件，标准差为 18 件。另有一食品加工企业员工的平均月产量为 5000 千克，标准差为 500 千克。判断两个企业中哪家企业员工的平均月产量代表性好？

解　服装企业员工月产量标准差系数：$V_s = \dfrac{18}{300} = 0.06$

食品企业员工月产量标准差系数：$V_s = \dfrac{500}{5000} = 0.10$

由于服装企业员工的月产量标准差系数小于食品企业员工的月产量标准差系数，所以服装企业员工的平均月产量代表性较好。

4.2.6　算术平均数与标准差的结合使用

反映数据分布集中趋势的算术平均数和反映离中趋势的标准差，在说明一组数据的分布时起到了非常重要的作用。二者有机结合起来会提供一组数据分布的更多新信息。

1. 标准化处理

标准化处理是将一组数据中各数据取值与其算术平均数相减再与标准差相除，即离差与标准差的商。

$$z_i = \frac{x_i - \overline{x}}{s}, \quad i = 1, 2, \cdots, n$$

其中，z_i 是对应 x_i 的标准化数据，其算术平均数为 0，标准差为 1。

标准化刻画的是一组数据中各数据取值距离中心位置算术平均数的标准差个数。标准化的本质在于度量数据的相对位置。z_i 值大于零，表明数据 x_i 位于算术平均数的右侧。z_i 值小于零，表明数据 x_i 位于算术平均数的左侧。如果 z_i 值等于零，则说明数据 x_i 刚好等于算术平均数。

标准化处理在商务活动中的应用主要在评价领域。评价是现代社会各领域的一项经常性

的工作，是科学做出管理决策的重要依据。随着人们研究领域的不断扩大，所面临的评价对象日趋复杂，如果仅依据单一指标对现象、事物进行评价往往不尽合理，必须全面地从整体的角度考虑问题，多指标综合评价方法应运而生。所谓多指标综合评价方法，就是把描述评价对象不同方面的多个指标的信息综合起来，合并得到一个综合指标，由此对评价对象做出一个整体上的评判，并进行横向或纵向比较。而在多指标评价体系中，由于各评价指标的性质不同，通常具有不同的量纲和数量级。当各指标间的水平相差很大时，如果直接用原始指标值进行分析，就会突出数值较高的指标在综合分析中的作用，相对削弱数值水平较低指标的作用。因此，为了保证结果的可靠性，需要对原始指标数据进行标准化处理。

2. 数据分布区域描述

标准差的大小可以说明一组数据分布的离中趋势，可以说明算术平均数代表性的好坏，还可以说明各数据在算术平均数周围分布的情况。

在大量数据分析的过程中，人们发现了一个经验法则：当一组数据为对称数据时，有

（1）约有 68% 的数据落在算术平均数加减 1 个标准差的范围之内；

（2）约有 95% 的数据落在算术平均数加减 2 个标准差的范围之内；

（3）约有 99% 的数据落在算术平均数加减 3 个标准差的范围之内。

如果一组数据不是对称分布，经验法则就不再适用。这时可使用切比雪夫定理，它所描述的情形适用于任何分布形态的数据。

切比雪夫定理　对于任意分布形态的数据，至少有 $1-\dfrac{1}{k^2}$ 的数据落在算术平均数的正负 k 个标准差之内。其中 k 是大于 1 的任意值，不一定是整数。

对于 $k=2，3，4$，其含义为

（1）至少有 75% 的数据落在平均数加减 2 个标准差的范围之内；

（2）至少有 89% 的数据落在平均数加减 3 个标准差的范围之内；

（3）至少有 94% 的数据落在平均数加减 4 个标准差的范围之内。

需要留意的是，切比雪夫定理描述的是"下限"，也就是"所占比例至少为多少"。

3. 异常数据判断

在处理数据的时候，常常会遇到个别数据取值偏离预期或大多数数据取值的情况，如果把这些数据和正常数据放在一起进行分析，可能会影响结果的正确性，如果把这些数据值简单地剔除，又可能忽略了重要的信息。这里重要的问题是如何判断异常数据，然后将其剔除。判断和剔除异常值是数据处理中的一项重要任务。

依据经验法则和切比雪夫定理，可知一组数据中大部分数据会落在与算术平均数不超过 3 个标准差的范围内。一般情况下，异常数据是指一组数据中与算术平均数的偏差超过 2 个标准差的数据。与算术平均数的偏差超过 3 个标准差的数据，称为高度异常的异常数据。在处理数据时，应剔除高度异常的异常数据。异常是否剔除，视具体情况而定。根据人们对现象、事物已有的认识，判别由于外界干扰、人为误差等原因造成数据偏离正常结果的情形，在分析过程中随时判断，随时剔除。

4.3　数据分布形态度量

集中趋势和离中趋势是数据分布的两个重要特征，但要全面了解数据分布的特点，还

需要知道数据分布的形状。利用算术平均数、众数和中位数之间的大小关系，可以大体上判断数据分布是否对称和偏斜的方向，然而，准确的度量还需要一些测度值进行刻画。

4.3.1　偏度

偏度（skew）是对数据分布偏斜方向和程度的测度。数据分布偏度的测量值称为偏度系数，通常记为 S_k。

偏度系数的计算方法不少，常用的计算公式为

$$\text{未分组数据：} S_k = \frac{n \sum\limits_{i=1}^{n} (x_i - \overline{x})^3}{(n-1)(n-2)s^3}, \quad \text{分组数据：} S_k = \frac{\sum\limits_{i=1}^{n} (m_i - \overline{x})^3 f_i}{\sum\limits_{i=1}^{n} s^3 f_i}$$

由计算公式可知，偏度系数是离差三次方的平均数除以标准差的三次方得到的一个相对数。当数据分布对称时，可以相互抵消，因而计算公式中的分子等于 0，则 $S_k = 0$；当数据分布不对称时，离差三次方后正负不能抵消，就形成了正或负的偏度系数 S_k。当 S_k 为正值时，表示正离差数值较大，可以判断为正偏分布或右偏分布；反之，当 S_k 为负值时，表示负离差数值较大，可判断为负偏分布或左偏分布。

在计算 S_k 时，将离差三次方的平均数除以标准差的三次方，是将偏态系数转化为相对数。S_k 的绝对值越接近于 0，偏斜程度越低；S_k 的绝对值越大，偏斜程度就越高。若 S_k 的绝对值小于 0.5，数据分布为低度偏度分布；若落在 0.5～1 之间，数据分布为中度偏度分布；若大于 1，数据分布为高度偏度分布。

未分组数据可借助 Excel 中的 SKEW 函数进行运算。SKEW 函数的功能是返回一组数据的偏度系数。语法结构为

SKEW(number1, [number2], …)

【例 4.15】　结合例 3.3 中淘宝双十一购物节顾客消费额的频数分布数据计算其偏度系数（偏度系数与峰度系数计算表见表 4.9）。

表 4.9　淘宝双十一购物节顾客消费额偏度系数与峰度系数计算表

消费额/元	顾客数 f_i	组中值 m_i	$(m_i - \overline{x})^3$	$(m_i - \overline{x})^4$
700～720	3	710	−778 688	71 639 296
720～740	7	730	−373 248	26 873 856
740～760	8	750	−140 608	7 311 616
760～780	9	770	−32 768	1 048 576
780～800	15	790	−1728	20 736
800～820	26	810	512	4096
820～840	17	830	21 952	614 656
840～860	6	850	110 592	5 308 416
860～880	5	870	314 432	21 381 376
880～900	4	890	681 472	59 969 536
合计	100	—	—	—

解 $$S_k = \frac{(-778\ 688) \times 3 + (-373\ 248) \times 7 + \cdots + 681\ 472 \times 4}{100 \times 42.35^3} = -0.14$$

顾客消费额的数据为左偏的低度偏度分布。

4.3.2 峰度

峰度(kurtosis)是对数据分布平峰、尖峰程度的测度。数据分布峰度的测量值称为峰度系数,通常记为 K_u。

未分组数据: $$K_u = \frac{n(n+1)\sum\limits_{i=1}^{n}(x_i - \overline{x})^4}{(n-1)(n-2)(n-3)s^4} - \frac{3(n-1)^2}{(n-2)(n-3)}$$

分组数据: $$K_u = \frac{\sum\limits_{i=1}^{k}(m_i - \overline{x})^4 f_i}{n s^4} - 3$$

由计算公式可知,峰度系数是将离差的四次方除以标准差的四次方得到的一个相对数。用峰度系数说明分布的尖峰和扁平程度,是通过与正态分布的峰度系数进行比较而言的。由于正态分布的峰度系数为 0,当 $K_u > 0$ 时为尖峰分布,数据的分布更集中一些;当 $K_u < 0$ 时为扁平分布,数据的分布更分散一些。

未分组数据可借助 Excel 中的 KURT 函数进行运算。KURT 函数的功能是返回一组数据的偏度系数。语法结构为

KURT(number1,[number2],…)

【例 4.16】 结合例 3.3 中淘宝双十一购物节顾客消费额的频数分布数据计算其峰度系数(偏度系数与峰度系数计算表见表 4.9)。

解 $$K_u = \frac{71\ 639\ 296 \times 3 + 26\ 873\ 856 \times 7 + \cdots + 59\ 969\ 536 \times 4}{100 \times 42.35^4} - 3 = -0.33$$

顾客消费额的数据为扁平分布。

4.3.3 数据分布特征的软件操作

数据分布特征有多种测度值,前面介绍了 Excel 中利用各类函数计算测度值的方法。实际上,在 Excel、SPSS 软件中专门设计了工具,一次性地计算数据分布集中趋势、离中趋势和分布形态的常用测度值。

【例 4.17】 结合例 3.3 中淘宝双十一购物节顾客消费额的数据,分析顾客消费额数据分布特征。

解 利用 Excel 运算数据分布特征时,选择"数据"菜单中的"数据分析"命令,接着在弹出的"数据分析"对话框中,选择"描述统计"选项,点击"确定"按钮。在"输入"栏的"输入区域"中选定待整理数据所在区域,"分组方式"中选择数据呈现的方式。"输出选项"栏中,选择一种输出方式,选定"汇总统计",点击"确定"按钮,如图 4.5 所示,系统即输出数据分布特征的主要测度值。

利用 SPSS 运算数据分布特征时,选择菜单栏上"分析"中"描述统计"的"描述"命令。在弹出的"描述性"对话框中,将"顾客消费额"选入"变量"栏,点击"选项",选择需要计算

的测度值，如图 4.6 所示。点击"继续"，返回"描述性"对话框，点击"确定"。

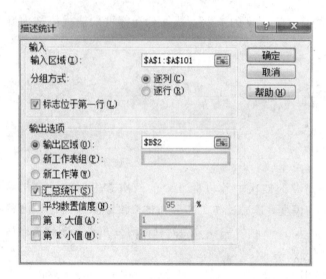

图 4.5 "描述统计"对话框

图 4.6 "描述：选项"对话框

另外，SPSS 菜单栏上"分析"中"描述统计"的"频率"命令，也可以实现此功能，且可以完成四分位数、众数和中位数的计算。

本 章 小 结

一组数据的分布特征可以从集中趋势、离中趋势和分布形态三个方面进行测度。

数据分布集中趋势反映的是待分析数据中各数据取值所具有的共同趋势，是"隐异显同"思想的体现。数据分布集中趋势的测度能够排除个体数据的差异，让人们直观地把握数据所反映的现象、事物的主要特征。只有从平均水平去分析，才能把握现象、事物的本质特征。常用的测度值有算术平均数、中位数与众数。算术平均数是使用最广泛的集中趋势测度值，属于数值平均数，但由于其容易受极端值影响，必要时需要使用中位数、众数等位置平均数。

数据分布离中趋势反映的是待分析数据中各数据取值之间的差异或离散程度，是"知同差异"思想的体现。数据分布离中趋势的测度在数据共性的基础上，让人们对数据所反映的现象、事物的非均衡程度和非常规状态有明晰的认识。只有从变异程度去分析，才能获知现象、事物的特殊性和复杂性，才知道世界是如此多姿多彩。常用的测度值有方差、标准差和标准差系数。方差、标准差是从绝对角度来测度离中趋势，这些绝对值具有与生俱来的意义，在没有任何背景或额外信息下，依然能够被理解。但由于数据平均水平和计量单位差异的约束，测度离中趋势必要时需要用到相对测度值：标准差系数。需要留意的是，相对测度值只有在比较或处于一个更大的背景中才有意义。

数据分布形态反映的是分析数据偏离对称性的程度和顶峰的尖平程度。常用到的偏度和峰度测量值是偏度系数与峰度系数，分别由统计学家卡尔·皮尔逊在 1895 年、1905 年提出。一组数据的偏度系数与峰度系数计算出来后，与 0 作比较，即可判断数据分布的基本形态。

数据分布特征测度值为人们了解、研究现象、事物提供了有针对性的、可操作的、有意义的概括，但需要留意的是：任何一种简化都会面临被滥用的危险。

思 考 练 习

4.1　阐述算术平均数、中位数与众数的主要特点和适用场合。

4.2　阐述标准差、标准差系数的主要特点和适用场合。

4.3　算术平均数与标准差相结合主要应用在哪些方面？

4.4　一水果摊大西瓜每个约重 5 千克，售价为每千克 2 元，小西瓜每个约重 2.5 千克，售价为每千克 1.2 元。一顾客向摊主提出大、小西瓜各买一个，一起称重，价格为每千克 1.6 元。摊主应允，问这次买卖谁占了小便宜？为什么？

4.5　一金融机构连续 5 年的投资回报率分别为 30%、20%、-40%、18%、200%，计算该机构投资回报率的算术平均数、几何平均数，判断哪个数据更贴近真实情况。

4.6　一企业研究机构抽样调查取得 10 家国有企业和 10 家民营企业的月净利润数据（见表 4.10）。

（1）比较这两种不同性质企业间月净利润的差异，可采用的测度值有哪些？

（2）比较分析哪一类型企业的月利润差异大？

表 4.10　国有企业和民营企业的月净利润数据　　　（单位：万元）

国有企业	166	169	172	177	180	170	172	174	168	173
民营企业	68	69	68	70	71	73	72	73	74	75

4.7　一制造企业生产管理部门，调查获得了该企业加工车间某一工种的 40 名员工完成个人生产定额（%）的数据（见表 4.11）。

（1）计算员工完成生产定额的算术平均数、标准差和中位数；

（2）编制频数分布表，再次计算第一个问题中的测度值；

（3）比较第一个问题和第二个问题中相应测度值的大小。若存在差异，解释原因。

表 4.11　企业加工车间某一工种的 40 名员工完成个人生产定额的数据（单位：%）

136	88	97	115	119	116	104	129	127	100
125	110	105	113	120	137	103	125	138	117
108	87	103	123	117	114	118	112	146	142
158	95	92	107	108	126	108	105	119	127

4.8　一调查机构随机抽取 1080 名经济管理类专业的硕士毕业生，得出其年薪的平均数为 12 万元，标准差为 3 万元。

（1）利用切比雪夫定理求出至少包含 810 名毕业生年薪的区间，并指出包含的毕业生

数不超过 120 人的年薪区间;

(2)假设毕业生年薪呈对称分布,则在第一个问题中求出的两个区间内,各约有多少名毕业生?

4.9 利用一大型超市在一个月三十天内各天的销售额数据(见表 4.12),计算:

(1)该超市日销售额的算术平均数、中位数与众数;

(2)去掉三个最高销售额和三个最低销售额的截尾均值;

(3)全距、上下四分位数和四分位差;

(4)平均差、标准差和方差;

(5)偏度系数和峰度系数。

表 4.12 一大型超市在一个月三十天内各天的销售额数据 (单位:万元)

218	241	211	213	218	222	201	223	242	251
186	247	231	272	228	190	226	253	199	186
207	224	219	221	215	260	217	230	245	234

4.10 一工业区随机抽取了辖区内的 160 家企业,调查它们的年营业收入情况,利用整理后的年营业收入数据(见表 4.13),计算:

(1)这些企业年营业收入的算术平均数、中位数与众数;

(2)平均差、方差和标准差。

表 4.13 160 家企业年营业收入数据

利润额/万元	企业数/家
0~500	16
500~600	38
600~700	52
700~800	26
800~900	12
900~1000	10
1000 以上	6
合计	160

4.11 一公司管理层决定,对公司所有员工月薪增加 7%,判断:

(1)全体员工月薪的平均数、中位数与众数分别会怎样变化?

(2)用全距、四分位数、平均差和标准差来衡量员工收入的离散程度,增加薪水后各离中趋势测度值会怎样变化?

(3)增加薪水后,员工月薪分布曲线的偏度和峰度有无变化?

(4)若公司是给每个员工每月增加 200 元的交通补贴,则上述三个问题的答案分别是什么?

4.12 借助 Excel、SPSS 软件中哪些工具能够帮助人们进行数据分布特征主要测度值的计算?阐述操作的基本步骤。

综合案例　职场上的年龄歧视

摘要：本案例讲述了工作就业中普遍存在的一种职业歧视：年龄歧视，被解聘员工与企业之间就此经常会产生纠纷，并诉诸法律予以解决。被解聘员工与企业都希望能够从被保留员工、被解聘员工以及原有全体员工的年龄、薪酬等数据中寻找到有利于自己的证据。运用数据整理与数据分布特征计算的相关方法，可以帮助人们快速寻找到所需要的资料。

关键词：年龄歧视，数据集中趋势，数据离中趋势，数据分布特征。

·案例信息

人们无法选择性别、容貌、姓氏、身高、民族，人们更无法逃避年龄日益增长的自然规律。本来，它们与职业无关，然而在崇尚公平原则的市场经济里，它们竟然那么紧密地与职业联系起来。于是，职业歧视，这个很多人已经耳熟能详并遭遇其中的现象开始滋生、蔓延。

近年来，我国就业中存在的年龄歧视问题越来越严重，逐渐引起人们的关注。在当今就业形势日益严峻、就业竞争日渐激烈的情况下，很多人群遭遇年龄歧视的问题。年龄歧视已经发展成一个影响最大的、波及人群最广的歧视现象。性别、容貌、姓氏、身高、民族等的出现有一定的几率，属于不确定问题，而年龄是每个人都必将经历的，因为时间不可挽回、无法逃避。年龄歧视的出现不但破坏了社会的就业秩序，也极大改变了人们的道德观念和价值取向。

就业年龄歧视指的是劳动者由于年龄原因，在就业劳动条件等方面受到不平等的对待。换言之，就是求职者或受雇者因为年龄而在招聘过程或雇佣上受到不公平或不同的差别待遇。就业年龄歧视广泛存在于从招聘到入职再到离职的各个阶段，在招聘、试用期、考核、升职、调职或培训、劳动合同条款和条件、裁员、退休政策及申诉程序等方面给予差别待遇。就业年龄歧视是基于年龄的不同而给予不同劳动者的差别待遇，侵犯了人们的平等就业权。

由于生产流程改造升级，一家电子元器件公司解雇了55名装配工人中的24名。被解雇工人中的11人声称遭受了年龄歧视，起诉该公司要求赔偿50万元。公司管理人员反驳说由于工人是可以互换的，他们是使用随机抽样的方法选择的被解雇人员。

表4.14列出了55名装配工人的年收入、年龄和雇佣状态。同时，将原告以星号（＊）标记出来。原告利用这些数据来确定解雇行为是否对年龄偏大的工人有反向影响，而被告则利用这些数据来寻找证明公司管理人员随机抽样的证据。

表4.14　职场上的年龄歧视数据

员工姓名	年收入/元	年龄/岁	雇佣状态
许斌	41 200	45	解雇
熊睿	39 565	43	保留
李聃	30 980	41	保留

员工姓名	年收入/元	年龄/岁	雇佣状态
刘嘉钰	23 225	27	保留
赵菲	21 250	26	保留
*宁申	41 875	45	解雇
张明	31 225	41	保留
张兴哲	30 135	36	解雇
孙浩	29 850	32	保留
马启超	21 850	22	保留
*黄欢欢	43 005	48	解雇
许学健	34 785	41	保留
宋毅飞	25 350	27	保留
张晶	36 300	42	保留
*柏重阳	40 425	46	解雇
*张海嘉	39 150	42	解雇
邓德练	19 435	19	保留
黄业成	24 125	28	保留
殷鹏	30 450	40	保留
董礼	24 750	25	保留
李先志	22 755	23	保留
张天明	23 000	24	保留
谢若媛	42 000	46	解雇
*贾晓岩	44 100	52	解雇
赵未	44 975	55	解雇
王诗蕊	25 900	27	保留
张航	40 875	46	解雇
高秋月	38 595	41	保留
*曹广灿	42 995	48	解雇
张研	31 755	40	保留
来源	29 540	32	保留
康小波	34 300	41	保留
李阳	43 700	51	解雇

续表二

员工姓名	年收入/元	年龄/岁	雇佣状态
毛贤君	19 435	22	保留
岳丹雷	28 750	32	保留
＊刘振兴	44 675	52	解雇
龙中权	35 505	38	解雇
屈正祚	33 425	38	解雇
张娜	31 300	36	解雇
＊柯小梅	42 300	46	解雇
＊储成	43 625	50	解雇
燕化伟	37 650	42	保留
＊唐劲韬	38 400	43	解雇
李东樾	32 195	35	解雇
刘宇峰	19 435	21	保留
赵品楠	32 785	39	解雇
杨玉杰	37 900	42	保留
孔祥超	29 150	30	解雇
姜品	35 125	41	保留
徐欢	27 655	33	保留
＊徐晓涛	42 545	47	解雇
唐海涛	22 200	32	保留
尹永奇	40 350	44	解雇
史朝旺	28 305	34	保留
许斌	36 500	42	保留

· 案例使用说明

1. 案例目的与用途

本案例的教学目的主要在于帮助学生理解数据整理与数据分布特征计算的方法，从纷繁杂乱的个体数据中，提炼出数据整体的主要特征与规律，提高学生认识现象、事物的洞察力。

2. 启发思考题

（1）通过分析、计算相关数据分布特征，建立支持原告的证据材料。

（2）通过分析、计算相关数据分布特征，建立支持被告的证据材料。

（3）对比分析，原告、被告的证据材料哪个更为可信？

（4）你还有没有其他的方法可以为原告或被告提供证据材料？

3. 建议课堂计划

本案例可以作为专门的案例讨论课，随堂进行，以下是建议的课堂计划，供参考。

整个案例的课堂时间控制在 60 分钟。

课前计划：提出启发思考题，请学生在课前完成阅读和初步思考。

课中计划：

（1）简介案例及分析要求（2～5 分钟）。

（2）课堂分组讨论（20 分钟）。

（3）小组报告，可事先指定各组报告的重点议题，亦可指定部分小组报告，非报告小组提问或补充（每组 5 分钟，总时间控制在 30 分钟）。

（4）引导全班进一步讨论，并进行总结（5 分钟）。

课后计划：如有必要，请学生或小组采用书面报告形式，给出更具体的分析或解决方案，包括具体的职责分工。

第五章　数据推理基础：概率分布与抽样分布

【引例】个体与个性的产生

什么是个体？这个概念对于每一个搞社会科学的人，乃至于每一个社会生活中的人都是非常重要的一个基础概念。可是往往基础概念比一些非基础概念还难定义。仔细考虑这一问题的话，就进入了一种非常有趣的、穷根问底的思索过程。

个体基本上不是物理现象，它是一种生命现象。个性是生命现象里的属性。那么在生物的世界中，是不是每个生命都有个性？准确地说也不是。因为单细胞的生命繁殖靠分裂，一个分裂成两个，这两个与分裂前的母体在性状上完全一样，每一部分都一样。就是说子代将上代（不能说父代，也不能说母代，因为上辈只有一位）身体中的每一个基因统统都继承下来了。它们之间只有共性，或者说是种性，因此彼此完全一样，所以谈不上个性。单细胞物种就是这样繁殖的，一个个分裂。成员之间毫无差异，完全一样，每一个成员都没有什么个性，于是"个体"的概念在这里就失去了意义。

个体应该是这样的，一些生命通过父代、母代的结合来繁殖后代，繁殖中造就了一种属性，即物种成员之间可能具有该物种的一些共性，共享一些性状，但同时每一个个体之间又是有差异的，这种差异相互能够识别。熟悉某一物种的人们，也可以识别其中的每个个体。例如人们观察一匹马和另一匹马，是可以看出差别的，如果看不出来，那就是对马这一物种整体上太陌生了，没有亲近它们，亲近它们就可以看出差别来。这样一种性质，即相互之间共享着一些性状，同时一个跟一个又是不一样的，才构成了真实意义上的个体。所以说，"个体"是与"个性"结合在一起的，没有个性就没有个体。

就人类来说，个体与个性的基础源于染色体。染色体是细胞核中载有遗传基因的物质，人类的细胞染色体成对称分布，每个细胞内有23对染色体。父母亲从各自23对染色体的每一对中各拿出一个重新组合，形成其某一子女的23对染色体，子代的染色体一半和父亲一样，另一半与母亲一样，但和兄弟姐妹不一样。因为父母亲每一次染色体的结合都像是一次发牌，父亲从23对染色体中随机发出23个，母亲也随机发出23个，如此一来能够形成的染色体组合数目多达 7.037×10^{13}（$2^{23} \times 2^{23}$），每次结合染色体完全一样和完全不一样的概率都很低。所以一个人与兄弟姐妹有些相似，又不完全一样。换句话说，父母产生后代，就像发牌一样，子代的天赋一发完牌就确定了，无论是好牌还是坏牌。扑克牌的魅力为什么那么大？因为每一次牌都不一样，所以能常玩常新。因此，有人也称父母产生后代为"赌博遗传论"。

每一个人的个体和个性以随机的方式得以形成，这也预示着人的一生充满了变数，充满了不确定性，充满了悬念。这其中真正遇到"久旱逢甘霖""他乡遇故知""洞房花烛夜""金榜题名时"是极其稀少的，但可能遇见又让人产生了希望。通过努力奋斗可以大大提高希望实现的机会，无所作为、幻想成功只能是与希望渐行渐远。人的一生充满变数，做的每一件事情都是几乎由随机概率过程向必然结果的一种飞跃。概率特别"宠爱"生命之强者。

每一个人都能够也应该用自己的一生来体验概率的"悬念之美""希望之美"和"奋斗之美"。

【学习目标】

- 理解概率分布、抽样分布的内涵
- 熟悉概率的获得方法和概率的运算
- 熟悉典型离散型随机变量的概率分布
- 熟悉典型连续型随机变量的概率分布
- 掌握二项分布、正态分布的特征
- 掌握样本均值和样本方差的抽样分布

5.1 概率与概率分布

购买一张彩票能否中奖，购买一只股票明天价格是否上涨，开发一种新产品推向市场是否受欢迎，一个项目能否按期完成，等等，诸如此类的事情，在商务活动中经常会遇到。这类现象在一次的调查、观察或实验中其结果呈现出不确定性，而在大量重复调查、观察或实验中结果又具有统计规律性，称为随机现象。

随机现象中所有可能出现也可能不出现的结果称为随机事件或事件，通常用大写字母A、B、C等来表示。例如，从一批产品中抽出一件产品进行检测，这就是一项试验，此项试验的结果可能是"合格"，也可能是"不合格"，事先无法确切知道，这些结果就是随机事件。概率与概率分布就是用来描述随机现象出现结果的可能性大小的基本概念。

概率(probability)是对随机事件发生的可能性大小的度量值，取值介于 0 到 1 之间，通常记作 $P(A)$、$P(B)$、$P(C)$等。概率的值越趋近于 0，说明随机事件越不可能发生，概率的值越趋近于 1，说明随机事件越可能发生。一定发生和一定不发生的随机事件是极端情况，概率的值分别取 1 和 0，这两类事件统称为必然事件。

5.1.1 概率获得

获得一个随机事件的概率主要有三种方法：古典概率法、统计概率法和主观概率法。

1. 古典概率法

求概率最早使用的方法来自掷骰子的游戏。如果一个骰子有 6 个面，并且投掷时，每一个面出现的可能性相同，那么每一个面出现的概率是 1/6。这种求概率的方法就是古典概率法。

随机事件 A 发生概率的计算公式为

$$P(A) = \frac{\text{随机事件 } A \text{ 所包含的基本事件数目}}{\text{样本空间所包含的基本事件数目}} = \frac{m}{n}$$

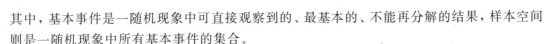

其中，基本事件是一随机现象中可直接观察到的、最基本的、不能再分解的结果，样本空间则是一随机现象中所有基本事件的集合。

对于掷骰子的问题，出现任何一面的结果即一个基本事件，有 6 种可能的结果即样本空间有 6 个基本事件，因此，每一个面出现的概率为 1/6。

古典概率法使用的前提条件是样本空间所包含的基本事件数目明确可知，且每一个基本事件发生的可能性是相同的。然而，通常并不能准确地判断基本事件发生的可能性是否相同。有时，甚至连样本空间包含的基本事件数目也很难知道。在这种情况下，用古典概率法来计算概率就行不通了。

2. 统计概率法

求一个随机事件发生的概率最常用的方法是依据多次的调查、观察或实验中一事件出现的次数占全部次数的频率（比例）。例如，一家服装店刚上架了一新款运动衫，想了解一下对顾客的吸引力情况，就可以观察有多少进店的顾客在它前面驻足观看。如果观察了 1000 人，有 180 人在这款运动衫前停留，那么可以说，该款运动衫吸引人的概率近似为频率 180/1000＝0.18。这种求概率的方法称为统计概率法。

$$P(A) = \frac{\text{随机事件 } A \text{ 发生的次数}}{\text{全部观察的次数}} = \frac{m}{n}$$

事实上，随着调查、观察或实验次数的增加，一事件发生的频率将围绕一常数上下波动，并且波动的幅度会随着调查、观察或实验次数的增大而减少，进而趋于稳定。这个常数就是这一事件的概率。

统计概率法的计算将概率看做是一个长期的频率，是长期观察某一事件的结果。这种概率的准确的数值是永远得不到的，但是多次、大量的调查、观察或实验使频率的数值无限接近于概率的真值。长期调查、观察或实验计算概率的方法问题在于，没有人能够活得足够长以获得概率的真值，通常用观察的频率作为概率真值的估计值。因此，这种通过频率获得概率的方法也不是万能的。

3. 主观概率法

古典概率法和统计概率法的计算尽管很不相同，但它们都属于客观概率，它们的确定完全取决于对客观条件的理论分析或是大量重复试验的事实。而在现实生活中，许多现象并不能进行大量的调查、观察或实验，特别是一些商务活动是无法重复的，即使能够重复，也很难保证每次开展活动的条件完全一样。因此，人们提出了主观概率法。例如，一个企业投资项目成功的可能性大小、股票价格涨或跌的可能性大小，由于无法重复调查、观察或实验，人们通常会根据自身经验、专业知识以及对影响随机事件的各种因素的分析来确定其概率的大小，这种方法就是主观概率法。

主观概率法，并非指概率是由人随意猜想或编造得来的。主观概率是依据人们长期积累的经验以及对随机事件的了解，从而对随机事件发生的可能性大小所作的一种主观估计，反映的是人们对随机事件发生可能性大小的一种主观信任程度的度量。大量研究成果说明，概率主观估算不仅有效，而且比没有这种估算要更可取得多。因此，主观概率应同客观概率一样被应用，尤其是在商务活动中，主观概率有其用武之地。这种估计的可信程度取决于人们的知识、观察判断能力和洞察力。

5.1.2 概率运算

研究两个或两个以上随机事件发生的概率，需要用到概率运算的加法法则和乘法法则。

1. 加法法则

特殊加法法则 两个互斥事件之和的概率，等于两个随机事件概率之和。设 A 和 B 为两个互斥事件，则

$$P(A \bigcup B) = P(A) + P(B)$$

一般加法法则 对于任意两个随机事件，它们和的概率为两个随机事件的概率之和减去两个随机事件之交的概率。设 A、B 为两随机变量，则

$$P(A \bigcup B) = P(A) + P(B) - P(AB)$$

其中，两个或两个以上的随机事件不可能同时发生，这些随机事件就是互斥事件，也称互不相容事件。若两两互斥的一组随机事件合并在一起，形成了一随机现象的样本空间，这些随机事件称为完备事件组。

【例 5.1】 对一超市顾客购买百事可乐和可口可乐的情况进行调查，发现其中有 20% 的顾客只购买百事可乐，35% 的顾客只购买可口可乐，10% 的顾客会购买两种可乐，计算顾客至少购买一种可乐的概率。

解 用 A 表示"购买百事可乐"，用 B 表示"购买可口可乐"，用 C 表示"至少购买一种可乐"，依据题意有

$$P(A) = 0.2, \quad P(B) = 0.35, \quad P(AB) = 0.1, \quad C = A \bigcup B$$

因此，有

$$P(C) = P(A \bigcup B) = P(A) + P(B) - P(AB) = 0.2 + 0.35 - 0.1 = 0.45$$

需要注意的是，在上述两个法则的应用中，要特别注意特殊加法法则的条件。特殊加法法则可以看做一般加法法则的特例。因为若 A 与 B 互斥，则随机事件 A、B 的交集为空集，即有 $P(AB) = 0$，这样两种运算法则的计算就一样了。

2. 乘法法则

特殊乘法法则 两个相互独立事件之交的概率，等于两个随机事件概率之积。设 A 和 B 为两个相互独立事件，则

$$P(AB) = P(A)P(B)$$

一般乘法法则 对于任意两个随机事件，它们交的概率为一个随机事件发生的概率与另一随机事件发生的条件概率的乘积。设 A、B 为两随机事件，且 $P(A) > 0$，则

$$P(AB) = P(A)P(B|A)$$

其中，一随机事件是否发生对另一随机事件发生的概率没有影响，这样的两个或两个以上的随机事件就是相互独立事件。$P(B|A)$ 为条件概率，描述的是在随机事件 A 发生的条件下，随机事件 B 发生的概率大小。

【例 5.2】 设有 100 件产品，其中 90 件是正品，10 件是次品，从中依次抽取 2 件，问两件都是次品的概率是多少？

解 设 A_i 表示"第 i 次抽到的是次品"（$i = 1, 2$），所求概率为 $P(A_1 A_2)$，则有

$$P(A_1 A_2) = P(A_1)P(A_2|A_1) = \frac{10}{100} \times \frac{9}{99} = 0.009$$

同加法法则的运用一样，要留意特殊乘法法则的条件。可参照加法法则间的关系，分析为何说特殊乘法法则是一般乘法法则的特例。

5.1.3 概率分布

商务活动中的随机现象产生的结果多数与数值相关。例如大雁塔"十一"长假期间接待游客的数量本身就是数值，又如调查公司员工的性别，结果为"男"和"女"，可以规定"1"表示员工为"男"，"0"表示员工为"女"，结果也可以用数值表示。实际上，随机现象样本空间中的每一基本事件通过一定的法则总能与一数值相对应。描述随机现象一切可能出现结果的数值，由于结果的不确定性，在调查、观察或实验时事先并不知道会出现哪一个数值，因此称为随机变量(random variable)，通常记为 X、Y、Z 等。概率分布(probability distributions)描述的是随机变量取值的概率规律。

依据取值特点的不同，随机变量可以分为离散型随机变量和连续型随机变量。为了使用的方便，根据随机变量所属类型的不同，概率分布采用不同的表现形式。

1. 离散型随机变量与概率分布

离散型随机变量的取值是可列的，即随机变量的取值是有限的或者虽然是无限的，但按照一定规则可以加以排列。

设离散型随机变量 X 所有可能取的值为 $x_i(i=1,2,\cdots,n)$，对应的 X 取各个可能值的概率，即随机事件 $X=x_i$ 的概率为 $p_1,p_2,\cdots,p_n$，有

$$P(X=x_i)=p_i \quad (i=1,2,\cdots,n)$$

此式称为离散型随机变量 X 的概率分布或分布律，也可以用表格的形式表示，如表5.1所示。

表 5.1 离散型随机变量 X 的概率分布

$X=x_i$	x_1	x_2	$\cdots$	x_n
p_i	p_1	p_2	$\cdots$	p_n

由概率的定义可知，p_i 满足如下两个条件：

(1) $0 \leqslant p_i \leqslant 1$ $(i=1,2,\cdots,n)$；

(2) $\sum_i p_i = 1$。

2. 连续型随机变量与概率分布

连续型随机变量可以在一个或多个区间中任意取值，因此无法像离散型随机变量那样通过罗列出每一个可能的取值及其相应的概率来描述其概率规律，需要引入其他的方法。通常用分布函数和概率密度函数来描述连续型随机变量的概率分布。

设 X 是一个随机变量，x 是任意实数，函数 $F(x)=P(X \leqslant x)$ 称为 X 的分布函数(distribution function)，若存在非负函数 $f(x)$，使得

$$F(x)=\int_{-\infty}^{x} f(t)\mathrm{d}t$$

则称 $f(x)$ 为 X 的概率密度函数(probability density function)。

概率密度函数 $f(x)$ 具有以下性质：

(1) $f(x) \geqslant 0$；

$(2) \displaystyle\int_{-\infty}^{\infty} f(x)\mathrm{d}x = 1;$

$(3) \ P(x_1 < X \leqslant x_2) = F(x_2) - F(x_1) = \displaystyle\int_{x_1}^{x_2} f(x)\mathrm{d}x \quad (x_1 \leqslant x_2);$

（4）若 $f(x)$ 在点 x 处连续，则有 $F'(x) = f(x)$。

需要指出的是，$f(x)$ 并不是一个概率，而是一个函数，即 $f(x) \neq P(X = x)$。连续型随机变量取任一指定实数 x 的概率均为零，即 $P(X = x) = 0$。

X 落在区间 (x_1, x_2) 的概率 $P(x_1 < X \leqslant x_2)$ 等于区间 $(x_1, x_2]$ 上概率密度函数曲线 $f(x)$ 与横轴所形成的图形面积，如图 5.1 所示。

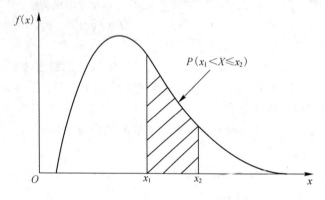

图 5.1 概率 $P(x_1 < X \leqslant x_2)$

3. 随机变量分布特征描述

概率分布能够完整地描述随机变量的概率规律，但在一些实际问题中，并不需要去全面考察随机变量的变化情况，而只需要知道随机变量的某些分布特征。这些分布特征虽然不能完整地描述随机变量，但能够描述随机变量在某些方面的重要特征，这些分布特征在理论和实践中都具有重要的意义，其中最重要的分布特征是数学期望和方差。

数学期望又称均值，它是随机变量所有可能取值的平均水平，反映的是随机变量的集中趋势，通常记为 $E(X)$ 或 μ；方差是随机变量的每一个取值与期望值的离差平方的数学期望，反映的是随机变量的离中趋势，通常记为 $D(X)$ 或 σ^2。

离散型随机变量的数学期望和方差的计算公式分别为

$$E(X) = \mu = \sum_i x_i p_i$$

$$D(X) = \sigma^2 = E(X - E(X))^2 = \sum_i (x_i - \mu)^2 p_i$$

由离散型随机变量 X 的数学期望计算公式可知，它与加权算术平均数的公式类似，其实它就是加权算术平均数的一种推广，概率 p_i 充当了比重的角色。由离散型随机变量 X 的方差计算公式可知，方差实际上是随机变量 X 的函数 $(X - E(X))^2$ 的数学期望。

连续型随机变量的数学期望和方差的计算公式分别为

$$E(X) = \mu = \int_{-\infty}^{+\infty} x f(x)\mathrm{d}x$$

$$D(X) = \sigma^2 = \int_{-\infty}^{+\infty} (x - \mu)^2 f(x)\mathrm{d}x$$

随机变量方差在计算时，还有一个常用的简化公式：

$$D(X) = E(X^2) - (E(X))^2$$

另外，方差的平方根称为标准差，记为$\sqrt{D(X)}$或σ。

随机变量数学期望和方差的性质如下：

(1) $E(C) = C$，$D(C) = 0$。

(2) $E(CX) = CE(X)$，$D(CX) = C^2 D(X)$。

(3) $E(X+C) = E(X) + C$，$D(X+C) = D(X)$。

(4) 任意两个随机变量X、Y，有

$$E(X+Y) = E(X) + E(Y)$$

$$D(X+Y) = D(X) + D(Y) + 2E((X-E(X))(Y-E(Y)))$$

(5) 相互独立的两个随机变量X、Y，有

$$E(XY) = E(X)E(Y)，D(X+Y) = D(X) + D(Y)$$

其中，C为任一常数，X、Y为随机变量。

5.2　典型离散型随机变量的概率分布

典型离散型随机变量的概率分布有伯努利分布、二项分布、泊松分布和超几何分布等。

5.2.1　伯努利分布

伯努利分布(Bernoulli distribution)又称两点分布或$0-1$分布，是为纪念瑞士科学家雅各布·伯努利(Jakob Bernoulli)而命名。服从伯努利分布的随机变量只有两个可能的取值0和1。通常"1"表示"成功"事件出现，"0"表示"失败"事件出现。"成功"事件是人们感兴趣的或较为关注的结果，其对立面称作"失败"事件。随机现象的结果只有两种对立的表现时，都可以用伯努利分布来描述其取值规律。例如产品质量分为合格和不合格，顾客对一商品的购买意向是愿意买还是不愿意买。

伯努利分布的概率计算公式为

$$P(X=x) = p^x q^{1-x} \quad (0 < p < 1, x = 0, 1)$$

或者

$$P(X=1) = p, P(X=0) = 1 - p = q$$

伯努利分布的数学期望和方差分别为

$$E(X) = p$$

$$D(X) = pq$$

伯努利分布虽然简单，但它是研究一些复杂问题的基础。

5.2.2　二项分布

从伯努利分布出发，在相同条件下进行一系列其结果分为"成功"或"失败"的独立试验，这种试验称为伯努利试验，需要满足四个条件：一是每次试验只能有两个互斥的可能结果出现，"成功"与"失败"；二是每次试验"成功"的概率保持不变，通常用$p(0<p<1)$表示"成功"的概率，用$q=1-p$表示"失败"的概率；三是每次试验相互独立，即任何一次试验的结果都不对其他试验的结果产生影响，同时也不受其他实验结果的影响；四是试验能

够重复进行 n 次。

伯努利试验中所出现的"成功"的次数是不能事先确定的随机变量。"成功"次数的概率分布称为二项分布(binomial distribution)。

二项分布的概率计算公式为

$$P(X=x)=C_n^x p^x q^{n-x} \quad (x=0,1,2,\cdots,n)$$

其中，$C_n^x=\dfrac{n!}{x!(n-x)!}$ 为组合数计算公式。

由概率计算公式可知，二项分布的概率由试验次数 n 和每次试验"成功"的概率 p 所确定，可称它们为二项分布参数。给定 n 和 p，二项分布就被唯一确定。随机变量 X 服从参数为 n 和 p 的二项分布，记为 $X \sim B(n,p)$。

若 $n=1$，即仅进行一次试验，则有

$$P(X=x)=p^x q^{1-x} \quad (0<p<1,x=1,2)$$

由此可知，伯努利分布实际上是二项分布的一种特殊形式，同时，二项分布也可看做是伯努利分布的累加。

二项分布的数学期望和方差分别为

$$E(X)=np$$
$$D(X)=npq$$

二项分布主要应用于商务活动中的分配问题、产品包装数量问题、商品库存量问题等的分析研究。

【例 5.3】 一机加工车间有 50 台同型号的机床，每台机床运行时的电耗为 2 千瓦，由于装拆零件、维修等辅助操作的原因，每台机床在工作日中平均有 70% 的时间处于开工运行状态，30% 的时间处于停止运行状态。该车间由一台功率为 70 千瓦的变压器供电。根据供电负荷规范要求，该车间在工作日中用电量低于供电负荷的概率不能小于 90%。计算：

(1) 现有变压器能否满足要求？

(2) 该车间至少应配置多大功率的变压器才能满足需要？

解 设 X 为该车间在工作日中任一时刻正在运行的机床数，由于各机床的运行与否是独立的，因此 $X \sim B(n,p)$，其中 $n=50$，$p=0.7$。

(1) 该车间现配置的变压器能够满足同时运行的机床数为 $70/2=35$ 台。

$$P(X \leqslant 35)=\sum_{x=0}^{35} C_{50}^x \cdot 0.7^x \cdot (1-0.7)^{50-x}=0.55<0.9$$

因此，现有的变压器不能满足要求。

(2) 设该车间至少应配置功率 y 千瓦的变压器才能满足需要，则有

$$P\left(X \leqslant \frac{y}{2}\right)=\sum_{x=0}^{y/2} C_{50}^x \cdot 0.7^x \cdot (1-0.7)^{50-x} \geqslant 0.9$$

计算得 $y/2=39$，即至少配置 $39 \times 2=78$ 千瓦的变压器才能满足要求。

实际上，$P(X \leqslant 38)=0.86$，$P(X \leqslant 39)=0.92$。

利用 Excel 进行运算时，可借助 BINOMDIST 函数、CRITBINOM 函数完成。BINOMDIST 函数的功能是返回二项式分布的概率。CRITBINOM 函数的功能是返回累积

二项式分布的函数值大于等于临界值的最小整数。其语法结构为

BINOMDIST(number_s，trials，probability_s，cumulative)

CRITBINOM(trials，probability_s，alpha)

其中：number_s 为试验的成功次数；trials 为独立试验次数；probability_s 为每次试验成功的概率；cumulative 为函数的逻辑值。如果 cumulative 为 1(或 true)，则返回最多发生 number_s 次成功的概率，如果为 0(或 false)，则返回发生 number_s 次成功的概率。alpha 为概率的临界值。

本例中的 Excel 函数录入为

BINOMDIST(35，50，0.7，1)、CRITBINOM(50，0.7，0.9)

5.2.3 泊松分布

泊松分布(Poisson distribution)是从二项分布而来的，在二项分布的伯努利试验中，如果试验次数 n 很大，二项分布的概率 p 很小，且乘积 np 比较适中，则"成功"事件出现的次数的概率可以用泊松分布来逼近。

泊松分布主要用来描述在一指定时间范围内或在一定的长度、面积、体积之内某一事件出现次数的分布。例如，单位时间内到达一服务台(银行柜台、医院诊所、电话总机、超市结账台、公交站、高速收费站等)需要服务的顾客人数；一种仪器一定时间内出现故障的次数；人寿保险公司每天收到的死亡声明数目等。

泊松分布的概率计算公式为

$$P(X=x)=\frac{\lambda^x \mathrm{e}^{-\lambda}}{x!} \qquad (x=0，1，2，\cdots，\lambda>0)$$

其中：λ 为给定的时间间隔、长度、面积、体积内"成功"的平均数；e 为自然常数，约等于 2.718 28。随机变量 X 服从参数为 λ 的泊松分布，记为 $X \sim P(\lambda)$。

泊松分布的数学期望和方差分别为

$$E(X)=\lambda$$

$$D(X)=\lambda$$

【例 5.4】 一微信商城平均每小时有 81 人光顾，那么在 10 分钟内恰好有 6 名顾客光顾的概率是多少？

解 由于分析时段为 10 分钟，依据题意，每 10 分钟光顾微信商城的平均顾客人数为 81/6=13.5，所以 $\lambda=13.5$。也就是说，微信商城 10 分钟内的顾客人数 X 服从参数为 13.5 的泊松分布。

$$P(X=6)=\frac{13.5^6 \mathrm{e}^{-13.5}}{6!}=0.01$$

利用 Excel 进行运算时，可借助 POISSON 函数完成。POISSON 函数的功能是返回泊松分布的概率。语法结构为

POISSON(x, mean, cumulative)

其中，mean 为参数 λ。

本例中的 Excel 函数录入为

POISSON(6，13.5，0)

用泊松分布近似计算二项分布时，参数 $\lambda = np$，并且当 $p \leqslant 0.25$，$n > 20$，$np \leqslant 5$ 时，拟合效果较好，二者的差距很小。

5.2.4 超几何分布

伯努利试验要求每次试验是独立的，每次试验"成功"的概率是相等的。因此，从理论上讲，二项分布只适合于放回抽样（即从总体中抽出一个个体观察后再放回总体，然后才抽取下一个个体）。但在实际抽样中，多采用的是不放回抽样。如果采用不放回抽样，各次试验就不再是独立的了，"成功"的概率也互不相等，并且当总体中所含个体的数目 N 较小或样本所含个体的数目 n 相对于 N 来说较大时，"成功"的次数再用二项分布来描述就不合适了。此时，"成功"的次数 X 服从的是超几何分布(hypergeometric distribution)。

超几何分布的概率计算公式为

$$P(X = x) = \frac{C_M^x C_{N-M}^{n-x}}{C_N^n} \quad (x = 1, 2, \cdots, l)$$

其中：n 为样本量(试验次数)；M 为总体中代表"成功"个体的数目；N 为总体中所含个体的数目；$l = \min(M, n)$。随机变量 X 服从参数为 n、M、N 的超几何分布，记为 $X \sim H(n, M, N)$。

超几何分布的数学期望和方差分别为

$$E(X) = \frac{nM}{N}$$

$$D(X) = \frac{nM}{N}\left(1 - \frac{M}{N}\right)\frac{N-n}{N-1}$$

【例 5.5】 一企业年终进行账务清查，已知全年 100 个业务账单中，30% 有拖欠款项。现随机抽取 8 个账单，其中有 3 个拖欠款的概率有多大？

解 实际问题中，这种情况采用的是无放回抽样，因此，拖欠款数目 X 服从超几何分布。其中，$n = 8$，$M = 100 \times 30\% = 30$，$N = 100$。

$$P(X = 3) = \frac{C_{30}^3 C_{70}^5}{C_{100}^8} = 0.26$$

利用 Excel 进行运算时，可借助 HYPGEOMDIST 函数完成。HYPGEOMDIST 函数的功能是返回超几何分布的概率。语法结构为

HYPGEOMDIST(sample_s, number_sample, population_s, number_pop)

其中，sample_s 为样本中"成功"的次数；number_sample 为样本量；population_s 为总体中代表"成功"个体的数目；number_pop 为总体中所含个体的数目。

本例中的 Excel 函数录入为

HYPGEOMDIST(3, 8, 30, 100)

在实际应用中，无限总体或有限总体当 $N/n \geqslant 20$ 时，不放回抽样都可以应用二项分布；当 $N/n < 20$ 时，不放回抽样则需要应用超几何分布。

5.3 典型连续型随机变量的概率分布

典型连续型随机变量的概率分布有均匀分布、指数分布和正态分布，以及由正态分布为基础形成的推断分布等。

5.3.1　均匀分布

均匀分布(uniform distribution)是最简单的连续型分布。服从均匀分布的随机变量 X 取值的范围是一个区间，在该区间内任一小区间取值的概率等于该小区间的长度与该区间长度的比值，而与该小区间的具体起始数值无关。

均匀分布的概率密度函数为

$$f(x) = \begin{cases} \dfrac{1}{b-a}, & a \leqslant x \leqslant b \\ 0, & 其他 \end{cases}$$

随机变量 X 在 $[a, b]$ 区间上服从均匀分布，记为 $X \sim U(a, b)$。

均匀分布的数学期望和方差分别为

$$E(X) = \frac{a+b}{2}$$

$$D(X) = \frac{(b-a)^2}{12}$$

【例 5.6】 西安和深圳两地间班机飞行时间少则 150 分钟多则 180 分钟。事实上，这个时间可以看成一个在 150 分钟到 180 分钟之间任何连续变量值，且飞行时间在 150 分钟到 180 分钟区间内任何 1 分钟时段都有相等的可能性。这样，班机飞行时间 X 就服从均匀分布，概率密度函数为

$$f(x) = \begin{cases} \dfrac{1}{30}, & 150 \leqslant x \leqslant 180 \\ 0, & x 取其他值 \end{cases}$$

计算一架班机从西安飞往深圳所用时间在 155 分钟到 165 分钟之间的概率。

解　$P(155 \leqslant X \leqslant 165) = \displaystyle\int_{155}^{165} \frac{1}{30} \mathrm{d}x = \left. \frac{x}{30} \right|_{155}^{165} = 0.33$

5.3.2　指数分布

指数分布(exponential distribution)是用来描述等待一特定事件发生所需时间的，例如，两位顾客到达一商场间隔的时间，机器使用至发生故障之间的时间以及各类服务所需等待的时间等。指数分布所描述的现象恰与泊松分布相反，在泊松分布中，随机变量描述的是在一段时间中一事件发生的次数，而指数分布中的随机变量描述的则是两次事件发生之间的时间间隔，因此两种分布有同样的参数 λ。但描述时间间隔的指数分布的随机变量是连续型随机变量，并且由于时间间隔总是一个大于 0 的整数，所以当 $x < 0$ 时，概率密度函数为 0。

指数分布的概率密度函数为

$$f(x) = \begin{cases} \lambda \mathrm{e}^{-\lambda x}, & x \geqslant 0, \lambda > 0 \\ 0, & x < 0 \end{cases}$$

随机变量 X 服从参数为 λ 的指数分布，记为 $X \sim E(\lambda)$。

指数分布的数学期望和方差分别为

$$E(X) = \frac{1}{\lambda}, \quad D(X) = \frac{1}{\lambda^2}$$

【例 5.7】 一企业生产的手机电池使用寿命 X 服从参数 $\lambda = 0.2$ 的指数分布。企业承诺，如果电池在 1 年之内不能使用的话，可以免费更换。正常使用的电池利润为每块 150 元，更换电池的成本为每块 300 元，计算该企业一块电池的平均利润。

解 依据题意，计算企业一块电池的平均利润需要知道一块电池的使用寿命在 1 年以内的概率：

$$P(X \leqslant 1) = \int_0^1 0.2 e^{-0.2x} \, \mathrm{d}x = -e^{-0.2x} \Big|_0^1 = 0.18$$

即一块电池有 18% 的可能性需要更换，损失更换成本 300 元；另有 82% 的概率不需要更换，赚取 150 元的利润。因此，一块电池的平均利润为

$$150 \times 0.82 - 300 \times 0.18 = 69(元)$$

利用 Excel 进行运算时，可借助 EXPONDIST 函数完成。EXPONDIST 函数的功能是返回指数分布。语法结构为

EXPONDIST(x, lambda, cumulative)

其中：lambda 为参数 λ；cumulative 为函数的逻辑值。如果 cumulative 为 1（或 true），则返回分布函数，如果为 0（或 false），则返回概率密度函数。

本例中一块电池使用寿命概率计算时，Excel 函数录入为

EXPONDIST(1, 0.2, 1)

5.3.3 正态分布

正态分布（normal distribution）是最常见的也是最重要的连续型随机变量的概率分布。现实生活中许多现象看上去是杂乱无章的，例如不同的人有不同的身高、体重，大批量生产的产品的质量指标各有差异，但"两头小，中间大"的居多，它们在总体上服从正态分布。以正态分布为基础，还可以推导出其他一些重要的分布，如 χ^2 分布、F 分布和 t 分布。

正态分布的概率密度函数为

$$f(x) = \frac{1}{\sqrt{2\pi}\sigma} e^{-\frac{(x-\mu)^2}{2\sigma^2}} \quad (-\infty < x < +\infty)$$

其中：μ 为任意实数；$\sigma > 0$；π 为圆周率，约等于 3.141 592 6。随机变量 X 服从参数为 μ 和 σ 的正态分布，记为 $X \sim N(\mu, \sigma^2)$。

正态分布的数学期望和方差分别为

$$E(X) = \mu, \quad D(X) = \sigma^2$$

正态分布的概率密度函数 $f(x)$ 曲线是最容易辨认和最具有美感的曲线，看起来像钟楼上的钟。正态分布的概率密度函数 $f(x)$ 曲线的性质主要有：

(1) 曲线关于 $x = \mu$ 对称，呈钟形；曲线的峰值也在此处，为 $f(\mu) = \dfrac{1}{\sqrt{2\pi}\sigma}$。

(2) 曲线的尖平程度由 σ 决定，σ 越大，曲线越平缓；σ 越小，曲线越陡峭。

(3) 当 x 趋于无穷时，曲线以 x 轴为渐近线。

μ 为正态分布的数学期望，决定了概率密度函数曲线的中心位置；σ 为正态分布的标准差，决定了分布的幅度，影响到概率密度函数曲线的陡峭程度。因此，又称 μ 为位置参数，σ 为形态参数。

不同 μ 和 σ 的正态分布概率密度函数曲线如图 5.2 所示。

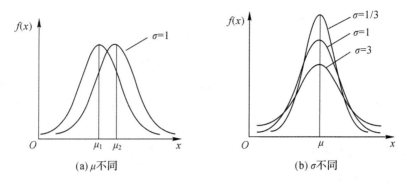

(a) μ 不同 　　　　(b) σ 不同

图 5.2　不同 μ 和 σ 的正态分布概率密度函数曲线

正态分布中，最特殊的分布是标准正态分布（standard normal distribution）。标准正态分布的参数 $\mu=0$，$\sigma=1$。其概率密度和分布函数分别用 $\varphi(x)$，$\Phi(x)$ 表示，函数曲线如图 5.3 所示。

$$\varphi(x)=\frac{1}{\sqrt{2\pi}}\mathrm{e}^{-\frac{x^2}{2}}, \quad \Phi(x)=\frac{1}{\sqrt{2\pi}}\int_{-\infty}^{x}\mathrm{e}^{-\frac{t^2}{2}}\mathrm{d}t$$

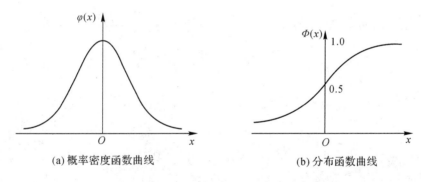

(a) 概率密度函数曲线 　　　　(b) 分布函数曲线

图 5.3　标准正态分布的概率密度函数和分布函数

一般正态分布的概率计算比较烦琐，但是标准正态分布的概率计算相对就容易得多。对于服从标准正态分布的随机变量在一区间上的取值概率可以通过标准正态分布函数值表查得。标准正态分布的重要意义就在于，任何一个一般的正态分布都可以通过标准化处理转化为标准正态分布。

设 $X\sim N(\mu,\sigma^2)$，则

$$Z=\frac{X-\mu}{\sigma}\sim N(0,1)$$

对于服从标准正态分布的随机变量 Z，设其分布函数为 $\Phi(z)$，则标准正态变量在任何一个区间上的概率可表示为

$$P(a<Z\leqslant b)=\Phi(b)-\Phi(a)$$
$$P(|Z|\leqslant a)=2\Phi(a)-1$$

对于负的 z，可以由下式得到：

$$\Phi(-z)=1-\Phi(z)$$

对于服从一般正态分布的随机变量 X，则有

$$P(a < X \leqslant b) = \Phi\left(\frac{b-\mu}{\sigma}\right) - \Phi\left(\frac{a-\mu}{\sigma}\right)$$

$$P(X \leqslant x) = \Phi\left(\frac{x-\mu}{\sigma}\right)$$

【**例 5.8**】 一旅行社每天接待游览兵马俑的海外游客人数 $X \sim N(1800, 100^2)$，计算：

(1) 一天接待海外游客人数在 1700～1900 人、1600～2000 人和 1500～2100 人之间的概率；

(2) 一天接待海外游客超过 2100 人的概率。

解 (1) $P(1700 < X \leqslant 1900) = P\left(\dfrac{1700-1800}{100} < \dfrac{X-1800}{100} \leqslant \dfrac{1900-1800}{100}\right)$

$$= \Phi(1) - \Phi(-1) = 2\Phi(1) - 1 = 2 \times 0.8413 - 1$$

$$= 0.6826$$

$P(1600 < X \leqslant 2000) = P\left(\dfrac{1600-1800}{100} < \dfrac{X-1800}{100} \leqslant \dfrac{2000-1800}{100}\right)$

$$= \Phi(2) - \Phi(-2) = 2\Phi(2) - 1 = 2 \times 0.9772 - 1$$

$$= 0.9545$$

$P(1500 < X \leqslant 2100) = P\left(\dfrac{1500-1800}{100} < \dfrac{X-1800}{100} \leqslant \dfrac{2100-1800}{100}\right)$

$$= \Phi(3) - \Phi(-3) = 2\Phi(3) - 1 = 2 \times 0.9986 - 1$$

$$= 0.9973$$

(2) $P(X > 2100) = 1 - P(X \leqslant 2100) = 1 - P\left(\dfrac{X-1800}{100} \leqslant \dfrac{2100-1800}{100}\right)$

$$= 1 - \Phi(3) = 0.0013$$

由本例题的结论推广可知，当 $X \sim N(\mu, \sigma^2)$ 时，则

(1) 有 68.26% 的数据落在 $(\mu-\sigma, \mu+\sigma)$ 的范围之内；

(2) 有 95.45% 的数据落在 $(\mu-2\sigma, \mu+2\sigma)$ 的范围之内；

(3) 有 99.73% 的数据落在 $(\mu-3\sigma, \mu+3\sigma)$ 的范围之内。

标准正态分布的上 α 分位点记为 Z_α（见图 5.4），Z_α 满足：

$$P(Z > Z_\alpha) = \alpha$$

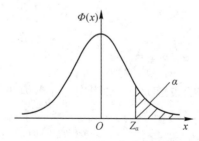

图 5.4 标准正态分布上的 α 分位点

由本例题的结论可知，$Z_{0.013} = 3$。

利用 Excel 进行运算时，可借助 NORMDIST 函数、NORMSDIST 函数完成。NORM-

DIST 函数的功能是返回给定均值和标准差的正态分布，NORMSDIST 函数的功能是返回标准正态分布的分布函数。语法结构分别为

　　　　NORMDIST(x，mean，standard_dev，cumulative)

　　　　NORMSDIST(z)

其中：mean 为参数 μ；standard_dev 为参数 σ。

　　本例中一天接待海外游客人数在 $1700\sim1900$ 人之间的概率的计算，Excel 函数为 NORMDIST(1900，1800，100，1)－NORMDIST(1700，1800，100，1)或者 NORMSDIST(1)－NORMSDIST(－1)。

　　标准正态分布的上 α 分位点 Z_α，在已知 α 取值时，可借助 NORMSINV 函数完成。NORMSINV 函数的功能是返回标准正态分布的分布函数的反函数值。语法结构为

　　　　NORMSINV(probability)

其中，probability 是服从标准正态分布的分布函数取值。因此，Z_α 应为－NORMSINV(α) 或 NORMSINV$(1-\alpha)$。

　　正态分布具有一个良好的性质：有限个独立的、服从正态分布的随机变量的线性组合仍然服从正态分布，此性质称为正态分布的线性可加性。即设 $X_i \sim N(\mu_i，\sigma_i^2)$，且 X_i 相互独立，则

$$Y = \sum_{i=1}^{n} f_i X_i \sim N\left(\sum_{i=1}^{n} f_i \mu_i，\sum_{i=1}^{n} f_i^2 \sigma_i^2\right)$$

其中，f_i 为已知常数。

5.3.4　推断分布

　　以正态分布为基础，可推导出数据推理中常用到的一些分布，如 χ^2 分布、F 分布和 t 分布，它们在数据推理中具有独特的地位和作用。

1. χ^2 分布

　　设随机变量 X_1，X_2，$\cdots$，X_n 相互独立，且 $X_i(i=1，2，\cdots，n)$ 服从标准正态分布，则它们的平方和 $\sum_{i=1}^{n} X_i^2$ 服从自由度为 n 的 χ^2 分布(chi-square distribution)，记为 $\chi^2 \sim \chi^2(n)$。χ^2 分布的概率密度函数曲线如图 5.5 所示。

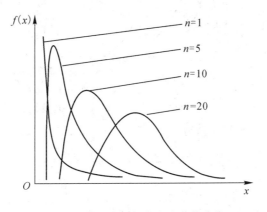

图 5.5　χ^2 分布的概率密度函数曲线

χ^2 分布的变量值始终为正，其分布形状取决于自由度 n 的大小，通常为不对称的右偏分布，但随着自由度的增大逐渐趋于对称，当 $n \to +\infty$ 时，该分布的极限分布是正态分布。

χ^2 分布的数学期望和方差分别为

$$E(\chi^2) = n$$
$$D(\chi^2) = 2n$$

χ^2 分布具有可加性：设 $X_1 \sim \chi^2(n_1)$，$X_2 \sim \chi^2(n_2)$，若二者相互独立，则 $X_1 + X_2 \sim \chi^2(n_1 + n_2)$。

χ^2 分布的上 α 分位点记为 χ_a^2，χ_a^2 满足：

$$P(\chi^2 > \chi_a^2) = \alpha$$

利用 Excel 进行运算时，可借助 CHIDIST 函数、CHIINV 函数完成。CHIDIST 函数的功能是返回 χ^2 分布的右尾概率，即服从 χ^2 分布的随机变量在大于一实数区间内取值的概率；CHIINV 函数的功能是返回 χ^2 分布的右尾概率的反函数，即 χ^2 分布的上 α 分位点。语法结构分别为

CHIDIST(x，deg_freedom)

CHIINV(probability，deg_freedom)

其中，deg_freedom 为 χ^2 分布的自由度。

2. F 分布

设随机变量 $X \sim \chi^2(n_1)$，$Y \sim \chi^2(n_2)$ 且 X、Y 相互独立，则称随机变量 $F = \dfrac{X/n_1}{Y/n_2}$ 服从自由度为 (n_1, n_2) 的 F 分布（F distribution），记为 $F \sim F(n_1, n_2)$。n_1 称为分子自由度，又称第一个自由度；n_2 称为分母自由度，也称第二个自由度。

F 分布的概率密度函数曲线图形与 χ^2 分布的类似，其形状取决于两个自由度的大小，如图 5.6 所示。

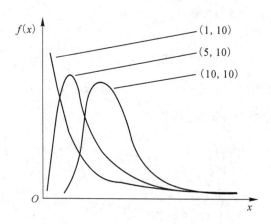

图 5.6　F 分布的概率密度函数曲线

F 分布的数学期望和方差分别为

$$E(F) = \frac{n_2}{n_2 - 2} \quad (n_2 > 2)$$

$$D(F) = \frac{2(n_2)^2(n_1 + n_2 - 2)}{n_1(n_2 - 2)^2(n_2 - 4)} \quad (n_2 > 4)$$

F 分布的上 α 分位点记为 F_α，F_α 满足：

$$P(F > F_\alpha) = \alpha$$

利用 Excel 进行运算时，可借助 FDIST 函数、FINV 函数完成。FDIST 函数的功能是返回 F 分布的右尾概率，即服从 F 分布的随机变量在大于一实数区间内取值的概率；FINV 函数的功能是返回 F 分布的右尾概率的反函数，即 F 分布的上 α 分位点。语法结构分别为

　　　　FDIST(x, deg_freedom1, deg_freedom2)

　　　　FINV(probability, deg_freedom1, deg_freedom2)

其中，deg_freedom1、deg_freedom2 分别为 F 分布的分子自由度、分母自由度。

3. t 分布

设随机变量 $X \sim N(0,1)$，$Y \sim \chi^2(n)$，且 X、Y 相互独立，则称随机变量 $t = \dfrac{X}{\sqrt{Y/n}}$ 服从自由度为 n 的 t 分布，记为 $t(n)$，其中 n 为自由度，也称学生氏分布。

t 分布是类似正态分布的一种对称分布，通常要比正态分布平坦和分散。随着自由度 n 的增加，一般当 $n \geqslant 30$ 时，t 分布的概率密度函数会越来越接近标准正态分布的概率密度函数。t 分布的概率密度函数曲线如图 5.7 所示。

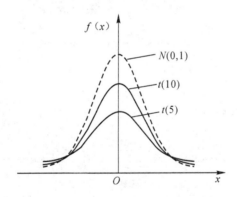

图 5.7　t 分布的概率密度函数曲线

t 分布的数学期望和方差分别为

$$E(t) = 0$$

$$D(t) = \frac{n}{n-2} \quad (n > 2)$$

t 分布的上 α 分位点记为 t_α，t_α 满足：

$$P(t > t_\alpha) = \alpha$$

利用 Excel 进行运算时，可借助 TDIST 函数、TINV 函数完成。TDIST 函数的功能是返回 t 分布的概率；TINV 函数的功能是返回 t 分布的双尾概率的反函数。语法结构分别为

　　　　TDIST(x, deg_freedom, tails)

　　　　TINV(probability, deg_freedom)

其中：tails 为 1，则返回 t 分布的右尾概率；tails 为 2，则返回 t 分布的双尾概率。

SPSS 提供了比 Excel 更全的概率和概率密度函数计算的工具。在 SPSS 的菜单栏"转

换"中的"计算变量"命令的对话框中，设置"目标变量"名称，在"数字表达式"栏录入相关函数，或借助"函数组"栏与"函数和特殊变量"栏调用相关函数。在 SPSS 的函数中，计算概率（离散型随机变量）和概率密度（连续型随机变量）的函数在"PDF 和非中心 PDF"中，函数主要以 PDF 开头；计算累积概率的函数（分布函数）在"CDF 和非中心 CDF"中，函数主要以 CDF 开头；累积概率函数的反函数在"逆 DF"中，函数主要以 IDF 开头，如图 5.8 所示。使用这些函数时需要仔细查看函数的功能和对参数要求，以免误用。

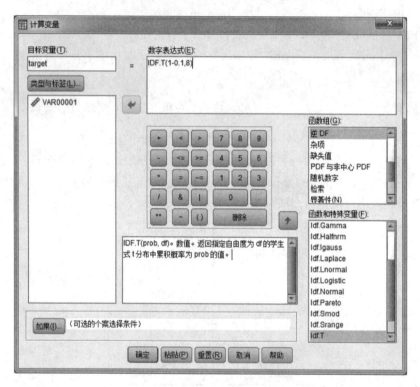

图 5.8 "计算变量"对话框

特别需要注意的是，同一个问题，SPSS 和 Excel 中的函数计算时录入的参数是不同的。例如，计算 $t_{0.025}(8)$，Excel 中的函数表达式为 $TINV(0.025 * 2, 8)$，而 SPSS 中的函数表达式为 $IDF.T(1 - 0.025, 8)$。

5.4 抽 样 分 布

数据研究的目的是探索现象、事物内在的数量规律性。为了解总体的数量特征，可以直接对总体进行全面调查，得到总体数据，进而归纳出数量特征；也可以对总体进行抽样，利用样本对总体进行推断，后一种方法称为数据推理。

总体参数（population parameter）是总体分布的数量特征，也是数据推理的对象。总体参数主要有总体均值、总体方差等。总体参数往往是人们不知道而又想要了解的总体分布的数量特征。利用样本收集的信息可以进行推理。例如，要了解一个国家或地区的人均年收入，由于涉及人数数量巨大，所以往往抽样一部分人进行调查，依据这部分人的平均年收入作为基础推断整个国家或地区的人均年收入。这部分人的平均年收入是一个统计量。

统计量（statistic）是推断总体参数的基础，是由样本计算得来的，反映样本的数量特征。统计量是样本的一个函数，因此，是随机变量。统计量的概率分布称为抽样分布（sampling distribution）。

抽样的随机性使得以样本为基础构造的统计量的取值带有不确定性，数据推理的可靠性受到影响。由于提供了一个统计量主要且稳定的信息，抽样分布成为数据推理的理论基础。

5.4.1 单样本均值的抽样分布

大数定理是样本均值用来估计总体均值的理论依据。一个现象或事物受各种偶然因素的影响，表现各异、多姿多彩。然而，对总体的大量观察后进行平均，就能使偶然因素的影响相互抵消，从而使平均数稳定下来，反映出现象或事物变化的一般规律，这就是大数定理的意义。

大数定理 设随机变量 X_1，X_2，$\cdots$，X_n，$\cdots$，相互独立，具有相同的概率分布，$E(X_i) = \mu$，$D(X_i) = \sigma^2 (i = 1, 2, \cdots, n, \cdots)$，则对任意的正数 ε，有

$$\lim_{n \to \infty} P\left(\left|\frac{1}{n} \sum_{i=1}^{n} X_i - \mu\right| < \varepsilon\right) = 1$$

该定理说明，当 n 充分大时，独立同分布的一系列随机变量，其平均数与它们共同的期望值之间的偏差，可以有很大的把握被控制在任意给定的范围之内。由于从总体中抽出的样本是独立且与总体同分布的，因此，当样本容量 n 充分大时，样本均值与总体均值之间的偏差可以有很大的把握被控制在任意给定的要求之内。因此，可以用样本均值估计总体均值。

样本均值的分布与抽样来源的总体的分布和样本容量 n 的大小有关。如果来源总体是正态分布，那么，无论样本量的大小，样本均值的抽样分布都服从正态分布，这是由正态分布的线性可加性保证的。同时，有 $E(\overline{X}) = \mu$，$\sigma_{\overline{X}}^2 = \sigma^2/n$。

如果来源总体是非正态分布，就要看样本容量的大小了。随着样本容量 n 的增大（通常要求 $n \geqslant 30$），不论原来的总体是否服从正态分布，样本均值的抽样分布都将趋于正态分布，其分布的数学期望与总体均值相同，方差为总体方差的 $1/n$。

中心极限定理 从均值为 μ，方差为 σ^2 的总体中，抽取容量为 n 的随机样本，当 n 充分大时（$n \geqslant 30$），样本均值 $\overline{X}$ 的抽样分布近似服从均值为 μ、方差为 σ^2/n 的正态分布，即 $E(\overline{X}) = \mu$，$\sigma_{\overline{X}}^2 = \sigma^2/n$。

由中心极限定理可知，作为给定样本容量的所有可能样本的均值的分布，单个样本均值的抽样分布通常用正态分布描述。

5.4.2 双样本均值差的抽样分布

设两个总体的均值和方差分别为 μ_1、μ_2 和 σ_1^2、σ_2^2，独立地从两个总体中抽取样本以推断两个总体的均值之差，两个样本的容量和均值分别记为 n_1、n_2 和 $\overline{X}_1$、$\overline{X}_2$。

当两个总体都是正态分布时，两个样本均值之差 $\overline{X}_1 - \overline{X}_2$ 的抽样分布为正态分布，其数学期望和方差分别为

$$E(\overline{X}_1 - \overline{X}_2) = \mu_1 - \mu_2$$

$$D(\overline{X}_1 - \overline{X}_2) = \frac{\sigma_1^2}{n_1} + \frac{\sigma_2^2}{n_2}$$

换言之，$\overline{X}_1 - \overline{X}_2 \sim N\left(\mu_1 - \mu_2, \frac{\sigma_1^2}{n_1} + \frac{\sigma_2^2}{n_2}\right)$。

当两个总体都是非正态分布时，只要 n_1、n_2 足够大（$n_1 \geqslant 30$，$n_2 \geqslant 30$），两个样本均值之差的抽样分布仍然可以用正态分布来近似。

5.4.3 单样本方差的抽样分布

设总体是正态分布，均值为 μ，方差为 σ^2，从中抽取容量为 n 的样本，证明可得其方差的比值 $\frac{(n-1)S^2}{\sigma^2}$ 的抽样分布为自由度是 $n-1$ 的 χ^2 分布，即有

$$\frac{(n-1)S^2}{\sigma^2} \sim \chi^2(n-1)$$

【例 5.9】 证明：若总体服从 $N(\mu, \sigma^2)$，从中抽取容量为 n 的样本 X_1，X_2，$\cdots$，X_n，则

$$\frac{\overline{X} - \mu}{S/\sqrt{n}} \sim t(n-1)$$

证明 样本 X_1，X_2，$\cdots$，X_n 相互独立，且都服从 $N(\mu, \sigma^2)$，因而有

$$Z = \frac{\overline{X} - \mu}{\sigma/\sqrt{n}} \sim N(0, 1)$$

$$Y = \frac{(n-1)S^2}{\sigma^2} \sim \chi^2(n-1)$$

由于随机变量 Z 和 Y 相互独立。结合 t 分布的定义有

$$t = \frac{Z}{\sqrt{Y/(n-1)}} = \frac{\overline{X} - \mu}{\sigma/\sqrt{n}} \cdot \frac{\sqrt{(n-1)\sigma^2}}{\sqrt{(n-1)S^2}} = \frac{\overline{X} - \mu}{S/\sqrt{n}} \sim t(n-1)$$

5.4.4 双样本方差比的抽样分布

设两个总体的均值和方差分别为 μ_1、μ_2 和 σ_1^2、σ_2^2，独立地从两个总体中抽取样本以推断两个总体的方差之比，两个样本的容量和方差分别记为 n_1、n_2 和 S_1^2、S_2^2。

当两个总体都是正态分布时，有

$$\frac{(n_1-1)S_1^2}{\sigma_1^2} \sim \chi^2(n_1-1), \quad \frac{(n_2-1)S_2^2}{\sigma_2^2} \sim \chi^2(n_2-1)$$

两个总体相互独立，所以这两个服从 χ^2 分布的随机变量相互独立，则有

$$\frac{\dfrac{(n_1-1)S_1^2}{\sigma_1^2}}{(n_1-1)} = \frac{\dfrac{S_1^2}{\sigma_1^2}}{\dfrac{S_2^2}{\sigma_2^2}} \sim F(n_1-1, n_2-1)$$

【例 5.10】 证明：若两个相互独立的总体都服从正态分布，均值分别为 μ_1、μ_2，方差 $\sigma_1^2 = \sigma_2^2 = \sigma^2$。从两个总体中分别抽取容量为 n_1、n_2 的样本，两个样本的均值和方差分别记

为 $\overline{X}_1$、$\overline{X}_2$ 和 S_1^2、S_2^2，则有

$$\frac{\overline{X}_1 - \overline{X}_2 - (\mu_1 - \mu_2)}{S_\omega \sqrt{\dfrac{1}{n_1} + \dfrac{1}{n_2}}} \sim t(n_1 + n_2 - 2)$$

其中，$S_\omega = \sqrt{\dfrac{(n_1 - 1)S_1^2 + (n_2 - 1)S_2^2}{n_1 + n_2 - 2}}$。

证明　两个总体都是正态分布，因而有

$$\overline{X}_1 - \overline{X}_2 \sim N\left(\mu_1 - \mu_2, \frac{\sigma^2}{n_1} + \frac{\sigma^2}{n_2}\right)$$

$$\frac{(n_1 - 1)S_1^2}{\sigma^2} \sim \chi^2(n_1 - 1), \quad \frac{(n_2 - 1)S_2^2}{\sigma^2} \sim \chi^2(n_2 - 1)$$

两个总体相互独立，所以这两个服从 χ^2 分布的随机变量相互独立，则有

$$\frac{(n_1 - 1)S_1^2}{\sigma^2} + \frac{(n_2 - 1)S_2^2}{\sigma^2} \sim \chi^2(n_1 + n_2 - 2)$$

双样本均值之差与方差比之和相互独立，结合 t 分布的定义有

$$\frac{\dfrac{\overline{X}_1 - \overline{X}_2 - (\mu_1 - \mu_2)}{\sqrt{\dfrac{\sigma^2}{n_1} + \dfrac{\sigma^2}{n_2}}}}{\sqrt{\dfrac{\dfrac{(n_1 - 1)S_1^2}{\sigma^2} + \dfrac{(n_2 - 1)S_2^2}{\sigma^2}}{(n_1 + n_2 - 2)}}} = \frac{\overline{X}_1 - \overline{X}_2 - (\mu_1 - \mu_2)}{S_\omega \sqrt{\dfrac{1}{n_1} + \dfrac{1}{n_2}}} \sim t(n_1 + n_2 - 2)$$

本　章　小　结

概率论是研究随机现象数量规律的学科，是数据推理的基础。概率论的原理和方法广泛应用于商务活动和社会学科与自然科学中。

概率是对随机现象中所有可能出现也可能不出现的结果的可能性大小的度量值。概率的获取主要有三种方法：古典概率法、统计概率法和主观概率法。随机变量则是对随机现象结果的数值性描述，随机变量取值的概率规律就是概率分布。

随机变量依据取值特点的不同分为离散型随机变量和连续型随机变量。离散型随机变量取值是可列的，典型离散型随机变量的概率分布主要有伯努利分布、二项分布、泊松分布和超几何分布等。连续型随机变量可以在一个或多个区间中任意取值，典型连续型随机变量的概率分布主要有均匀分布、指数分布和正态分布等。数据推理时，主要用到的 χ^2 分布、F 分布和 t 分布都是连续型随机变量的概率分布，都是由正态分布演化而来的。再加上，大多数现象或事物都可以借助正态分布来描述。因此，正态分布是随机变量的所有概率分布中最重要的一个。

数据推理的对象是总体参数，是总体分布的数量特征，例如总体均值、总体方差等。数据推理的基础是统计量，是利用样本构造的一个函数，例如样本均值、样本方差等。由于抽样的不确定性，统计量是随机变量。这样一来，用统计量来推断总体参数，就好比是拿一把刻度不准的尺子来测量一个物体的长度，可信度、准确性是得不到保障的。抽样分

布则反映了统计量的取值规律，是统计量的概率分布，为推断总体参数提供了稳定的信息。可以说，抽样分布矫正了统计量这把"尺子"。

对于所收集的数据本身进行研究属于"就事论事"，由于数据往往是局部的而不是全部的，是样本的而不是总体的，因此，还需要"借事说理"，即数据推理。

思 考 练 习

5.1 阐述概率获得的主要方法。

5.2 阐述离散型随机变量和连续型随机量取值的特点。

5.3 阐述构造 χ^2 分布、F 分布和 t 分布的方法。

5.4 调查 50 名在校 MBA 学员就职企业所在的行业，数据如下：制造业 15 人，金融业 11 人，房地产业 8 人，文化、教育和娱乐业 11 人，公共管理和社会组织 5 人。如果让你任选一名学员问他的就职行业，则他在房地产业工作的概率有多大？你用什么方法获得的此概率？

5.5 一公司电话系统采取"前台总机，个人分机"结构，从公司外部给该公司员工打电话需要由总机转入，已知前台总机占线的概率为 0.3，个人分机占线的概率为 0.1。若两者是相互独立的，计算从公司外部给该公司员工打电话能打通的概率。

5.6 一栋商业大厦为了防止意外，安装了甲、乙两个可以独立使用的报警系统，其有效概率分别为 0.94 和 0.92，在乙报警系统失灵的条件下，甲报警系统仍有效的概率为 0.88。计算：

(1) 发生意外时，这两个报警系统至少一个有效的概率；

(2) 在甲报警系统失灵的条件下，乙报警系统仍有效的概率。

5.7 一加工制造企业生产一种零件的废品率为 1%，现每盒中装 100 个零件，计算：

(1) 一盒中没有废品的概率；

(2) 一盒中有多于 2 个废品的概率；

(3) 若该企业向用户承诺每盒中有 98% 的概率至少含有 100 个合格品，那么每盒中最少需要装入多少个零件？

5.8 一条流水生产线每 8 小时一班中出现故障的次数服从均值为 1.5 的泊松分布。计算：

(1) 早班期间恰好发生 2 次事故的概率；

(2) 下午班期间发生少于 2 次事故的概率；

(3) 连续 3 班无故障的概率。

5.9 一公司拟对员工增发销售进行奖励，计划根据过去一段时期内的销售状况对月销售额最高的 5% 的员工发放此奖励。已知这段时期每人每个月的平均销售额（单位：元）服从均值为 5000、标准差 600 的正态分布，那么公司应该把销售奖励的最低发放标准定为月销售额多少合适？

5.10 一汽车电瓶商声称其生产的电瓶寿命服从均值为 60 个月、标准差为 6 个月的正态分布。现随机抽取 50 个该电瓶商生产的电瓶进行寿命试验。若电瓶商的声明属实，计算：

（1）描述 50 个电瓶的平均寿命的抽样分布；

（2）计算 50 个样品组成的样本的平均寿命不超过 57 个月的概率。

5.11　已知 $\alpha = 0.01$，写出 Excel 中计算 Z_α、$\chi_\alpha^2(8)$、$F_\alpha(3,7)$ 和 $t_\alpha(8)$ 等数值的函数公式。

5.12　将习题 5.11 中计算上 α 分位点的软件换成 SPSS，如何操作呢？与 Excel 函数运算时的录入参数进行对比。

综合案例　意外伤害险的赔付

摘要：本案例讲述了保险公司依据过去收集的意外伤害险理赔数据，探索赔付金额分布规律、保险费计算、风险量化以及损失估计的问题。运用概率分布的相关知识，可以为分析这方面的问题提供方法支持。

关键词：保险赔付额；保险费；概率分布。

· 案例信息

保险公司是为了满足人们转嫁风险和分散风险的社会需要而出现的营利性企业。如果保险费率过高，就不能吸引到较多的被保险人投保；如果保险费率过低，保险公司就会亏损。对于保险公司而言，收取多少保险费才会有利可图（即怎样确定合理的保险费率）？保险标的的风险有多大？如何估计保险公司可能承受的风险和损失的大小？对类似这些问题的研究，都需要运用概率和概率分布的相关知识。

去年某保险公司在一地区总共销售了 29 974 份保险金额为 1000 元的意外伤害险，这些保单的实际赔付数额的分组统计数据如表 5.2 所示。

表 5.2　保险公司意外伤害险的赔付情况

赔付额/元	保单数/份
0	26 850
5～100	1691
100～200	703
200～300	376
300～400	155
400～500	95
500～600	44
600～700	30
700～800	18
800～900	9
900～1000	3
合计	29 974

· 案例使用说明

1. 案例目的与用途

本案例的教学目的主要在于帮助学生理解概率的获取方法、常见到的主要概率分布，理解现象、事物发展的主要规律。

2. 启发思考题

假设今年在该地区此项保险业务赔付额的概率分布情况不变,且每份保单是否发生赔付是独立的,试问:

(1) 如何估计此项保险业务在该地区赔付额的概率分布?

(2) 每份保单赔付额的期望值、方差及标准差是多少?

(3) 你认为每份保单的投保人向保险公司支付的纯保费应是多少?

说明:纯保费是指纯粹应对风险的发生而支付的费用,不包括保险公司的日常支出盈利。

(4) 若销售 5000 份保单,赔付额在 500 元以上的保单不超过 20 份的概率是多少?赔付额在 500 元以上的保单不超过 30 份的概率又是多少?

3. 建议课堂计划

本案例可以作为专门的案例讨论课,随堂进行,以下是建议的课堂计划,供参考。

整个案例的课堂时间控制在 60 分钟。

课前计划:提出启发思考题,请学生在课前完成阅读和初步思考。

课中计划:

(1) 简介案例及分析要求(2~5 分钟)。

(2) 课堂分组讨论(20 分钟)。

(3) 小组报告,可事先指定各组报告的重点议题,亦可指定部分小组报告,非报告小组提问或补充(每组 5 分钟,总时间控制在 30 分钟)。

(4) 引导全班进一步讨论,并进行总结(5 分钟)。

课后计划:如有必要,请学生或小组采用书面报告形式,给出更具体的分析或解决方案,包括具体的职责分工。

第六章　数据推理方法：参数估计

【引例】第二次世界大战期间德军坦克数量估计

在第二次世界大战期间，盟军已经意识到德军坦克强于自己，问题是德军生产了多少坦克，知道了这一点可以帮助盟军估计面临的威胁。因此，军事情报的关键在于获取德军坦克的数量。具体有两种不同的实现方法：一是使用传统的情报窃取；二是使用数据推理的方法来进行估计。

盟军最初通过间谍、解码和逼供等传统手段收集信息，得出的结论是从 1940 年 6 月到 1942 年 9 月期间每月生产 1400 辆坦克。但这个数字显然与事实不符，因为在长达 8 个月的斯大林格勒战役中轴心国最多使用了 1200 辆坦克，也就是说每月生产 1400 辆的数字高得离谱。

数据推理的参数估计方法给出的产量为平均 255 辆每月。战争结束后，从捕获的德国产量记录中可以看到每月产量的平均值为 256 辆。事实证明：数据推理的参数估计方法比传统情报收集的方法要准确得多，如表 6.1 所示。

表 6.1　德军坦克数量

时　间	情报数据/辆	参数估计/辆	德国记录/辆
1940 年 6 月	1000 辆	169 辆	122 辆
1941 年 6 月	1550 辆	244 辆	271 辆
1942 年 8 月	1550 辆	327 辆	322 辆

如何做到的呢？盟军发现每辆被停或被击毁的坦克上都有一个独一无二的序列号。通过仔细观察，他们发现这些序列号是从小到大进行编制的。如此一来，如果 1 是战场上德国坦克的最小编号，那么最大的编号就应该是战场上德国坦克数量的总数。借此，就可以推算出德国坦克的生产量。

将德国生产出的坦克数量记为 N，盟军停获或击毁的坦克数量记为 n，盟军停获或击毁坦克最大序列号记为 M，则 N 的一个估计值为

$$N = M \times \left(1 + \frac{1}{n}\right) - 1$$

例如，盟军停获或击毁的坦克数量 10 辆，坦克最大序列号为 200，那么德国生产出的坦克总数的一个估计为

$$N = 200 \times \left(1 + \frac{1}{10}\right) - 1 = 219$$

一旦知道德军建造多少辆坦克之后，盟军就知道需要投入多少军力对付德军。

这里使用的是数据推理中的参数估计方法。该方法不仅用在了估计德国坦克的数量上，而且更多地帮助盟军了解了德国工业产量，其中包括：工厂的数量、工厂重要性的排序、供应链的长度、产量的变化和资源的使用与分布等。从战后发现的记录来看，数据推理的参数估计方法给出的估计比通过其他情报方式做出的估计要更接近于真实数据。

盟军打败德军，可以说，盟军统计分析家们功不可没，他们做得比间谍更漂亮！

【学习目标】

- 熟悉点估计的主要方法与评价标准
- 熟悉区间估计的基本原理
- 掌握影响总体均值、方差区间估计的主要因素
- 掌握单总体均值和方差的区间估计
- 掌握双总体均值差和方差比的区间估计

6.1 参数估计原理

参数估计（parameter estimation）是数据推理的方法之一，是直接用样本统计量去估计总体的参数。例如用样本均值 $\bar{x}$ 去估计总体均值 μ，用样本方差 S^2 估计总体方差 σ^2，等等。如果将总体参数笼统地用一个符号 θ 来表示，参数估计也就是如何用样本统计量来估计总体参数 θ。在参数估计中用来估计总体参数的统计量称为估计量，用符号 $\hat{\theta}$ 表示。用来估计总体参数时计算出来的估计量的具体数值，称为估计值。

6.1.1 点估计

点估计（point estimation）是用样本统计量给出总体参数的一个估计的数值。当已知一个样本的观测值时，就可得到总体参数的估计值。例如，泰国是世界十大旅游市场之一，每年都有上千万人次的外国游客来此休闲度假。如果泰国旅游局希望得到游客在本国旅游的平均消费额的估计，联系每名游客是不可能的，可采取随机抽样的方法选择 600 名游客，当他们离开本国时，详细询问记录下他们的消费情况。用 600 游客的样本得到的平均消费额作为外国游客在泰国的平均额的估计，这就是点估计。

点估计的方法有多种，矩估计法、极大似然法是最常用的两种方法。

1. 矩估计法

矩估计法（the method of moments）是由英国统计学家卡尔·皮尔逊（Karl Pearson）于 1894 年提出的，也是最古老的一种估计法。矩是力学的概念，用以表达力与力臂对中心的关系，如果在中心左右的力相等，则出现平衡，正向力与负向力相抵为 0。这个关系与统计分析中所讨论的随机变量数据分布对其均值的关系具有相似的性质，因此，统计分析中借用矩的概念说明随机变量的数量特征。

X 为随机变量，若 $E(X^k)(k=1, 2, 3, \cdots)$ 存在，则称其为随机变量 X 的 k 阶原点矩。依据大数定理可知，若总体 k 阶原点矩 $E(X^k)$ 存在，样本的 k 阶原点矩 $\dfrac{1}{n}\sum\limits_{i=1}^{n}X_i^k$ 依概率收

敛于总体 k 阶原点矩 $E(X^k)$。因此，当总体 k 阶原点矩 $E(X^k)$ 未知时，可以用样本的 k 阶原点矩 $\dfrac{1}{n}\sum\limits_{i=1}^{n}X_i^k$ 来替换。这就是卡尔·皮尔逊给出的替换原理，也是矩估计法的基本思想，即用样本矩及其函数替换总体矩及其函数。

设总体 X 的分布中包含有 k 个未知参数 θ_1，θ_2，$\cdots$，θ_k，若总体 X 的 $1\sim k$ 阶原点矩存在，且为 θ_1，θ_2，$\cdots$，θ_k 的函数，则可分别用样本的各阶原点矩去估计总体的相应原点矩，即

$$E(X^l)=\frac{1}{n}\sum_{i=1}^{n}X_i^l \quad (l=1,\ 2,\ 3,\ \cdots,\ k)$$

由此确定了包含 k 个未知参数的 k 个方程式形成的联立方程组，求解该联立方程组，可以得到未知参数 θ_i 的矩估计量 $\hat{\theta}_i=g(X_1,\ X_2,\ \cdots,\ X_n)$，将观察值 x_1，x_2，$\cdots$，x_n 代入矩估计量，即可得到矩估计值。

【例 6.1】 设总体 X 的均值为 μ，方差为 σ^2，μ 和 σ^2 未知，X_1，X_2，$\cdots$，X_n 是从总体中抽取的一个容量为 n 的样本，求 μ 和 σ^2 的矩估计。

解 依据均值、方差和总体原点矩的计算公式有
$$E(X)=\mu,\quad E(X^2)=D(X)+(E(X))^2=\sigma^2+\mu^2$$
依据替换原理，有

$$\begin{cases} \hat{\mu}=\dfrac{1}{n}\sum\limits_{i=1}^{n}X_i=\overline{X} \\[3mm] \hat{\sigma}^2+\hat{\mu}^2=\dfrac{1}{n}\sum\limits_{i=1}^{n}X_i^2 \end{cases}$$

解此方程组得到 μ 和 σ^2 的矩估计分别为

$$\hat{\mu}=\overline{X}$$
$$\hat{\sigma}^2=\frac{1}{n}\sum_{i=1}^{n}X_i^2-\hat{\mu}^2=\frac{1}{n}\sum_{i=1}^{n}(X_i-\overline{X})^2$$

矩估计法原理简单，使用方便，使用时可以不用获知总体的分布，而且具有一定的优良性质，例如矩估计 $\overline{X}$ 为 $E(X)$ 的一致最小方差无偏估计，因此在商务活动的实际问题中应用广泛。但使用矩估计法时，要确认总体 k 阶原点矩存在，若不存在则无法使用此方法，例如柯西分布等。在一些情况下，矩估计结果可能并不唯一，例如泊松分布参数 λ，用样本均值和方差去估计，将得到不同的结果。另外，矩估计法只涉及总体的一些数量特征，并未用到总体的分布，因此矩估计量实际上只集中了总体的部分信息，这样它在体现总体分布特征上往往性质较差，只有在样本容量 n 较大时，才能保障它的优良性，因而理论上讲，矩估计法是以大样本为应用对象的。

2. 极大似然估计法

极大似然估计法（maximum likelihood estimation）也称最大似然估计法，最早由德国数学家卡尔·高斯（Johann Carl Friedrich Gauss）提出，后来由英国统计学家罗纳德·费歇尔（Ronald Aylmer Fisher）于 1912 年重新进行了研究。极大似然估计法的名字也是费歇尔给出的。"似然"是对 likelihood 的一种较为贴近文言文的翻译，用现代汉语来说，即为"可能性"。若此方法称为"极大可能性估计法"或"最大可能性估计法"，更加通俗易懂。

假设有一企业有甲、乙两条生产线同时生产同一产品，其中一条生产线出现故障，产品不合格率较高，而另一条生产线工作正常。企业的质量检测员从两条生产线中各随机抽取了 100 个产品进行检测，甲生产线产品中有 28 个不合格品，乙生产线产品中 6 个不合格品。在这种情况下，判断甲、乙两条生产线哪条出现了故障，甲生产线出现问题是一个非常合理的结论。

这个例子实际上体现了极大似然估计法的基本思想，即随机现象的结果更有可能来自概率较大的事件。根据这个思想，当总体参数未知时，用样本推断未知参数，总是试图寻找到能使抽样结果发生概率最大的参数作为未知参数的估计。

设总体 X 的分布函数已知，但有 k 个参数 $\theta_1, \theta_2, \cdots, \theta_k$ 未知，在参数 $\theta_1, \theta_2, \cdots, \theta_k$ 的一切可能取值中选出一组使样本观察值出现概率最大的 $\hat{\theta}_1, \hat{\theta}_2, \cdots, \hat{\theta}_k$ 作为相应总体参数的估计，$\hat{\theta}_1, \hat{\theta}_2, \cdots, \hat{\theta}_k$ 即为 $\theta_1, \theta_2, \cdots, \theta_k$ 的极大似然估计。

当总体 X 为离散型随机变量，其概率分布为 $P(X=x)=p(X;\theta_1,\theta_2,\cdots,\theta_k)$。样本 $X_1, X_2, \cdots, X_n$ 的联合概率分布为 $\prod_{i=1}^{n} p(X_i;\theta_1,\theta_2,\cdots,\theta_k)$。联合概率分布是关于 $\theta_1, \theta_2, \cdots, \theta_k$ 的函数，记为 $L(\theta_1,\theta_2,\cdots,\theta_k)$，有

$$L(\theta_1,\theta_2,\cdots,\theta_k)=L(X_1,X_2,\cdots,X_n;\theta_1,\theta_2,\cdots,\theta_k)=\prod_{i=1}^{n} p(X_i;\theta_1,\theta_2,\cdots,\theta_k)$$

此式为离散型随机变量的似然函数，也就是样本出现的概率。

当总体 X 为连续型随机变量，其概率密度函数为 $f(X;\theta_1,\theta_2,\cdots,\theta_k)$。样本 $X_1, X_2, \cdots, X_n$ 的联合密度函数为 $\prod_{i=1}^{n} f(X_i;\theta_1,\theta_2,\cdots,\theta_k)$。联合概率密度函数是关于 $\theta_1, \theta_2, \cdots, \theta_k$ 的函数，也记为 $L(\theta_1,\theta_2,\cdots,\theta_k)$，有

$$L(\theta_1,\theta_2,\cdots,\theta_k)=L(X_1,X_2,\cdots,X_n;\theta_1,\theta_2,\cdots,\theta_k)=\prod_{i=1}^{n} f(X_i;\theta_1,\theta_2,\cdots,\theta_k)$$

此式为连续型随机变量的似然函数，也就是样本的联合概率密度函数。

无论是离散型随机变量还是连续型随机变量的似然函数，其大小取决于未知参数 $\theta_1, \theta_2, \cdots, \theta_k$。由于概率大的事件比概率小的事件易于发生，因而，选择使似然函数 $L(\theta_1,\theta_2,\cdots,\theta_k)$ 达到最大值的参数值 $\hat{\theta}_1, \hat{\theta}_2, \cdots, \hat{\theta}_k$ 作为总体参数 $\theta_1, \theta_2, \cdots, \theta_k$ 的估计。要使似然函数取得最大值，$\hat{\theta}_1, \hat{\theta}_2, \cdots, \hat{\theta}_k$ 必须满足下述方程组：

$$\frac{\partial L(\theta_1,\theta_2,\cdots,\theta_k)}{\partial \theta_i}=0 \quad (i=1,2,3,\cdots,k)$$

由此确定了包含 k 个未知参数的 k 个方程式形成的联立方程组，求解该联立方程组，可以得到未知参数 θ_i 的极大似然估计量 $\hat{\theta}_i=g(X_1, X_2, \cdots, X_n)$，将观察值 $x_1, x_2, \cdots, x_n$ 代入极大似然估计量，即可得到极大似然估计值。

由于 $L(\theta_1, \theta_2, \cdots, \theta_k)$ 与 $\ln L(\theta_1, \theta_2, \cdots, \theta_k)$ 同时达到最大值，为了方便计算，可以将似然函数取对数转化为对数似然函数求解，即求解下列方程组：

$$\frac{\partial \ln L(\theta_1, \theta_2, \cdots, \theta_k)}{\partial \theta_i}=0 \quad (i=1,2,3,\cdots,k)$$

【**例 6.2**】　设 X 为一袋装奶制品的实际质量与标准质量之间的误差，$X \sim N(\mu, \sigma^2)$，其中 μ 和 σ^2 未知。为估计 μ 和 σ^2，随机抽样了 20 袋产品，利用测得的质量误差数据（见表 6.2）计算 μ 和 σ^2 的极大似然估计。

表 6.2　20 袋奶制品的质量误差　　（单位：克）

0.02	0.34	0.34	1.20	2.40	0.23	0.62	0.66	−0.29	−0.60
−0.10	−0.43	0.56	−0.80	0.46	−0.94	0.20	−1.40	0.19	−0.56

解　总体服从正态分布，似然函数为

$$L(\mu, \sigma^2) = \prod_{i=1}^{n} \frac{1}{\sqrt{2\pi}\,\sigma} e^{-\frac{(X_i - \mu)^2}{2\sigma^2}} = (2\pi\sigma^2)^{-\frac{n}{2}} e^{-\frac{\sum_{i=1}^{n}(X_i - \mu)^2}{2\sigma^2}}$$

对数似然函数为

$$\ln L(\mu, \sigma^2) = -\frac{n}{2}\ln(2\pi\sigma^2) - \frac{\sum_{i=1}^{n}(X_i - \mu)^2}{2\sigma^2}$$

对上式中的两个未知参数 μ 和 σ^2 分别求一阶偏导，并令其为 0，得

$$\begin{cases} \dfrac{\partial \ln L(\mu, \sigma^2)}{\partial \mu} = -\dfrac{1}{2\sigma^2} \cdot (-2)\sum_{i=1}^{n}(X_i - \mu) = 0 \\ \dfrac{\partial \ln L(\mu, \sigma^2)}{\partial \sigma^2} = -\dfrac{n}{2} \cdot \dfrac{1}{\sigma^2} + \dfrac{1}{2\sigma^4}\sum_{i=1}^{n}(X_i - \mu)^2 = 0 \end{cases}$$

计算得

$$\hat{\mu} = \overline{X}, \quad \hat{\sigma}^2 = \frac{1}{n}\sum_{i=1}^{n}(X_i - \overline{X})^2$$

将 20 个质量误差数据代入，得到 μ 和 σ^2 的极大似然估计值分别为 $\hat{\mu} = 0.105$，$\hat{\sigma}^2 = 0.656$。

极大似然估计法的关键是构造似然函数，通过使该函数达到最大值求解未知参数。有时计算较为方便，采用分析法即可求出；有时计算较为麻烦，需要用到数值法。

3. 点估计的评价标准

用不同方法得到的点估计结果可能存在差异，有时即便用同样的方法也可能得到不同的点估计。例如，样本均值和样本方差都可以作为泊松分布参数 λ 的矩估计量。那么什么样的估计量之值才会更接近总体参数的取值呢？换句话说，什么样的估计量才是最优的呢？这涉及如何评价估计量的问题。通常评价估计量的标准有四个：无偏性、有效性、最小均方误差和一致性。

1）无偏性

设 $\hat{\theta}$ 为未知参数 θ 的估计量，若有

$$E(\hat{\theta}) = \theta$$

则称 $\hat{\theta}$ 为 θ 的无偏估计量。

有偏估计量的期望值与总体参数的差异称为偏误（bias），记为 $\mathrm{bias}(\hat{\theta})$，有

$$\mathrm{bias}(\hat{\theta}) = E(\hat{\theta}) - \theta$$

2）有效性

设 $\hat{\theta}_1$、$\hat{\theta}_2$ 是 θ 的两个无偏估计量，若有

$$D(\hat{\theta}_1) < D(\hat{\theta}_2)$$

则称 $\hat{\theta}_1$ 较 $\hat{\theta}_2$ 有效。

3）最小均方误差

无偏性考虑估计量的期望值，有效性考虑在无偏性成立前提下进一步比较估计量的方差。如果估计量 $\hat{\theta}_1$、$\hat{\theta}_2$ 的情况为

$$E(\hat{\theta}_1) = \theta, \ E(\hat{\theta}_2) \neq \theta$$

但有

$$D(\hat{\theta}_1) > D(\hat{\theta}_2)$$

此时何者为优？较好的办法是既考虑估计量的变异程度，又兼顾偏误的情况。这时以估计量的均方误差（mean square error）为评价准则较好，记为 $\mathrm{MSE}(\hat{\theta})$，有

$$
\begin{aligned}
\mathrm{MSE}(\hat{\theta}) &= E[(\hat{\theta} - \theta)^2] = E\{[\hat{\theta} - E(\hat{\theta})] + [E(\hat{\theta}) - \theta]\}^2 \\
&= D(\hat{\theta}) + 2[E(\hat{\theta}) - E(\hat{\theta})][E(\hat{\theta}) - \theta] + [E(\hat{\theta}) - \theta]^2 \\
&= D(\hat{\theta}) + [\mathrm{bias}(\hat{\theta})]^2
\end{aligned}
$$

由此可知，用均方误差来判断估计量是否优良，同时考虑了估计量的变异程度及其与待估参数间的偏误，具有最小均方误差的估计量为最优的估计量。

4）一致性

一致性是指估计量与总体参数的绝对离差小于等于某一任意小的正数 ε 的极限概率等于 1，即

$$\lim_{n \to \infty} P(|\hat{\theta} - \theta| \leq \varepsilon) = 1$$

$\hat{\theta}$ 是 θ 的一致估计量，意味着 $\hat{\theta}$ 依概率收敛于 θ。估计量的一致性是在大样本情况下提出的一种要求，对于小样本，一般不能作为评价估计量性质的标准。

点估计的优点是能给出一个明确的值，使人们对总体参数的取值有一个直观认识，缺点是没有给出一个用来衡量点估计值可靠性的度量指标，不能说明点估计值与总体参数的真实值接近的程度。因此，在实际中，点估计往往是与区间估计同时进行的。

6.1.2　区间估计

区间估计（interval estimate）是指用一个具有一定可靠程度的区间范围来估计总体参数。对于一个未知的总体参数 θ，利用抽样的样本信息，运用一定的方法确定两个数值 θ_L 和 θ_U，且 $\theta_L < \theta_U$，使得

$$P(\theta_L < \theta < \theta_U) = 1 - \alpha$$

则称 (θ_L, θ_U) 为 θ 在置信水平（confidence level）$1 - \alpha$ 下的置信区间（confidence interval）。其中，θ_L 称为置信下限（confidence lower limit），θ_U 称为置信上限（confidence upper limit）。

区间估计的直观意思是，构造一个随机区间(θ_L, θ_U)，随着样本的变化，这个区间会发生变化。例如抽样 100 次，可以得到 100 个这样的区间，其中有些包含真实值 θ，有些不包含 θ，包含 θ 的比率可能为 $100(1-\alpha)\%$。可见，区间估计不仅仅给出了估计的精确度，还能给出估计的可靠性。其中，置信区间表达了区间估计的精确度，置信区间越小，估计越精确，置信区间越大，估计则越粗略。置信水平反映的是区间估计的可靠性，置信水平 $1-\alpha$ 越大，区间估计把握程度越高，反之则越低。

一般对总体参数的区间估计从可靠性与精确度两方面进行评价。然而，在样本容量一定的条件下，这两个基本要求往往是一对矛盾。如果可靠性增大，则区间宽度必然增大，精确度就会降低；而如果提高精确度，则可靠性必然减小。美国统计分析专家泽西·奈曼（Jerzy Neyman）建议采取一种妥协的办法：在保证可靠性的前提下，尽可能提高精确度。因此，在商务活动中，常常是根据具体问题设置合理的置信水平，然后进行区间估计。常用的置信水平为 90%，95% 和 99% 等。

结合总体均值的区间估计问题，说明区间估计的思路。由样本均值的抽样分布可知，在总体服从正态分布或总体并非正态分布但样本容量足够大（$n \geqslant 30$）的情况下，样本均值的期望值等于总体均值，即 $E(\overline{X}) = \mu$，样本均值的标准差为 $\sigma_{\overline{X}} = \sigma / \sqrt{n}$。由此可知，样本均值 $\overline{X}$ 落在总体均值 μ 的两侧任何倍数的标准差范围内的概率。例如，样本均值 $\overline{X}$ 落在总体均值 μ 的两侧 1.64 倍的标准差、1.96 倍的标准差和 2.58 倍的标准差范围内的概率分别为 90%、95% 和 99%。但在实际估计时，情况恰好是相反的，$\overline{X}$ 是已知的，而 μ 是未知的，是需要估计的。由于 $\overline{X}$ 和 μ 的距离是对称的，如果一个 $\overline{X}$ 落在 μ 的 1.96 个标准差范围之内，反过来，μ 也被包括在以 $\overline{X}$ 为中心两侧 1.96 个标准差的范围之内。这意味着，约有 95% 的样本均值所构造的 1.96 个标准差的区间会包括 μ，如图 6.1 所示。举例来说，如果抽取 100 个样本来估计总体的均值，由 100 个样本均值所构造的 100 个区间中，约有 95个区间包含总体均值，而另外 5 个区间则不包含总体均值。

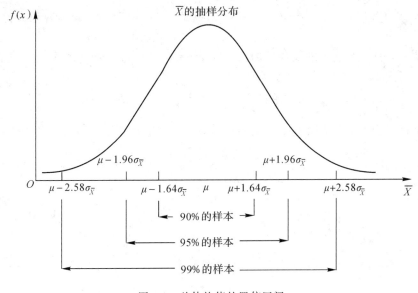

图 6.1 总体均值的置信区间

同时给出置信下限和上限的区间估计称为双侧区间估计。有些实际问题,人们关心的只是总体参数取值的下限或上限。例如,产品的平均使用寿命越长越好,人们关心的只是估计的下限,即(θ_L, ∞);产品的不合格品数越低越好,人们关心的只是估计的上限,即$(0, \theta_U)$。这种只给出下限或上限的区间估计称为单侧区间估计。由于双侧区间估计较为常用,因此如没有特别说明或特殊要求,人们提到的区间估计通常为双侧区间估计。

6.2 总体均值置信区间估计

总体均值置信区间的基本形式为

总体均值的点估计量±分位数值×总体均值点估计量的标准差

样本均值是总体均值的点估计量,因此,总体均值的置信区间实际上是以样本均值为中心的一个对称区间。区间的宽度取决于分位数值和样本均值的标准差,二者的乘积称为误差界限(margin of error)。样本均值的标准差取决于样本均值的抽样分布,分位数值除了受样本均值的抽样分布影响外,还依赖估计时所要求的置信水平$1-\alpha$的大小。由此可知,样本均值的抽样分布是总体均值进行区间估计的基础,而样本均值的抽样分布又受样本是否为大样本、总体是否服从正态分布、总体方差是否已知等影响,因此,总体均值的置信区间估计至少需要考虑这三个方面的因素。

6.2.1 单总体均值的区间估计

设总体均值和方差分别为μ和σ^2,从总体中抽取样本以推断总体均值,样本容量、样本均值和样本方差分别记为n、$\overline{X}$和S^2。

1. 大样本

在随机抽样为大样本条件下,无论总体是否服从正态分布、方差是否已知,由中心极限定理可知$\overline{X} \sim N\left(\mu, \dfrac{\sigma^2}{n}\right)$;若总体$X \sim N(\mu, \sigma^2)$,方差$\sigma^2$已知,样本容量无论是否符合大样本的要求,由正态分布的线性可加性可知$\overline{X} \sim N\left(\mu, \dfrac{\sigma^2}{n}\right)$。此时将$\overline{X}$标准化,有

$$Z = \frac{\overline{X} - \mu}{\sigma/\sqrt{n}} \sim N(0, 1)$$

Z服从标准正态分布,其概率密度函数曲线关于二维坐标的纵轴成对称分布,则有

$$P(-Z_{a/2} < Z < Z_{a/2}) = 1 - \alpha$$

$$P\left(-Z_{a/2} < \frac{\overline{X} - \mu}{\sigma/\sqrt{n}} < Z_{a/2}\right) = 1 - \alpha$$

$$P\left(\overline{X} - Z_{a/2} \frac{\sigma}{\sqrt{n}} < \mu < \overline{X} + Z_{a/2} \frac{\sigma}{\sqrt{n}}\right) = 1 - \alpha$$

因此,总体均值μ在置信水平$1-\alpha$下的置信区间为

$$\left(\overline{X} - Z_{a/2} \frac{\sigma}{\sqrt{n}}, \ \overline{X} + Z_{a/2} \frac{\sigma}{\sqrt{n}}\right)$$

在大样本的条件下，若总体方差 σ^2 未知，可以用样本方差 S^2 代替，此时，总体均值 μ 在置信水平 $1-\alpha$ 下的置信区间为

$$\left(\overline{X} - Z_{\alpha/2}\frac{S}{\sqrt{n}}, \; \overline{X} + Z_{\alpha/2}\frac{S}{\sqrt{n}}\right)$$

标准正态分布的总体均值置信区间如图 6.2 所示。

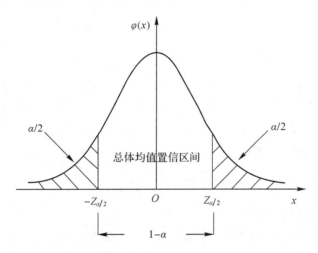

图 6.2 标准正态分布的总体均值置信区间

【例 6.3】 一研究机构策划了一个普通吸烟者每周在香烟上的开支调查。调查显示普通吸烟者每周的香烟开支服从标准差为 6 元的正态分布，81 名普通吸烟者每周的香烟开支平均为 30 元，计算普通吸烟者每周香烟平均开支在置信水平 95% 下的置信区间。

解 已知 $n=81$，$\sigma=6$，$X \sim N(\mu, 6^2)$，$\overline{X}=30$，$1-\alpha=95\%$，$Z_{0.05/2}=1.96$，因此，总体均值的置信区间为

$$\overline{X} \pm Z_{\alpha/2}\frac{\sigma}{\sqrt{n}} = 30 \pm 1.96 \times \frac{6}{\sqrt{81}} = 30 \pm 1.31 \text{（元）}$$

普通吸烟者每周香烟平均开支在置信水平 95% 下的置信区间为（28.69 元，31.31 元）。

【例 6.4】 一汽车租赁公司欲估计今年顾客每次租赁汽车平均行驶的里程，随机抽取 200 个顾客，根据记录，这 200 个顾客平均行驶里程为 325 千米，标准差为 60 千米，计算今年该公司所有租赁汽车平均行驶里程在置信水平 90% 下的置信区间。

解 已知 $n=200$，$\overline{X}=325$，$S=60$，$1-\alpha=90\%$，$Z_{0.10/2}=1.64$。虽然总体分布未知，但 $n=200 \geqslant 30$ 为大样本，因此，总体均值的置信区间为

$$\overline{X} \pm Z_{\alpha/2}\frac{S}{\sqrt{n}} = 325 \pm 1.64 \times \frac{60}{\sqrt{200}} = 325 \pm 6.96 \text{（千米）}$$

今年该公司所有租赁汽车平均行驶里程在置信水平 90% 下的置信区间为（318.04 千米，331.96 千米）。

【例 6.5】 为研究一股票价格变化的情况，分析人员收集了该股票连续 60 个交易日的价格波动数据（见表 6.3），利用这些数据，计算该支股票平均每天价格波动在置信水平 99% 下的置信区间。

表 6.3　股票价格波动数据　(单位：元)

0.78	3.28	5.72	14.38	−0.75	0.62	3.34	21.06	−1.08	−0.69
2.44	−1.22	4.50	−10.11	−0.88	−0.28	0.47	4.56	−12.11	0.12
2.22	5.62	−1.25	5.84	−1.44	0.75	−0.5	−1.59	−1.19	−9.37
0.81	2.06	4.31	−3.12	−7.74	−1.75	−0.88	1.47	8.00	−2.69
0.69	−4.5	−0.72	9.31	−10.61	−0.22	4.12	−0.38	1.12	−5.85
−0.16	1.16	−3.25	−3.19	−17.16	0.34	−0.50	0.03	−17.75	−11.59

解　已知 $n=60$，$1-\alpha=99\%$，$Z_{0.01/2}=2.58$。虽然总体分布未知，但 $n=60 \geqslant 30$ 为大样本，因此，总体均值的置信区间为

$$\overline{X} \pm Z_{\alpha/2} \frac{S}{\sqrt{n}} = -0.42 \pm 2.58 \times \frac{6.34}{\sqrt{60}} = -0.42 \pm 2.11 \text{（元）}$$

其中，利用收集到的数据计算得到 $\overline{X}=-0.42$，$S=6.34$。

该支股票平均每天价格波动在置信水平 99% 下的置信区间为（−2.53 元，1.69 元）。

利用 Excel 进行运算时，可借助 CONFIDENCE 函数完成。CONFIDENCE 函数的功能是使用正态分布返回总体平均值置信区间的误差界限数值。语法结构为

　　　　CONFIDENCE(alpha，standard_dev，size)

其中：alpha 为 1 减置信水平；standard_dev 为标准差；size 为样本容量。

计算出样本均值加减 CONFIDENCE 值即可得到置信区间，如图 6.3 所示。

	A	B	C	D
1	股票价格日波动		置信区间	
2	0.78	置信下限	-2.53	=AVERAGE(A2:A61)-CONFIDENCE(0.01,STDEV(A2:A61),60)
3	2.44	置信上限	1.69	=AVERAGE(A2:A61)+CONFIDENCE(0.01,STDEV(A2:A61),60)
4	2.22			
5	0.81			
6	0.69			
7	-0.16			
8	3.28			
9	-1.22			
10	5.62			

图 6.3　CONFIDENCE 函数计算总体均值置信区间

本例中，样本均值、标准差都没直接给出，所以除 CONFIDENCE 函数外，还用到了 AVERAGE 函数和 STDEV 函数。

2. 小样本、正态总体、方差未知

在随机抽样为小样本、总体服从正态分布的条件下，方差未知时，需要用总体方差的无偏估计量 S^2 来代替 σ^2。按照与大样本相同的思路，将 $\overline{X}$ 标准化，有

$$t = \frac{\overline{X}-\mu}{S/\sqrt{n}} \sim t(n-1)$$

t 服从自由度为 $n-1$ 的 t 分布，其概率密度函数曲线与标准正态分布一样关于二维坐

标系的纵轴成对称分布，则有

$$P(-t_{\alpha/2}(n-1) < t < t_{\alpha/2}(n-1)) = 1-\alpha$$

$$P\left(-t_{\alpha/2}(n-1) < \frac{\overline{X}-\mu}{S/\sqrt{n}} < t_{\alpha/2}(n-1)\right) = 1-\alpha$$

$$P\left(\overline{X} - t_{\alpha/2}(n-1)\frac{S}{\sqrt{n}} < \mu < \overline{X} + t_{\alpha/2}(n-1)\frac{S}{\sqrt{n}}\right) = 1-\alpha$$

因此，总体均值 μ 在置信水平 $1-\alpha$ 下的置信区间为

$$\left(\overline{X} - t_{\alpha/2}(n-1)\frac{S}{\sqrt{n}}, \overline{X} + t_{\alpha/2}(n-1)\frac{S}{\sqrt{n}}\right)$$

【例 6.6】　一公司的股票价格波动服从正态分布，为了掌握该公司股票的平均价格，运用随机抽样方法，对其股票的交易价格进行调查，结果表明：平均价格为 35 元，标准差为 2 元，计算该公司股票平均价格在置信水平 95％下的置信区间。

解　已知 $n=16$，$X \sim N(\mu, \sigma^2)$，$\overline{X}=35$，$S=2$，$1-\alpha=99\%$，由于 $n=16<30$ 为小样本且 σ^2 未知，因此，总体均值的置信区间为

$$\left(\overline{X} - t_{\alpha/2}(n-1)\frac{S}{\sqrt{n}}, \overline{X} + t_{\alpha/2}(n-1)\frac{S}{\sqrt{n}}\right) = 35 \pm 2.13 \times \frac{2}{\sqrt{16}} = 35 \pm 1.065 \text{（元）}$$

其中，$t_{\alpha/2}(n-1) = t_{0.05/2}(16-1) = 2.13$。

该公司股票平均价格在置信水平 95％下的置信区间为（33.935 元，36.065 元）。

【例 6.7】　衡量一个组织服务质量的一个重要因素是对客户投诉的反馈速度。一家经营地板的销售公司随机抽样了一年中 25 名顾客的投诉处理情况（见表 6.4），利用从收到投诉到解决投诉的时间间隔数据，假设处理投诉时间服从正态分布，计算处理投诉平均时间在置信水平 95％下的置信区间。

表 6.4　顾客投诉处理时间　　　　　　　　　　　　　　（单位：天）

5	28	29	25	5
11	29	27	1	13
12	3	29	26	23
18	5	2	26	22
10	3	26	17	20

解　已知 $n=25$，$X \sim N(\mu, \sigma^2)$，$1-\alpha=95\%$，由于 $n=25<30$ 为小样本且 σ^2 未知，因此，总体均值的置信区间为

$$\left(\overline{X} - t_{\alpha/2}(n-1)\frac{S}{\sqrt{n}}, \overline{X} + t_{\alpha/2}(n-1)\frac{S}{\sqrt{n}}\right) = 16.60 \pm 2.06 \times \frac{10.12}{\sqrt{25}} = 16.60 \pm 4.18 \text{（天）}$$

其中，$t_{\alpha/2}(n-1) = t_{0.05/2}(25-1) = 2.06$，利用收集到的数据计算得到 $\overline{X}=16.60$，$S=10.12$。

该公司处理投诉平均时间在置信水平 95％下的置信区间为（12.42 天，20.78 天）。

利用 Excel 运算时，可借助"数据分析"命令中的"描述统计"工具完成。在"描述统计"对话框中，选择一种输出方式，选定"平均数置信度"，录入置信水平数据，点击"确定"按

钮，系统即输出使用 t 分布返回总体平均值置信区间的误差界限数值。计算出样本均值，加减此数值即可得到置信区间，如图 6.4 所示。

	A	B	C	D	E	F
1	投诉处理时间	列1			置信区间	
2	5			置信下限	12.42	=AVERAGE(A2:A26)−C3
3	11	置信度(95.0%)	4.177376886	置信上限	20.78	=AVERAGE(A2:A26)+C3
4	12					
5	18					
6	10					
7	28					
8	29					
9	3					
10	5					

图 6.4 "描述统计"工具计算总体均值置信区间

利用 SPSS 进行运算时，点击数据视图中的"分析"，选取"描述统计"中的"探索"命令。在弹出的"探索"对话框，将"投诉处理时间"选入"因变量列表"栏，点击"统计量"，选定"描述性"，录入置信水平数据。点击"继续"，返回"探索"对话框，点击"确定"。SPSS 计算总体均值置信区间的结果如表 6.5 所示。

表 6.5 SPSS 计算总体均值置信区间的结果

（描述）

			统计量	标准误差
投诉处理时间	均值		16.60	2.024
	均值的 95% 置信区间	下限	12.42	
		上限	20.78	
	5%修整均值		16.77	
	中值		18.00	
	方差		102.417	
	标准差		10.120	
	极小值		1	
	极大值		29	
	范围		28	
	四分位距		21	
	偏度		−0.234	0.464
	峰度		−1.570	0.902

6.2.2 双总体均值差的区间估计

两个总体均值差的区间估计可以用来研究两个总体是否有所不同或者一个总体是否随

时间发生了变化。例如，两个品牌的电池使用时间是否有差异，生产工艺改变前后产品的一些质量指标是否发生了变化等。

设两个总体均值和方差分别为 μ_1、μ_2 和 σ_1^2、σ_2^2，从两个总体中抽取样本以推断两个总体均值之差，两个样本的容量、均值和方差分别记为 n_1、n_2、$\overline{X}_1$、$\overline{X}_2$ 和 S_1^2、S_2^2。

在计算两个总体均值差的区间估计时，除考虑总体是否服从正态分布、总体方差是否已知、样本是否为大样本等三个因素外，还需要考虑从两个总体中随机抽取的样本是否独立。

如果两个样本是从两个总体中独立地抽取的，即一个样本中的数据取值与另一个样本中的数据取值是相互独立、彼此不受影响的，则称为独立样本（independent sample）。如果从两个总体中抽取的两个样本的数据取值是彼此对应的，则称为配对样本（matched sample）。

1. 独立样本：大样本

在两独立样本均为大样本条件下，无论两总体是否服从正态分布、方差是否已知，由中心极限定理、正态分布的线性可加性和数学期望与方差的性质可知 $\overline{X}_1 - \overline{X}_2 \sim N\left(\mu_1 - \mu_2, \dfrac{\sigma_1^2}{n_1} + \dfrac{\sigma_2^2}{n_2}\right)$；当两总体均服从正态分布且方差已知时，两样本容量无论是否符合大样本的要求，由正态分布的线性可加性和数学期望与方差的性质可知 $\overline{X}_1 - \overline{X}_2 \sim N\left(\mu_1 - \mu_2, \dfrac{\sigma_1^2}{n_1} + \dfrac{\sigma_2^2}{n_2}\right)$。此时将 $\overline{X}_1 - \overline{X}_2$ 标准化，有

$$Z = \frac{(\overline{X}_1 - \overline{X}_2) - (\mu_1 - \mu_2)}{\sqrt{\dfrac{\sigma_1^2}{n_1} + \dfrac{\sigma_2^2}{n_2}}} \sim N(0,1)$$

因此，有

$$P(-Z_{\alpha/2} < Z < Z_{\alpha/2}) = 1 - \alpha$$

$$P\left(-Z_{\alpha/2} < \frac{(\overline{X}_1 - \overline{X}_2) - (\mu_1 - \mu_2)}{\sqrt{\dfrac{\sigma_1^2}{n_1} + \dfrac{\sigma_2^2}{n_2}}} < Z_{\alpha/2}\right) = 1 - \alpha$$

$$P\left((\overline{X}_1 - \overline{X}_2) - Z_{\alpha/2}\sqrt{\frac{\sigma_1^2}{n_1} + \frac{\sigma_2^2}{n_2}} < \mu_1 - \mu_2 < (\overline{X}_1 - \overline{X}_2) + Z_{\alpha/2}\sqrt{\frac{\sigma_1^2}{n_1} + \frac{\sigma_2^2}{n_2}}\right) = 1 - \alpha$$

两个总体均值差 $\mu_1 - \mu_2$ 在置信水平 $1 - \alpha$ 下的置信区间为

$$\left((\overline{X}_1 - \overline{X}_2) - Z_{\alpha/2}\sqrt{\frac{\sigma_1^2}{n_1} + \frac{\sigma_2^2}{n_2}}, \quad (\overline{X}_1 - \overline{X}_2) + Z_{\alpha/2}\sqrt{\frac{\sigma_1^2}{n_1} + \frac{\sigma_2^2}{n_2}}\right)$$

在两样本均为大样本的条件下，若两总体方差未知，可以用样本方差 S_1^2 和 S_2^2 代替，此时，两个总体均值差 $\mu_1 - \mu_2$ 在置信水平 $1 - \alpha$ 下的置信区间为

$$\left((\overline{X}_1 - \overline{X}_2) - Z_{\alpha/2}\sqrt{\frac{S_1^2}{n_1} + \frac{S_2^2}{n_2}}, \quad (\overline{X}_1 - \overline{X}_2) + Z_{\alpha/2}\sqrt{\frac{S_1^2}{n_1} + \frac{S_2^2}{n_2}}\right)$$

【例 6.8】 一跨国公司在印度和中国各有一家分公司，它们生产相同的产品但采用的原材料来源途径不同。现分别在这两家分公司进行独立抽样，以了解两家分公司单位产品在变动成本上是否存在差异（见表 6.6），计算在置信水平 95% 下两家分公司单位产品成本

之差的置信区间。

表 6.6 跨国公司两家分公司的单位产品变动成本调查数据

	印度分公司	中国分公司
样本容量	100 件	150 件
单位产品变动成本	8 元	12 元
样本标准差	2 元	1.5 元

解 已知两样本为独立样本，$n_1 = 100$，$n_2 = 150$，$\overline{X}_1 = 8$，$\overline{X}_2 = 12$，$S_1^2 = 2^2$，$S_2^2 = 1.5^2$，$1 - \alpha = 95\%$，$Z_{0.05/2} = 1.96$。虽然两总体分布未知，但 $n_1 = 100 \geqslant 30$，$n_2 = 150 \geqslant 30$，两样本均为大样本，因此，两总体均值差的置信区间为

$$\left[(\overline{X}_1 - \overline{X}_2) - Z_{\alpha/2}\sqrt{\frac{S_1^2}{n_1} + \frac{S_2^2}{n_2}}, (\overline{X}_1 - \overline{X}_2) + Z_{\alpha/2}\sqrt{\frac{S_1^2}{n_1} + \frac{S_2^2}{n_2}}\right]$$

$$= (8 - 12) \pm 1.96 \times \sqrt{\frac{2^2}{100} + \frac{1.5^2}{150}}$$

$$= -4 \pm 0.46 (元)$$

该跨国公司的两家分公司单位产品变动成本之差在置信水平 95% 下的置信区间为 (−4.46 元，−3.54 元)。

2. 独立样本：小样本、两正态总体、方差未知

在两独立样本均为小样本、两总体均服从正态分布的条件下，两总体方差 σ_1^2、σ_2^2 未知时，计算两总体均值差的置信区间，需要考虑两总体方差是否相等。

1) 两总体方差相等

在两总体方差未知且 $\sigma_1^2 = \sigma_2^2$ 的条件下，两样本均值差标准化后服从 t 分布，有

$$t = \frac{(\overline{X}_1 - \overline{X}_2) - (\mu_1 - \mu_2)}{S_\omega\sqrt{\frac{1}{n_1} + \frac{1}{n_2}}} \sim t(n_1 + n_2 - 2)$$

其中，$S_\omega = \sqrt{\dfrac{(n_1 - 1)S_1^2 + (n_2 - 1)S_2^2}{n_1 + n_2 - 2}}$，为两样本数据合并在一起给出的总体标准差的估计量。因此，有

$$P(-t_{\alpha/2}(n_1 + n_2 - 2) < t < t_{\alpha/2}(n_1 + n_2 - 2)) = 1 - \alpha$$

$$P\left(-t_{\alpha/2}(n_1 + n_2 - 2) < \frac{(\overline{X}_1 - \overline{X}_2) - (\mu_1 - \mu_2)}{S_\omega\sqrt{\frac{1}{n_1} + \frac{1}{n_2}}} < t_{\alpha/2}(n_1 + n_2 - 2)\right) = 1 - \alpha$$

$$P\left((\overline{X}_1 - \overline{X}_2) - t_{\alpha/2}(n_1 + n_2 - 2)S_\omega\sqrt{\frac{1}{n_1} + \frac{1}{n_2}} < \mu_1 - \mu_2 < (\overline{X}_1 - \overline{X}_2)\right.$$

$$\left. + t_{\alpha/2}(n_1 + n_2 - 2)S_\omega\sqrt{\frac{1}{n_1} + \frac{1}{n_2}}\right) = 1 - \alpha$$

因此，两个总体均值差 $\mu_1 - \mu_2$ 在置信水平 $1 - \alpha$ 下的置信区间为

$$\left((\overline{X}_1 - \overline{X}_2) - t_{\alpha/2}(n_1+n_2-2)S_\omega\sqrt{\frac{1}{n_1}+\frac{1}{n_2}} , (\overline{X}_1 - \overline{X}_2) + t_{\alpha/2}(n_1+n_2-2)S_\omega\sqrt{\frac{1}{n_1}+\frac{1}{n_2}} \right)$$

【例 6.9】 一加工企业为估计两种方法在组装产品时所需时间的差异，分别对两种不同的组装方法各随机安排了 10 名员工，两种组装产品方法所需时间如表 6.7 所示。如果两种方法组装产品的时间服从正态分布，并且方差相等，计算该加工企业两种组装产品方法所需平均时间差在置信水平 95％下的置信区间。

表 6.7 加工企业两种组装产品方法所需时间 （单位：分钟）

方法一	83	90	73	58	81	64	72	85	82	66
方法二	75	36	56	39	58	55	69	69	76	51

解 已知 $n_1=10$，$n_2=10$，两总体服从正态分布，$1-\alpha=95\%$。由于 $n_1=10\leqslant30$，$n_2=10\leqslant30$，两样本均为小样本，且 $\sigma_1^2=\sigma_2^2$ 未知，因此，两总体均值差的置信区间为

$$\left((\overline{X}_1 - \overline{X}_2) - t_{\alpha/2}(n_1+n_2-2)S_\omega\sqrt{\frac{1}{n_1}+\frac{1}{n_2}} , (\overline{X}_1 - \overline{X}_2) + t_{\alpha/2}(n_1+n_2-2)S_\omega\sqrt{\frac{1}{n_1}+\frac{1}{n_2}} \right)$$

$$= (75.40-58.40) \pm 2.10 \times 12.33 \times \sqrt{\frac{1}{10}+\frac{1}{10}}$$

$$= 17.00 \pm 11.58 \text{（分钟）}$$

其中，$t_{\alpha/2}(n_1+n_2-2)=t_{0.05/2}(10+10-2)=2.10$，利用收集到的数据计算得到 $\overline{X}_1=75.40$，$\overline{X}_2=58.40$，$S_\omega=12.33$。

该加工企业两种组装产品方法所需平均时间差在置信水平 95％下的置信区间为（5.42 分钟，25.58 分钟）。

2）两总体方差不相等

在两总体方差未知且 $\sigma_1^2\neq\sigma_2^2$ 的条件下，两样本均值差标准化后服从 t 分布，有

$$t = \frac{(\overline{X}_1 - \overline{X}_2)-(\mu_1-\mu_2)}{\sqrt{\dfrac{S_1^2}{n_1}+\dfrac{S_1^2}{n_2}}} \sim t(\upsilon)$$

其中，$\upsilon = \dfrac{(S_1^2/n_1+S_2^2/n_2)^2}{\dfrac{(S_1^2/n_1)^2}{n_1-1}+\dfrac{(S_2^2/n_2)^2}{n_2-1}}$，为 t 分布的自由度。

因此，有

$$P(-t_{\alpha/2}(\upsilon) < t < t_{\alpha/2}(\upsilon)) = 1-\alpha$$

$$P\left(-t_{\alpha/2}(\upsilon) < \frac{(\overline{X}_1 - \overline{X}_2)-(\mu_1-\mu_2)}{\sqrt{\dfrac{S_1^2}{n_1}+\dfrac{S_1^2}{n_2}}} < t_{\alpha/2}(\upsilon) \right) = 1-\alpha$$

$$P\left((\overline{X}_1 - \overline{X}_2) - t_{\alpha/2}(\upsilon)\sqrt{\frac{S_1^2}{n_1}+\frac{S_1^2}{n_2}} < \mu_1-\mu_2 < (\overline{X}_1 - \overline{X}_2) + t_{\alpha/2}(\upsilon)\sqrt{\frac{S_1^2}{n_1}+\frac{S_1^2}{n_2}} \right) = 1-\alpha$$

因此，两个总体均值差 $\mu_1-\mu_2$ 在置信水平 $1-\alpha$ 下的置信区间为

$$\left((\overline{X}_1 - \overline{X}_2) - t_{\alpha/2}(\upsilon)\sqrt{\frac{S_1^2}{n_1} + \frac{S_1^2}{n_2}}, \ (\overline{X}_1 - \overline{X}_2) + t_{\alpha/2}(\upsilon)\sqrt{\frac{S_1^2}{n_1} + \frac{S_1^2}{n_2}} \right)$$

【例 6.10】 结合例 6.9 中的数据，在两种方法组装产品的时间服从正态分布，但方差不相等的条件下，计算该加工企业两种组装产品方法所需平均时间差在置信水平 95％下的置信区间。

解 已知 $n_1 = 10$，$n_2 = 10$，两总体服从正态分布，$1 - \alpha = 95\%$。由于 $n_1 = 10 \leqslant 30$，$n_2 = 10 \leqslant 30$，两样本均为小样本，且 $\sigma_1^2 \neq \sigma_2^2$ 未知，因此，两总体均值差的置信区间为

$$\left((\overline{X}_1 - \overline{X}_2) - t_{\alpha/2}(\upsilon)\sqrt{\frac{S_1^2}{n_1} + \frac{S_1^2}{n_2}}, \ (\overline{X}_1 - \overline{X}_2) + t_{\alpha/2}(\upsilon)\sqrt{\frac{S_1^2}{n_1} + \frac{S_1^2}{n_2}} \right)$$

$$= (75.40 - 58.40) \pm 2.11 \times \sqrt{\frac{108.49}{10} + \frac{195.6}{10}}$$

$$= 17.00 \pm 11.64 \ (\text{分钟})$$

其中，t 分布自由度 $\upsilon = 16.635 \approx 17$，$t_{0.05/2}(17) = 2.11$，利用收集到的数据计算得到 $\overline{X}_1 = 75.40$，$\overline{X}_2 = 58.40$，$S_1^2 = 108.49$，$S_2^2 = 195.6$。

该加工企业两种组装产品方法所需平均时间差在置信水平 95％下的置信区间为（5.36 分钟，28.64 分钟）

利用 SPSS 进行运算时，输入"组装产品时间"变量的数据后，还需要定义一个变量"组装方法"，方法一输入数据"1"，方法二输入数据"2"。点击数据视图中的"分析"，选取"比较均值"中的"独立样本 T 检验"命令。在弹出的"独立样本 T 检验"对话框，将"组装产品时间"选入"检验变量栏"，"组装方法"选入"分组变量"并进行定义，点击"选项"，录入"置信区间百分比"数值。点击"继续"，返回"独立样本 T 检验"对话框，点击"确定"，结果如表 6.8 所示。

表 6.8　SPSS 计算两个总体均值差置信区间的结果
（独立样本检验）

	方差方程的 Levene 检验		均值方程的 t 检验					差分的 95％ 置信区间	
	F	Sig.	t	df	Sig.（双侧）	均值差值	标准误差值	下限	上限
假设方差相等	0.637	0.435	3.083	18	0.006	17.00	5.514	5.415	28.585
假设方差不相等			3.083	16.635	0.007	17.00	5.514	5.346	28.654

SPSS"独立样本 T 检验"工具，不仅给出了两总体方差相等和不相等时对应的两总体均值的置信区间，而且还利用样本数据对两总体方差是否相等做出了判断。如果 Sig.（第七章中的 p 值）下面的数值较大，例如大于置信水平 $1 - \alpha$ 中的 α 值，则没有证据认为这两个总体的方差不相等，这里 Sig.（p 值）等于 $0.435 > 0.05$，此时，两总体均值差的置信区间为（5.415，28.585）。如果 Sig.（p 值）小于 α 值，则认为这两个总体的方差相等，两总体均值差

的置信区间为$(5.346, 28.645)$。与前述例题结果上的差异，是由于保留小数位数的不同，以及分位数计算时，SPSS 使用了非整数的自由度造成的。

3. 配对样本：大样本

在例 6.9 中，使用的是两独立样本。然而，在使用独立样本来估计两个总体均值之差时存在着一些潜在的风险。例如，两种产品组装方法各随机指派 10 名员工，可能会出现使用方法一的 10 名员工技术较高、经验较为丰富，而使用方法二的 10 名员工技术较差、检验较为欠缺。这种不公平的分配，可能会掩盖两种方法组装产品所需时间的真正差异。为此，实际中，经常会抽取 10 名员工，先用方法一组装产品，再用方法二组装产品。这样一来，每一名员工都先后有两个组装产品的时间，这两个时间是通过对同一名员工进行观察获得的，除方法外，对组装产品时间产生影响的其他因素，如员工技术水平、操作经验等都是一样的，数据不再是独立的，而是匹配的，这样可以消除抽样的不公平可能造成的两种方法组装时间上的差异。配对数据通常是对同一个体进行前后两次观察获得的。

在配对样本条件下，如果配对样本对应数据差值 d 的个数 $n_d \geqslant 30$，为大样本，则两个总体各观察值的配对差 d 服从正态分布，由中心极限定理可知，其均值 $\bar{d}$ 亦服从正态分布；当配对差服从正态分布且方差已知时，配对差容量无论是否符合大样本的要求，由正态分布的线性可加性可知，$\bar{d}$ 服从正态分布。此时将 $\bar{d}$ 标准化，有

$$Z = \frac{\bar{d} - \mu_d}{\sigma_d / \sqrt{n_d}} \sim N(0, 1)$$

因此，有

$$P(-Z_{\alpha/2} < Z < Z_{\alpha/2}) = 1 - \alpha$$

$$P\left(-Z_{\alpha/2} < \frac{\bar{d} - \mu_d}{\sigma_d / \sqrt{n_d}} < Z_{\alpha/2}\right) = 1 - \alpha$$

$$P\left(\bar{d} - Z_{\alpha/2} \frac{\sigma_d}{\sqrt{n_d}} < \mu_d < \bar{d} + Z_{\alpha/2} \frac{\sigma_d}{\sqrt{n_d}}\right) = 1 - \alpha$$

两总体均值差 $\mu_d = \mu_1 - \mu_2$ 在置信水平 $1 - \alpha$ 下的置信区间为

$$\left(\bar{d} - Z_{\alpha/2} \frac{\sigma_d}{\sqrt{n_d}}, \bar{d} + Z_{\alpha/2} \frac{\sigma_d}{\sqrt{n_d}}\right)$$

其中，σ_d 为各差值的标准差。当总体的 σ_d 未知时，用样本差值的标准差 S_d 代替。

4. 配对样本：小样本、配对差服从正态分布、方差未知

在配对样本条件下，如果配对样本对应数据差值 d 的个数 $n_d < 30$，为小样本，如果两个总体各观察值的配对差 d 服从正态分布，其均值 $\bar{d}$ 亦服从正态分布。在 σ_d 未知，需要用 S_d 代替的条件下，将 $\bar{d}$ 标准化，有

$$t = \frac{\bar{d} - \mu_d}{S_d / \sqrt{n_d}} \sim t(n_d - 1)$$

因此，有

$$P(-t_{\alpha/2}(n_d - 1) < t < t_{\alpha/2}(n_d - 1)) = 1 - \alpha$$

$$P\left(-t_{a/2}(n_d-1)<\frac{\overline{d}-\mu_d}{S_d/\sqrt{n_d}}<t_{a/2}(n_d-1)\right)=1-\alpha$$

$$P\left(\overline{d}-t_{a/2}(n_d-1)\frac{S_d}{\sqrt{n_d}}<\mu_d<\overline{d}+t_{a/2}(n_d-1)\frac{S_d}{\sqrt{n_d}}\right)=1-\alpha$$

两总体均值差 $\mu_d=\mu_1-\mu_2$ 在置信水平 $1-\alpha$ 下的置信区间为

$$\left(\overline{d}-t_{a/2}(n_d-1)\frac{S_d}{\sqrt{n_d}},\ \overline{d}+t_{a/2}(n_d-1)\frac{S_d}{\sqrt{n_d}}\right)$$

【例 6.11】 一保健企业为研究新开发减肥产品的减肥效果如何，对 18 名肥胖志愿者进行了跟踪，记录他们使用产品前的体重和使用产品六个月后的体重，如表 6.9 所示。如果志愿者减掉的体重服从正态分布，计算这些志愿者减掉的平均体重在置信水平 95% 下的置信区间。

表 6.9　减肥产品使用前后志愿者体重　（单位：千克）

使用前	92	96	85	81	90	97	82	91	83	87	98	88	82	83	89	82	86	95
使用后	69	75	73	70	63	71	79	73	73	65	71	72	75	74	71	67	75	78

解　已知 $n_d=18$，数据来自配对样本，配对差服从正态分布。由于 $n_d=18<30$，为小样本，σ_d 未知，需要用 S_d 代替，因此，两总体均值差的置信区间为

$$\left(\overline{d}-t_{a/2}(n_d-1)\frac{S_d}{\sqrt{n_d}},\ \overline{d}+t_{a/2}(n_d-1)\frac{S_d}{\sqrt{n_d}}\right)=16.28\pm2.11\times\frac{7.12}{\sqrt{18}}=16.28\pm3.54$$

其中，$t_{a/2}(n_d-1)=t_{0.05/2}(18-1)=2.11$，利用收集到的数据计算得到 $\overline{d}=16.28$，$S_d=7.12$。

这些志愿者减掉的平均体重在置信水平 95% 下的置信区间为（12.74 千克，19.82 千克）。

6.3　总体方差置信区间估计

总体方差置信区间很难像构造总体均值置信区间那样很容易地获得一个以点估计为中心的对称区间。因为样本方差的抽样分布不再是如正态分布、t 分布那样的对称分布，而是 χ^2 分布、F 分布等不对称分布。

6.3.1　单总体方差的区间估计

设总体服从正态分布，均值和方差分别为 μ 和 σ^2，从总体中抽取样本以推断总体方差，样本容量和方差分别记为 n 和 S^2。

由于 $\chi^2=\dfrac{(n-1)S^2}{\sigma^2}\sim\chi^2(n-1)$，因此，有

$$P(\chi^2_{1-a/2}(n-1)<\chi^2<\chi^2_{a/2}(n-1))=1-\alpha$$

$$P\left(\chi^2_{1-a/2}(n-1)<\frac{(n-1)S^2}{\sigma^2}<\chi^2_{a/2}(n-1)\right)=1-\alpha$$

$$P\left(\frac{(n-1)S^2}{\chi^2_{\alpha/2}(n-1)} < \sigma^2 < \frac{(n-1)S^2}{\chi^2_{1-\alpha/2}(n-1)}\right) = 1-\alpha$$

总体方差 σ^2 在置信水平 $1-\alpha$ 下的置信区间为

$$\left(\frac{(n-1)S^2}{\chi^2_{\alpha/2}(n-1)}, \frac{(n-1)S^2}{\chi^2_{1-\alpha/2}(n-1)}\right)$$

χ^2 分布的总体方差置信区间如图 6.5 所示。

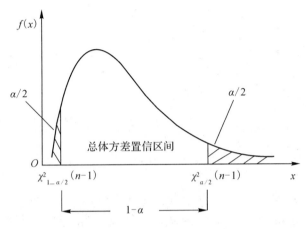

图 6.5 χ^2 分布的总体方差置信区间

【例 6.12】 一种涡旋式车用空调压缩机的寿命 $X \sim N(\mu, \sigma^2)$，现随机测得 10 台压缩机的寿命，如表 6.10 所示，计算该压缩机寿命方差在置信水平 95％下的置信区间。

表 6.10 压缩机寿命 （单位：小时）

15 020	16 500	11 080	15 500	14 530	12 130	12 080	14 800	13 760	17 000

解 已知压缩机寿命 $X \sim N(\mu, \sigma^2)$，因此，总体方差的置信区间为

$$\left(\frac{(n-1)S^2}{\chi^2_{\alpha/2}(n-1)}, \frac{(n-1)S^2}{\chi^2_{1-\alpha/2}(n-1)}\right) = \left(\frac{(10-1)\times1962.22^2}{19.02}, \frac{(10-1)\times1962.22^2}{2.70}\right)$$

$$= (1\,821\,912.00, 12\,834\,357.76)$$

其中，$\chi^2_{\alpha/2}(n-1) = \chi^2_{0.05/2}(10-1) = 19.02$，$\chi^2_{1-\alpha/2}(n-1) = \chi^2_{1-0.05/2}(10-1) = 2.70$，利用收集到的数据计算得到 $S = 1962.22$。

该压缩机寿命方差在置信水平 95％下的置信区间为 (1 821 912.00 小时^2，12 834 357.76 小时^2)。

6.3.2 双总体方差比的区间估计

设两个总体均服从正态分布，均值和方差分别为 μ_1、μ_2 和 σ_1^2、σ_2^2，从两个总体中抽取样本以推断两个总体方差之比，两个样本的容量和方差分别记为 n_1、n_2 和 S_1^2、S_2^2。

由于 $F = \dfrac{S_1^2/\sigma_1^2}{S_2^2/\sigma_2^2} \sim F(n_1-1, n_2-1)$，因此，有

$$P(F_{1-\alpha/2}(n_1-1, n_2-1) < F < F_{\alpha/2}(n_1-1, n_2-1)) = 1-\alpha$$

$$P\left(F_{1-\alpha/2}(n_1-1, n_2-1) < \frac{S_1^2/\sigma_1^2}{S_2^2/\sigma_2^2} < F_{\alpha/2}(n_1-1, n_2-1)\right) = 1-\alpha$$

$$P\left(\frac{S_1^2/S_2^2}{F_{a/2}(n_1-1,\ n_2-1)}<\frac{\sigma_1^2}{\sigma_2^2}<\frac{S_1^2/S_2^2}{F_{1-a/2}(n_1-1,\ n_2-1)}\right)=1-\alpha$$

两总体方差比 σ_1^2/σ_2^2 在置信水平 $1-\alpha$ 下的置信区间为

$$\left(\frac{S_1^2/S_2^2}{F_{a/2}(n_1-1,\ n_2-1)},\ \frac{S_1^2/S_2^2}{F_{1-a/2}(n_1-1,\ n_2-1)}\right)$$

【例 6.13】 一汽车公司两款不同型号的轿车首次故障里程数均服从正态分布,现随机抽取两款轿车各 10 辆新车进行公路测试,测得两款轿车首次故障里程的样本均值和方差分别为 $\overline{X}_1=5896$,$\overline{X}_2=6228$,$S_1^2=916^2$,$S_2^2=896^2$。计算这两款轿车首次故障里程方差比在置信水平 95% 下的置信区间。

解 已知两款轿车首次故障里程数均服从正态分布,$n_1=10$,$n_2=10$,$S_1^2=916^2$,$S_2^2=896^2$,因此,总体方差比的置信区间为

$$\left(\frac{S_1^2/S_2^2}{F_{a/2}(n_1-1,\ n_2-1)},\ \frac{S_1^2/S_2^2}{F_{1-a/2}(n_1-1,\ n_2-1)}\right)=\left(\frac{916^2/896^2}{0.25},\ \frac{916^2/896^2}{4.03}\right)$$
$$=(0.26,\ 4.20)$$

其中:

$$F_{a/2}(n_1-1,\ n_2-1)=F_{0.05/2}(10-1,\ 10-1)=0.25$$
$$F_{1-a/2}(n_1-1,\ n_2-1)=F_{1-0.05/2}(10-1,\ 10-1)=4.03$$

这两款轿车首次故障里程方差比在置信水平 95% 下的置信区间为 $(0.26,\ 4.20)$。

本 章 小 结

参数估计是数据推理的方法之一,是直接用样本统计量去估计总体的参数。

点估计和区间估计是常用的两种参数估计方法。点估计是用样本统计量给出总体参数的一个估计的数值。矩估计法、极大似然估计法等多种方法都可以得到一个总体参数的点估计,这些点估计并不完全相同,甚至有时用同样的方法也可能得到一个总体参数的不同点估计,这就涉及点估计的评价标准问题。点估计的评价标准主要有无偏性、有效性、最小均方误差和一致性。

点估计的优点是能给出一个明确的值,使人们对总体参数的取值有一个直观认识,缺点是没有给出一个用来衡量点估计值可靠性的度量,不能说明点估计值与总体参数的真实值接近的程度。因此,在实际中,点估计往往是与区间估计同时进行的。区间估计是指用一个具有一定可靠程度的区间范围来估计总体参数。与点估计相比,区间估计得到的是可能包括总体参数的区间,并且可以说明估计的可靠性与精确度。

区间估计好比是撒网打鱼,点估计则是拿鱼竿钓鱼,钓到了就钓到了,没钓到也说不清楚距离钓到鱼还差多远。因此,为了能有更大机会捉到鱼,人们倾向于选择撒网打鱼,即采用区间估计的方法。

总体均值的区间估计通常是给出一个以总体均值的点估计:样本均值为中心构造的对称区间。样本均值的抽样分布是总体均值进行区间估计的基础,主要受总体是否服从正态分布、总体方差是否已知、样本是否为大样本等因素的影响。在双总体均值差的区间估计中,还需要考虑从两个总体中随机抽取的样本是否独立。

由于样本方差的抽样分布不再是如正态分布、t 分布那样的对称分布，而是 χ^2 分布、F 分布等不对称分布，因此，总体方差的区间估计很难像构造总体均值置信区间那样很容易地获得一个以点估计为中心的对称区间。此时，需要借助概率分布的上 α 分位点，结合样本方差的抽样分布才能计算得到总体方差的置信区间。此方法有一个前提条件即总体需要服从正态分布。

区间估计的关键在于正确构造点估计量，把握其取值规律的抽样分布，结合所需达到的置信水平，给出一个尽可能短的区间，以实现"在保证可靠性的前提下，尽可能提高精确度"的目标。

思 考 练 习

6.1　阐述点估计与区间估计的基本原理，解释点估计与区间估计常常结合使用的原因。

6.2　阐述影响总体均值和方差区间估计的主要因素。

6.3　证明：样本均值 $\overline{X}$ 是总体均值 μ 的无偏估计量，样本方差 $S^2 = \dfrac{1}{n-1}\sum\limits_{i=1}^{n}(X_i - \overline{X})^2$ 是总体方差 σ^2 的无偏估计量。

6.4　X_1，X_2，$\cdots$，X_n 是来自总体的随机样本，证明：样本均值 $\overline{X}$ 与 $X_i(i=1,2,\cdots,n)$ 都是总体均值的无偏估计量，且 $\overline{X}$ 更有效。

6.5　一加油站的管理人员想了解每次出售给顾客的平均汽油量，于是他从交易记录中随机选取了 60 笔交易。计算得到这 60 笔交易的平均汽油量为 30.50 升，标准差为 1.80 升，在置信水平 95% 下计算每笔交易出售的平均汽油量的置信区间。

6.6　一商场每日销售金额服从正态分布，现随机选择 12 天进行调查发现，12 天的日均销售额为 280 万元，样本标准差为 38 万元，计算该商场日均销售额在置信水平 90% 下的置信区间。

6.7　一奶粉生产厂家有两条奶粉生产线。现欲测定两条生产线所生产的灌装奶粉质量的差别，在每条生产线上各抽 100 罐奶粉，一条生产线上的平均质量为 $\overline{X}_1 = 890$ 克，标准差为 $S_1 = 8$ 克；另一条生产线的平均质量为 $\overline{X}_2 = 905$ 克，标准差为 $S_2 = 6$ 克。计算两条生产线生产的罐装奶粉平均质量之差在置信水平 99% 下的置信区间。

6.8　一丝袜企业的加弹尼龙原料来自西安、成都两家加工厂，为估计这两家加工厂提供的产品的拉力强度之差异，从西安的加工厂随机抽取了 25 件样品，从成都的加工厂抽取了 16 件样品，测得结果为，西安加工厂产品的平均拉力强度为 22 千克，标准差为 8 千克，成都加工厂产品的平均压力强度为 20 千克，标准差为 6 千克。根据以往的记录，两加工厂产品的拉力强度近似服从正态分布，方差不相等。计算两加工厂产品平均拉力强度差在置信水平 95% 下的置信区间。

6.9　一科技公司对一款办公软件进行了升级，在投放市场前欲了解顾客对升级前后产品的满意程度，为此抽取 10 名顾客让他们给产品打分。分值在 0~10 分之间，分值越高满意程度越好(见表 6.11)。如果一名顾客使用升级前后产品的满意分值之差服从正态分布，计算顾客平均满意分值之差在置信水平 99% 下的置信区间。

表 6.11				顾客对升级前后产品的满意度					(单位：分)	
升级前	7	5	6	8	7	5	5	6	7	5
升级后	7	6	7	9	9	3	7	7	8	6

6.10 从一工厂生产的钢绳中抽取 15 根做检验，测得钢绳平均抗断强度为 500 千克，标准差为 6 千克。根据过去的记录，该钢绳抗断强度服从正态分布，计算钢绳抗断强度方差在置信水平 90% 下的置信区间。

6.11 一家药品生产企业，为专门生产一种冲剂购进了两台不同型号的机器，为比较型号 I 和型号 II 机器的性能，各从两台机器生产的冲剂中随机抽取了一些进行称重（单位：克），计算这两台机器所生产的冲剂质量方差比在置信水平 95% 下的置信区间。

表 6.12			两台机器生产的冲剂质量						(单位：克)		
型号 I	3.25	3.29	3.30	3.05	3.16	3.28	3.35	3.22	3.28	2.19	3.30	2.30
型号 II	3.38	3.50	3.28	3.75	3.22	3.70	2.98	3.90	—	—	—	—

6.12 软件 Excel 和 SPSS 中专门用于计算置信区间的函数、工具非常少，但置信区间的计算量有时又特别大，例如合并方差 S_w、t 分布自由度 υ 的计算，阐述下你能找到的 Excel 和 SPSS 中可以帮助人们计算 S_w 和 υ 的函数、工具。

第七章　　数据推理方法：假设检验

【引例】女士品茶

20世纪20年代后期一个夏日的午后，慵懒的阳光洒落在英国剑桥大学古老的校园里，一群大学的绅士和他们的夫人们，还有来访者，正围坐在户外草坪的桌旁，享用着下午茶。就像喝咖啡一样，英国人喝茶也喜欢加牛奶。在品茶过程中，一位女士说：把牛奶倒进泡好的茶水里，和把泡好的茶倒进牛奶里，不同的调制方法，奶茶的味道就不一样了。我能分辨出是把牛奶倒进茶水里，还是把茶水倒进牛奶里。

在场的一帮科学精英们，对这位女士的"胡言乱语"嗤之以鼻，笑她说大话，这怎么可能呢？他们不能想象，仅仅因为加茶加奶的先后顺序不同，就使得奶茶的味道不同，难道会发生不同的化学反应？然而，在座的一个身材矮小、戴着厚眼镜、下巴上蓄着的短尖髯开始变灰的年轻人，却不这么看，他对这个问题很感兴趣。他兴奋地说道："让我们来做个试验吧！看看这位女士是不是真有这个本事。"于是，他开始策划一个试验。

年轻人请人调制了一杯奶茶，让这位女士试一试，结果她说对了。当然，即使这位女士没有这个本事，试一杯猜中的概率也有0.5，可见试一杯是不够的，因为这还不能排除偶然性。对这个结果呢，大家不以为然。于是年轻人又请人调制了一杯，结果这位女士又说对了。这个时候，大家有些诧异，可是仔细想一想，这位女士如果没有这个本事，试两杯猜中的概率也有0.25，可见试两杯还是不够，因为这还不能够排除偶然性。这个试验一共试了8杯，结果是这8杯她全部说对了。

这时，大家都很惊讶，为什么呢？很显然，如果这位女士没有这个本事，注意这是一个假设，假设她没有这个本事，所有结果都是瞎猜的。在这样一个假设的前提下，连续8杯都猜中的可能性是多大呢？是0.5的8次方，约等于0.0039，也就是千分之四。这是一个很小的概率，意味着平均实验1000次，每次8杯，单凭运气都说对的次数不到4次，可见，如果她没有这个本事，单纯靠猜是几乎猜不出来的，因此，大家都相信她了。

在很多人看来这是一个小小的游戏，而这个年轻人却从这个游戏中提炼出一个数据推理方法，这就是假设检验。这个人就是后来被誉为20世纪最伟大的统计学家、现代统计科学的奠基人之一的罗纳德·费希尔（Ronald Aylmer Fisher）。

【学习目标】

- 熟悉假设检验的基本原理
- 熟悉假设检验的一般步骤
- 掌握影响总体均值、方差假设检验的主要因素
- 掌握单总体均值和方差的假设检验

· 掌握双总体均值差和方差比的假设检验

7.1 假设检验原理

假设检验(hypothesis testing)是数据推理的方法之一，先对总体参数提出一个假设值，然后利用样本信息判断这一假设是否成立。例如，一家汽车轮胎生产企业承诺其生产出来的一款轮胎能使用 10 万千米以上，有关质量检查部门就可以通过抽取一部分该企业刚生产出的轮胎通过测试对此说法进行验证。

7.1.1 假设检验思路

假设是在抽取样本分析之前提出的对总体的看法或观点。假设检验就是在对总体参数提出假设的基础上，利用样本信息来判断假设是否成立的方法。

在假设检验中，不论假设是什么样的，进行检验的基本思想是带有概率性质的反证法。为了检验所提出的假设，事先承认该假设是真的。在此前提下，如果导致违反逻辑或违背常识和经验的不合理现象出现，则表明假设是不正确的，也就是需要拒绝该假设。若没有导致不合理现象出现，那就没有理由怀疑假设是错误的，就不拒绝该假设。

假设检验中的"反证法思想"不同于纯数学中的反证法。数学反证法是在假设条件下导出逻辑上的矛盾，从而否定原来的假设条件。而假设检验中的"不合理现象"是指小概率事件在一次试验中发生了，它是基于人们在实践中广泛采用的小概率原理。小概率事件是指发生的可能性非常之小的事件，这样的事件在一次试验中几乎是不可能发生的。例如，飞机失事是小概率事件，所以人们深信在一次外出旅行途中几乎不会遇到问题，因而，人们总是悠然地飞来飞去。又如，如果一种商品的次品率很低，则你买到的一件应该不会是次品，如果你买到的商品是一件次品，你一定会认为这商品的次品率高。假设检验推断的依据就是小概率原理。

总之，假设检验这一数据推理方法是基于小概率原理的反证法。首先，假设检验的推理过程运用的是反证法。承认待检验的假设是成立的，之后观察在此假设成立的前提下样本的出现是否合理，如果不合理即样本所代表的事实与假设前提得出的结论发生了矛盾，则可推翻作为推理前提的假设。其次，判断合理与否所依据的是小概率原理。小概率事件在一次试验中几乎是不可能发生的。需要注意的是，在一次试验中小概率事件只是发生的可能性很小而并非绝对不会发生，因此，检验结论有可能出错。

7.1.2 假设检验步骤

1. 提出假设

对每个假设检验问题，一般会同时提出两个相反的假设：原假设和备择假设。

原假设(null hypothesis)，又称零假设，通常是研究者想搜集证据予以反对的假设，记为 H_0。此假设是关于总体参数值的一个论述，是依据检验目的而提出的，所表达的含义是指参数没有变化，因此，等号"＝"总是放在原假设上。例如，原假设是一款轮胎的平均行驶里程在 10 万千米以上，原假设可写作 $H_0: \mu \geqslant 100\,000$。除非有充分证据说明原假设是错误的，否则原假设是一个不能被拒绝的论述。

备择假设(alternate hypothesis)，又称研究假设，通常是研究者想搜集证据予以支持的假设，记为 H_1。此假设是原假设的对立论述，所表达的含义是总体参数发生了变化，因此，等号"="不出现在备择假设中。例如，备择假设是一款轮胎的平均行驶里程没有到达到生产企业所承诺的 10 万千米以上，备择假设可写作 $H_1: \mu < 100\ 000$。当证据充分说明原假设错误时，备择假设才被认为是符合事实的一种论述。

设所要检验的总体参数为 θ，用 θ_0 表示该参数的假设值。通常，总体参数的假设检验有三种类型，如表 7.1 所示。

（1）双侧检验。双侧检验(two-tailed test)又称双尾检验，指备择假设没有特定的方向性，并含有符号"≠"的假设检验。如果对所研究问题只需判断有无显著差异或要求同时注意总体参数偏大或偏小的情况，则采用双侧检验。

与双侧检验相对应的是单侧检验(one-tailed test)，又称单尾检验，指备择假设具有特定的方向性，并含有符号">"或"<"的假设检验。

（2）左侧检验。如果单侧检验中，备择假设的符号为"<"，指向左侧，称为左侧检验，也称左尾检验。

（3）右侧检验。如果单侧检验中，备择假设的符号为">"，指向右侧，称为右侧检验，也称右尾检验。

表 7.1　总体参数假设检验类型

假　　设	双 侧 检 验	单 侧 检 验	
		左侧检验	右侧检验
原假设	$\theta = \theta_0$	$\theta \geqslant \theta_0$	$\theta \leqslant \theta_0$
备择假设	$\theta \neq \theta_0$	$\theta < \theta_0$	$\theta > \theta_0$

原假设和备择假设的建立，应根据所检验问题的具体背景而定。通常采用"不轻易拒绝原假设"的原则，即把没有充分理由就不能轻易否定的论述作为原假设，这样一旦拒绝原假设，理由是很充分的，犯错误的可能性很小。

2. 选择显著性水平

显著性水平(level of significance)是事先给定的小概率的标准，所表达的是人们能够容忍的、在原假设为真时却错误地拒绝了原假设这一事件发生的概率，记为 α。通常 α 取 0.10、0.05 和 0.01 等。有时，显著性水平也称为风险水平，这个名称实际上更为确切，因为它反映了当原假设为真时拒绝原假设所冒的风险。

人们在决策时总是希望做出正确的决策。当原假设正确时没有拒绝它，当原假设不正确时拒绝它，但实际上很难保证不犯错误。因为决策是以样本信息为依据的，而样本的获取是随机的。假设检验中可能犯的错误分为两种类型。

如果原假设事实上为真，人们却做出了拒绝原假设的结论，这类错误称为第一类错误，也称弃真错误。犯第一类错误的概率通常用 α 表示，也就是显著性水平。实质上，显著性水平就是事先设定的犯第一类错误的概率的最大允许值。

如果原假设事实上为不真，人们却做出了不拒绝原假设的结论，这类错误则称为第二类错误，也称取伪错误。犯第二类错误的概率通常用 β 表示。

进行假设检验时，人们一开始希望犯两类错误的可能性都尽可能小。然而，在样本容量一定、其他条件不变的情况下，α 和 β 是此消彼长的关系，两者不可能同时减小。于是，人们借助成本最小化原则，希望能够控制付出代价较大的一类错误。如果犯第一类错误的代价比犯第二类错误的代价相对较高，则将犯第一类错误的概率定得低些较为合理；反之，如果犯第一类错误的代价比犯第二类错误的代价相对较低，则将犯第一类错误的概率定得高些，以换取较低的犯第二类错误的概率。进一步的研究发现，β 的大小与未知总体参数的真值密切相关。若备择假设中总体参数的值为一个点，则很容易计算出 β 的值，但若为一个区域，就很难计算出 β 的确切取值。然而，大多数情况下，备择假设中总体参数的值正是一个区域，因此，很难事先加以控制。在实际问题的假设检验中，往往选择控制犯第一类错误的概率 α。

假设检验选择显著性水平 α 的基本原则是：如果犯第一类错误的代价较大，α 应小一些；反之，如果犯第二类错误的代价较大，则 α 宜取大一些。

3. 构建检验统计量

检验统计量是指用于检验原假设是否成立的统计量。检验统计量是以样本信息为基础构建的，取值随样本的不同而不同，是一个随机变量。但只要样本确定下来，检验统计量的观察值也就随之确定下来。对总体参数进行假设检验时，在原假设成立的前提下，检验统计量不包含未知总体参数但要包含原假设中总体参数的假设值，而且检验统计量的抽样分布必须是明确的，这样才能推断出原假设成立的前提下样本的出现是否属于小概率事件。检验统计量的抽样分布是假设检验的理论依据。

对于总体参数的假设检验，检验统计量及其分布通常可由待检验的总体参数的点估计推导出来，实质上与参数估计中用于构建置信区间的统计量的选择是一致的。假设检验的具体方法通常以检验统计量服从的分布来命名，常用的有 Z 检验（正态检验）、t 检验、χ^2 检验和 F 检验等。

4. 计算检验统计量和 P 值

检验统计量确定后，利用样本数据就可得到一个数值，此数值在什么范围时，得出不拒绝原假设的结论？在什么范围时，得出拒绝原假设的结论呢？

能够拒绝原假设的检验统计量的所有可能取值的集合称为拒绝域（critical region）。拒绝域是在原假设成立的前提下，概率不超过显著性水平 α 的区域。如果检验统计量的样本取值落在这一区域，表明在一次试验中发生了小概率事件，说明原假设成立的理由不充分，所以应当拒绝原假设；如果检验统计量的样本取值落在拒绝域外，表明在原假设成立的前提下，并未发生小概率事件，即认为没有充分证据拒绝原假设。

拒绝域的边界值称为临界值（critical value），是利用检验统计量的抽样分布以及根据实际问题所选择的显著性水平 α 确定的。对于双侧检验，检验统计量不论是在极端大的右侧取值，还是极端小的左侧取值，都有利于拒绝原假设。因此，双侧检验的拒绝域位于检验统计量抽样分布曲线的左右两侧尾部，其临界值通常就是左右两个尾部概率 $\alpha/2$ 所对应的分位数值。需要注意的是，只有当检验统计量呈对称分布时，双侧检验拒绝域的两个临界值才是对称的（见图 7.1(a)）。对于左侧检验，检验统计量越在极端小的左侧取值，越有利于拒绝原假设。因此，左侧检验拒绝域位于统计量抽样分布曲线的左侧尾部（见图 7.1(b)）。对于右侧检验，检验统计量越在极端大的右侧取值，越有利于拒绝原假设。因此，右侧检验拒绝域位于统计量抽样分布曲线的右侧尾部(见图 7.1(c))。

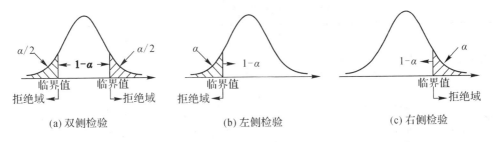

(a) 双侧检验　　　　　(b) 左侧检验　　　　　(c) 右侧检验

图 7.1　不同假设检验类型的拒绝域

统计量检验是根据事先选择的显著性水平 α 确定的拒绝域做出决策的,不论检验统计量的取值是大还是小,只要它落入拒绝域就拒绝原假设,否则就不拒绝原假设。这时,无论检验统计量的取值落在拒绝域的什么位置,也只能说犯第一类错误的概率为 α。但实际上,α 是犯第一类错误的上限控制值,检验统计量的取值落在拒绝域的不同位置,决策时所犯第一类错误的概率是不同的。如果能把犯第一类错误的真实概率计算出来,就可以直接用这个概率做出决策。

P 值(P value)是在原假设成立的假定前提下,检验统计量的观察值大于其样本取值的概率,也称观察到的显著性水平(observed significance level),所表达的是出现与原假设相背离的样本的概率。P 值越小,表示样本数据与原假设相背离的程度就越严重,拒绝原假设的理由就越充足。如果 P 值小于所选择的显著性水平 α,就拒绝原假设,反之,则不拒绝原假设。不同假设检验类型的 P 值如图 7.2 所示。

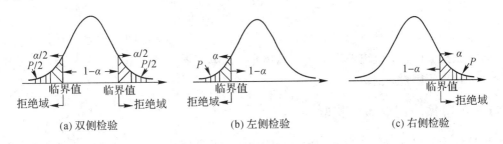

(a) 双侧检验　　　　　(b) 左侧检验　　　　　(c) 右侧检验

图 7.2　不同假设检验类型的 P 值

假设检验中,利用临界值和 P 值进行判断是等价的。实际问题中,只用其中一个即可。应当指出的是,利用 P 值判断较之临界值具有更明显的优点,它对犯第一类错误的概率的表述更加精确。过去计算一些常见分布的概率只能靠查表,相对比较麻烦,因此,通常利用临界值判断。现在,随着计算机在统计分析中的应用,精确地计算 P 值成为一件很容易的事情。多数统计分析软件,如 Excel、SPSS 等,在进行假设检验运算时都会直接输出 P 值。因此,更多地推荐利用 P 值判断。

5. 做出检验结论

利用临界值和 P 值可以判断是否拒绝原假设。利用临界值判断时,就是将样本计算的检验统计量取值与拒绝域的临界值相比较来决策。若检验统计量取值落在拒绝域内,就拒绝原假设,反之,则不拒绝原假设。利用 P 值判断时,P 值小于 α,就拒绝原假设,否则就不拒绝原假设。此时,显著性水平 α 并不必事先确定,不同决策者可以根据实际情况和自已对风险的偏好态度灵活地利用 P 值来做出决策。假设检验的判断依据如表 7.2 所示。

表 7.2 假设检验的判断依据

检验结论	双侧检验		单侧检验			
			左侧检验		右侧检验	
	临界值	P 值	临界值	P 值	临界值	P 值
拒绝 H_0	在两临界值之外	$<\alpha$	小于临界值	$<\alpha$	大于临界值	$<\alpha$
不拒绝 H_0	在两临界值之内	$\geqslant\alpha$	大于等于临界值	$\geqslant\alpha$	小于等于临界值	$\geqslant\alpha$

需要注意的是，假设检验得出的结论是根据原假设进行阐述的。要么拒绝原假设，要么不拒绝原假设。当不拒绝原假设时，不能说"接受"原假设。因为假设检验只提供了不利于原假设的证据。当拒绝原假设时，表明样本提供的证据证明它是错误的；当不拒绝原假设时，只表明样本提供的证据还不足以证明它是错误的，这与有足够的证据证明原假设是真的存在差异。此情形与法庭上法官对被告的定罪相类似：先假定被告是无罪的，直到有足够的证据证明他是有罪的，否则法官就不能认定被告有罪。当证据不足时，法官的裁决是被告"无罪"而不是"清白"，因为证据不足不能说明被告就是清白的。

7.2 总体均值假设检验

总体均值假设检验的检验统计量基本形式为

$$\frac{总体均值的点估计量-假设值}{总体均值点估计量的标准差}$$

样本均值是总体均值的点估计量，因此，同总体均值置信区间的构建一样，对总体均值进行假设检验时，检验统计量取决于总体是否服从正态分布、总体方差是否已知、样本是否为大样本等因素。

7.2.1 单总体均值的假设检验

设总体均值和方差分别为 μ 和 σ^2，总体均值的假设值为 μ_0，从总体中抽取样本以检验总体均值与假设值间的关系，样本容量、样本均值和样本方差分别记为 n、$\overline{X}$ 和 S^2。

1. 大样本——Z 检验

在随机抽样为大样本条件下，无论总体是否服从正态分布、方差是否已知，由中心极限定理可知 $\overline{X} \sim N\left(\mu, \dfrac{\sigma^2}{n}\right)$；当总体 $X \sim N(\mu, \sigma^2)$，方差 σ^2 已知时，样本容量无论是否符合大样本的要求，由正态分布的线性可加性可知 $\overline{X} \sim N\left(\mu, \dfrac{\sigma^2}{n}\right)$。假设总体均值为 μ_0，将 $\overline{X}$ 标准化得到检验统计量为

$$Z = \frac{\overline{X} - \mu_0}{\sigma / \sqrt{n}} \sim N(0, 1)$$

在大样本的条件下，若总体方差 σ^2 未知，可以用样本方差 S^2 代替，此时，总体均值的检验统计量为

$$Z = \frac{\overline{X} - \mu_0}{S/\sqrt{n}} \sim N(0, 1)$$

在显著性水平 α 下，双侧检验的拒绝域临界值为 $\pm Z_{\alpha/2}$；左侧检验的拒绝域临界值为 $-Z_{\alpha/2}$；右侧检验的拒绝域临界值为 $Z_{\alpha/2}$。

【例 7.1】 已知一地区电信公司手机客户每月的通信费服从正态分布。现随机抽取 50 名客户的月通信费（见表 7.3），在显著性水平 0.05 下检验该地区电信公司客户的月通信费均值是否大于 80 元？

表 7.3　一地区电信公司客户月通信费　（单位：元）

75	80	87	84	94	95	80	112	66	102
82	85	79	89	105	81	96	96	103	89
95	86	65	87	79	75	84	56	89	78
86	79	81	90	83	82	87	89	88	73
84	100	78	81	83	66	96	91	81	83

解　依题意，原假设和备择假设为

$$H_0: \mu \leqslant 80, \ H_1: \mu > 80$$

已知 $n = 50$，$\alpha = 0.05$。虽然总体分布未知，但 $n = 50 \geqslant 30$ 为大样本，因此，检验统计量为

$$Z = \frac{\overline{X} - \mu_0}{S/\sqrt{n}} = \frac{85.10 - 80}{10.52/\sqrt{50}} = 3.43$$

其中，利用收集到的数据计算得到 $\overline{X} = 85.10$，$S = 10.52$。

此假设检验为右侧检验，拒绝域临界值为 $Z_{0.05} = 1.64$。检验统计量的取值大于临界值：$Z = 3.43 > 1.64 = Z_{0.05}$，因此，拒绝原假设，认为该地区电信公司客户的月通信费均值大于 80 元。

此题中的检验也可以利用 P 值进行，$P = 0.0003 < 0.05 = \alpha$，拒绝原假设。结论与利用临界值判断得出的结论一致，正印证了"假设检验中，利用临界值和 P 值进行判断是等价的"论述。

假设检验时，P 值可以借助 Excel 中的 NORMSDIST 函数得到。双侧检验的 P 值用 $2 * \min(\text{NORMSDIST}, 1 - \text{NORMSDIST})$ 得到，左侧检验的 P 值用 NORMSDIST 得到，右侧检验的 P 值则用 $1 - \text{NORMSDIST}$ 得到。

由于已知样本的具体取值，此例还可以直接借助 Excel 中的 ZTEST 函数运算得到 P 值，而不需要计算检验统计量的取值。ZTEST 函数的功能是返回 Z 检验的右尾概率值。语法结构为

　　　　ZTEST(array, x, [sigma])

其中：array 为样本数据所在的区域；x 为总体均值假设值；[sigma] 为总体标准差，已知时直接填入，未知时省略不填，默认为使用样本标准差替换总体标准差。

依据 NORMSDIST 函数与 ZTEST 函数的运算功能可知：ZTEST $= 1 - \text{normsdist}$。因此，双侧检验的 P 值用 $2 * \min(\text{ZTEST}, 1 - \text{ZTEST})$ 得到，左侧检验的 P 值用 $1 - \text{ZTEST}$ 得到，右侧检验的 P 值则用 ZTEST 得到，如图 7.3 所示。

	A	B	C	D
1	客户月通讯费		P值	
2	75	NORMSDIST函数	0.0003	=1-NORMSDIST(3.43)
3	82	ZTEST函数	0.0003	=ZTEST(A2:A51,80)
4	95			
5	86			
6	84			
7	80			
8	85			
9	86			
10	79			
11	100			

图 7.3　利用 NORMSDIST 函数、ZTEST 函数计算 P 值

【例 7.2】 过去记录资料表明，一啤酒企业生产的一种瓶装啤酒的容量服从标准差为 6 mL 的正态分布，企业标明的产品平均容量为 500 mL。监督机构从市场上随机抽取了该产品 16 瓶进行检测，测得平均容量为 496.8 mL。在显著性水平 0.01 下，检验该啤酒企业生产的这种瓶装啤酒是否存在容量不足的问题。

解　依题意，原假设和备择假设为

$$H_0: \mu \geqslant 500, \; H_1: \mu < 500$$

已知 $n=16$，总体服从正态分布，$\sigma=6$，$\overline{X}=496.80$，$\alpha=0.01$。因此，检验统计量为

$$Z = \frac{\overline{X} - \mu_0}{\sigma / \sqrt{n}} = \frac{496.80 - 500}{6 / \sqrt{16}} = -2.13$$

其中，利用收集到的数据计算得到 $\overline{X}=496.80$。

此假设检验为左侧检验，拒绝域临界值为 $-Z_\alpha = -Z_{0.01} = -2.33$。检验统计量的取值大于临界值：$Z=-2.13 > -2.33 = -Z_{0.01}$，因此，不拒绝原假设，认为该啤酒企业生产的这种瓶装啤酒不存在容量不足问题。

P 值利用在 Excel 中录入 NORMSDIST(-2.13) 得到，$P=0.0164 > 0.01 = \alpha$，不拒绝原假设。若根据需要，显著性水平 α 选择其他数据，如 $\alpha=0.05$，可直接利用 P 值做出结论，$P=0.0164 < 0.05 = \alpha$，需要拒绝原假设，认为该啤酒企业生产的这种瓶装啤酒存在容量不足问题。

2. 小样本、正态总体、方差未知——t 检验

在随机抽样为小样本、总体服从正态分布的条件下，方差未知时，需要用总体方差的无偏估计量 S^2 来代替 σ^2。假设总体均值为 μ_0，将 $\overline{X}$ 标准化得到检验统计量为

$$t = \frac{\overline{X} - \mu_0}{S / \sqrt{n}} \sim t(n-1)$$

在显著性水平 α 下，双侧检验的拒绝域临界值为 $\pm t_{\alpha/2}(n-1)$；左侧检验的拒绝域临界值为 $-t_{\alpha/2}(n-1)$；右侧检验的拒绝域临界值为 $t_{\alpha/2}(n-1)$。

【例 7.3】 一保险公司理赔部门调查得到该公司处理一件汽车事故理赔的平均成本为 112 元。在与同行业比较后发现，此成本高于大多数其他保险公司。因此，该公司实施了一系列消减成本的措施。为了评估消减成本措施的效果，理赔部门从措施执行后的汽车理赔案件中抽取了 20 件理赔个案组成一个随机样本，如表 7.4 所示。在显著性水平 0.10 下，检验现在处理一件汽车理赔事故的平均成本是否较之以前降低了。

表 7.4　一保险公司汽车事故理赔成本　　　　　　　　　　（单位：元）

119	113	110	92	115	101	105	103	125	114
108	113	116	121	109	108	111	95	100	115

解　依题意，原假设和备择假设为

$$H_0: \mu \geqslant 112, \quad H_1: \mu < 112$$

已知 $n=20$，总体服从正态分布，$\alpha=0.10$。由于 $n=20 \leqslant 30$ 为小样本，且总体方差未知，需要用样本方差代替。因此，检验统计量为

$$t = \frac{\overline{X} - \mu_0}{S/\sqrt{n}} = \frac{109.15 - 112}{8.54/\sqrt{20}} = -1.49$$

其中，利用收集到的数据计算得 $\overline{X} = 109.15$。

此假设检验为左侧检验，拒绝域临界值为 $-t_a(n-1) - t_{0.10}(19) = -1.33$。检验统计量的取值小于临界值：$t = -1.49 < -1.33 = -t_{0.10}(19)$，因此，拒绝原假设，认为现在处理一件汽车理赔事故的平均成本没有较之以前降低。

P 值利用在 Excel 中录入 TDIST$(1.49, 19, 1)$ 得到，$P = 0.076 < 0.10 = \alpha$，拒绝原假设。这里，需要注意的是，TDIST 函数计算 P 值时录入的不是 -1.49。

利用 SPSS 进行运算时，点击数据视图中的"分析"，选取"比较均值"中的"单样本 T 检验"命令。在弹出的"单样本 T 检验"对话框中，将"理赔成本"选入"检验变量"栏。同时，将总体假设值录入"检验值"中，点击"选项"，录入"置信区间百分比"（1－显著性水平 α）数值。点击"继续"，返回"单样本 T 检验"对话框，点击"确定"。SPSS 总体均值假设检验的运算结果如表 7.5 所示。

表 7.5　SPSS 总体均值假设检验的运算结果

（单个样本检验）

	检验值＝112					
	t	df	Sig.（双侧）	均值差值	差分的 90% 置信区间	
					下限	上限
理赔成本	−1.492	19	0.152	−2.850	−6.15	0.45

Sig.（双侧）的数值为双侧检验中的 P 值。此例为左侧检验，属于单侧检验，因此，$P = 0.152/2 = 0.076$。

差分的 90% 置信区间中的"差分"意指总体均值与假设值之差，若假设值为 0，返回的两个数据恰好就是总体均值在置信水平 90% 下的置信区间的置信下限和上限。

【例 7.4】　一种汽车配件的平均长度要求为 16 cm，高于或低于该标准均被认为是不合格的。汽车生产企业在购进配件时，通常是经过招标，然后对中标的配件供货商提供的样品进行检验，以决定是否购进。现对一个配件供货商提供的 10 个样本进行检验，得到这些配件长度的平均值为 15.89 cm，标准差为 0.49 cm。若该供货商生产的配件长度服从正态分布，在显著性水平 0.05 下，检验该供货商提供的配件是否符合要求。

解　依题意，原假设和备择假设为

$$H_0: \mu = 16, \quad H_1: \mu \neq 16$$

已知 $n=10$，总体服从正态分布，$\overline{X}=15.89$，$S=0.49$。由于 $n=10 \leqslant 30$ 为小样本，且总体方差未知，需要用样本方差代替。因此，检验统计量为

$$t=\frac{\overline{X}-\mu_0}{S/\sqrt{n}}=\frac{15.89-16}{0.49/\sqrt{10}}=-0.71$$

此假设检验为双侧检验，拒绝域临界值为 $\pm t_{\alpha/2}(n-1)=\pm t_{0.05/2}(9)=\pm 2.26$。检验统计量的取值落在两临界值之内，$-t_{0.05/2}(9)=-2.26 \leqslant t=-0.71 \leqslant 2.26=t_{0.05/2}(9)$，因此，不拒绝原假设，认为该供货商提供的配件符合要求。

P 值利用在 Excel 中录入 TDIST(0.71,9,2)得到，$P=0.50>0.05=\alpha$，不拒绝原假设。

7.2.2 双总体均值差的假设检验

设两个总体均值和方差分别为 μ_1、μ_2 和 σ_1^2、σ_2^2，从两个总体中抽取样本以检验两个总体均值之差与假设值间的关系，两个样本的容量、均值和方差分别记为 n_1、n_2、$\overline{X}_1$、$\overline{X}_2$ 和 S_1^2、S_2^2。

对两个总体均值差进行假设检验时，除考虑总体是否服从正态分布、总体方差是否已知、样本是否为大样本等三个因素外，检验统计量的构造还需要考虑从两个总体中随机抽取的样本是否独立。

1. 独立样本：大样本——Z 检验

在两独立样本均为大样本条件下，无论两总体是否服从正态分布、方差是否已知，由中心极限定理、正态分布的线性可加性和数学期望与方差的性质可知

$$\overline{X}_1-\overline{X}_2 \sim N\left(\mu_1-\mu_2, \frac{\sigma_1^2}{n_1}+\frac{\sigma_2^2}{n_2}\right)$$

当两总体均服从正态分布且方差已知时，两样本容量无论是否符合大样本的要求，由正态分布的线性可加性和数学期望与方差的性质可知

$$\overline{X}_1-\overline{X}_2 \sim N\left(\mu_1-\mu_2, \frac{\sigma_1^2}{n_1}+\frac{\sigma_2^2}{n_2}\right)$$

假设两个总体均值之差为 d_0，将 $\overline{X}_1-\overline{X}_2$ 标准化得到检验统计量为

$$Z=\frac{(\overline{X}_1-\overline{X}_2)-d_0}{\sqrt{\dfrac{\sigma_1^2}{n_1}+\dfrac{\sigma_2^2}{n_2}}} \sim N(0,1)$$

在两样本均为大样本的条件下，若两总体方差未知，可以用样本方差 S_1^2 和 S_2^2 代替，此时，两个总体均值差的检验统计量为

$$Z=\frac{(\overline{X}_1-\overline{X}_2)-d_0}{\sqrt{\dfrac{S_1^2}{n_1}+\dfrac{S_2^2}{n_2}}} \sim N(0,1)$$

在显著性水平 α 下，双侧检验的拒绝域临界值为 $\pm Z_{\alpha/2}$；左侧检验的拒绝域临界值为 $-Z_{\alpha/2}$；右侧检验的拒绝域临界值为 $Z_{\alpha/2}$。

【例 7.5】 在一超市购买物品时，顾客有两种付款方式可以选择：一是现金付款，二是银行卡付款。现金付款需要超市工作人员找零，银行卡付款需要顾客现场录入密码，因此，结账都需要一定的等待时间。已知现金付款和银行卡付款的结账时间均服从正态分布，方

差分别为 4.9 和 3.6。超市管理人员想知道现金付款的平均结账时间是否大于银行卡付款的平均结账时间，为此，随机、独立抽取一些顾客，记录了他们的结账时间，如表 7.6 所示。在显著性水平 0.05 下，检验超市管理人员的想法。

表 7.6　超市顾客结账时间　　　　　　　　　　　　　　　（单位：分钟）

现金付款	6.8	9.3	8.7	9.5	7.8	10.3	8.0	8.3	7.2	8.0
银行卡付款	5.2	5.8	6.9	6.6	5.4	6.8	7.4	3.9	—	—

解　设 μ_1、μ_2 分别为现金付款、银行卡付款的平均结账时间，依题意，原假设和备择假设为

$$H_0: \mu_1 - \mu_2 \leqslant 0, \ H_1: \mu_1 - \mu_2 > 0$$

已知两样本为独立样本，$n_1 = 10$，$n_2 = 8$，两总体服从正态分布，$\sigma_1 = 4.9$，$\sigma_2 = 3.6$，$\alpha = 0.05$。虽然 $n_1 = 10 < 30$，$n_2 = 8 < 30$，两样本均为小样本，但两总体服从正态分布且总体方差已知。因此，检验统计量为

$$Z = \frac{(\overline{X}_1 - \overline{X}_2) - d_0}{\sqrt{\dfrac{\sigma_1^2}{n_1} + \dfrac{\sigma_2^2}{n_2}}} = \frac{(8.39 - 6.00) - 0}{\sqrt{\dfrac{4.9}{10} + \dfrac{3.6}{8}}} = 2.47$$

其中，利用收集到的数据计算得到 $\overline{X}_1 = 8.39$，$\overline{X}_2 = 6.00$。

此检验为右侧检验，拒绝域临界值为 $Z_\alpha = Z_{0.05} = 1.64$。检验统计量的取值大于临界值：$Z = 2.47 > 1.64 = Z_{0.05}$，因此，拒绝原假设，认为现金付款的平均结账时间大于银行卡付款的平均结账时间。

P 值利用在 Excel 中录入 $1 - \text{NORMSDIST}(2.47)$ 得到，$P = 0.0068 < 0.05 = \alpha$，拒绝原假设。

利用 Excel 进行运算时，选择"数据"菜单中的"数据分析"命令，接着在弹出的"数据分析"对话框中，选择"z-检验：双样本平均差检验"选项，点击"确定"按钮。在弹出的"z-检验：双样本平均差检验"对话框，"输入"栏的"变量 1 的区域"和"变量 2 的区域"分别选定待整理两个样本数据所在区域，"假设平均差""变量 1 的方差""变量 2 的方差""α"等，根据实际情况录入，选定一个"输出选项"输出结果，如图 7.4 和图 7.5 所示。

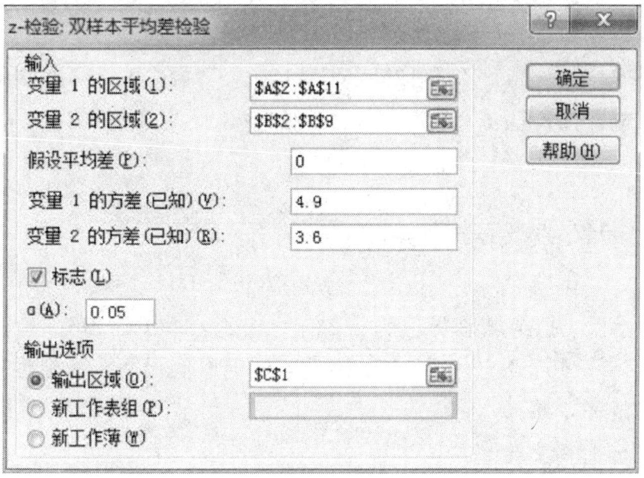

图 7.4　"z-检验：双样本平均差检验"对话框

	A	B	C	D	E
1	现金付款	银行卡付款	z-检验：双样本均值分析		
2	6.8	5.2			
3	9.3	5.8		变量 1	变量 2
4	8.7	6.9	平均	8.39	6
5	9.5	6.6	已知协方差	4.9	3.6
6	7.8	5.4	观测值	10	8
7	10.3	6.8	假设平均差	0	
8	8.0	7.4	z	2.4651	
9	8.3	3.9	P(Z<=z) 单尾	0.0068	
10	7.2		z 单尾临界	1.6449	
11	8.0		P(Z<=z) 双尾	0.0137	
12			z 双尾临界	1.96	

图 7.5 "z-检验：双样本平均差检验"工具分析结果

此例为右侧检验，属于单侧检验，因此，利用输出结果中的单尾数据进行分析。

【例 7.6】 一公司对男女员工的平均小时工资进行了调查，独立抽取了具有同类工作经验的男女员工的两个随机样本，并记录下两个样本的均值、方差等资料(见表 7.7)。在显著性水平为 0.05 的条件下，能否认为男性员工与女性员工的平均小时工资存在显著差异？

表 7.7 一公司男女员工的平均小时工资

	男性员工	女性员工
样本容量	56 名	50 名
样本平均值	125 元	120 元
样本标准差	8 元	6 元

解 设 μ_1、μ_2 分别为男性员工、女性员工的平均小时工资，依题意，原假设和备择假设为

$$H_0: \mu_1 - \mu_2 = 0, H_1: \mu_1 - \mu_2 \neq 0$$

已知两样本为独立样本，

$$n_1 = 56, n_2 = 50, \overline{X}_1 = 125, \overline{X}_2 = 120, S_1 = 8, S_2 = 6, \alpha = 0.05$$

虽然两个总体的分布未知，但 $n_1 = 56 \geq 30$，$n_2 = 50 \geq 30$，两样本均为大样本，因此，检验统计量为

$$Z = \frac{(\overline{X}_1 - \overline{X}_2) - d_0}{\sqrt{\dfrac{S_1^2}{n_1} + \dfrac{S_2^2}{n_2}}} = \frac{(125 - 120) - 0}{\sqrt{\dfrac{8^2}{56} + \dfrac{6^2}{50}}} = 3.66$$

此检验为双侧检验，拒绝域临界值为 $\pm Z_{\alpha/2} = \pm Z_{0.05/2} = \pm 1.96$。检验统计量的取值落在两临界值之外，$Z = 3.66 > 1.96 = Z_{0.05/2}$，因此，拒绝原假设，认为男性员工与女性员工的平均小时工资存在显著差异。

P 值利用在 Excel 中录入：

$$2 * \min(\text{NORMSDIST}(3.66), 1 - \text{NORMSDIST}(3.66))$$

得到，$P = 0.0002 < 0.05 = \alpha$，拒绝原假设。

2. 独立样本：小样本，两正态总体，方差未知——t 检验

在两独立样本均为小样本、两总体均服从正态分布的条件下，两总体方差 σ_1^2、σ_2^2 未知时，两总体均值差的假设检验需要考虑两总体方差是否相等。

1）两总体方差相等

在两总体方差未知且 $\sigma_1^2 = \sigma_2^2$ 的条件下，假设两个总体均值之差为 d_0，将 $\overline{X}_1 - \overline{X}_2$ 标准化得到检验统计量为

$$t = \frac{(\overline{X}_1 - \overline{X}_2) - d_0}{S_\omega \sqrt{\dfrac{1}{n_1} + \dfrac{1}{n_2}}} \sim t(n_1 + n_2 - 2)$$

其中，$S_\omega = \sqrt{\dfrac{(n_1-1)S_1^2 + (n_2-1)S_2^2}{n_1 + n_2 - 2}}$，为两样本数据合并在一起给出的总体标准差的估计量。

在显著性水平 α 下，双侧检验的拒绝域临界值为 $\pm t_{\alpha/2}(n_1 + n_2 - 2)$；左侧检验的拒绝域临界值为 $-t_{\alpha/2}(n_1 + n_2 - 2)$；右侧检验的拒绝域临界值为 $t_{\alpha/2}(n_1 + n_2 - 2)$。

【例 7.7】 结合例 7.5 中的数据，在现金付款和银行卡付款的结账时间均服从正态分布，方差相等但不知其确切取值的条件下，检验现金付款的平均结账时间是否大于银行卡付款的平均结账时间，显著性水平取 0.05。

解 设 μ_1、μ_2 分别为现金付款、银行卡付款的平均结账时间，依题意，原假设和备择假设为

$$H_0: \mu_1 - \mu_2 \leqslant 0,\ H_1: \mu_1 - \mu_2 > 0$$

已知两样本为独立样本，$n_1 = 10$，$n_2 = 8$，两总体服从正态分布，$\alpha = 0.05$。由于 $n_1 = 10 < 30$，$n_2 = 8 < 30$，两样本均为小样本，且 $\sigma_1^2 = \sigma_2^2$ 未知。因此，检验统计量为

$$t = \frac{(\overline{X}_1 - \overline{X}_2) - d_0}{S_\omega \sqrt{\dfrac{1}{n_1} + \dfrac{1}{n_2}}} = \frac{(8.39 - 6.00) - 0}{1.11 \times \sqrt{\dfrac{1}{10} + \dfrac{1}{8}}} = 4.54$$

其中，利用收集到的数据计算得到 $\overline{X}_1 = 8.39$，$\overline{X}_2 = 6.00$，$S_\omega = 1.11$。

此检验为右侧检验，拒绝域临界值为 $t_\alpha(n_1 + n_2 - 2) = t_{0.05}(10 + 8 - 2) = 1.75$。检验统计量的取值大于临界值：$t = 4.54 > 1.75 = t_{0.05}(16)$，因此，拒绝原假设，认为现金付款的平均结账时间大于银行卡付款的平均结账时间。

P 值利用在 Excel 中录入 TDIST(4.54, 16, 1) 得到，$P = 0.0002 < 0.05 = \alpha$，拒绝原假设。

利用 Excel 进行运算时，选择"数据"菜单中的"数据分析"命令，接着在弹出的"数据分析"对话框中，选择"t-检验：双样本等方差假设"选项，点击"确定"按钮。在弹出的"t-检验：双样本等方差假设"对话框中，"输入"栏的"变量 1 的区域"和"变量 2 的区域"分别选定待整理两个样本数据所在区域，"假设平均差""α"等，根据实际情况录入，选定一个"输出选项"输出结果，分析结果如图 7.6 所示。输出结果中的"合并方差"为 S_ω^2。

	A	B	C	D	E
1	现金付款	银行卡付款	t-检验：双样本等方差假设		
2	6.8	5.2			
3	9.3	5.8		变量 1	变量 2
4	8.7	6.9	平均	8.39	6
5	9.5	6.6	方差	1.1566	1.3171
6	7.8	5.4	观测值	10	8
7	10.3	6.8	合并方差	1.2268	
8	8.0	7.4	假设平均差	0	
9	8.3	3.9	df	16	
10	7.2		t Stat	4.549	
11	8.0		P(T<=t) 单尾	0.0002	
12			t 单尾临界	1.7459	
13			P(T<=t) 双尾	0.0003	
14			t 双尾临界	2.1199	

图 7.6 "t-检验：双样本等方差假设"工具分析结果

2）两总体方差不相等

在两总体方差未知且 $\sigma_1^2 \neq \sigma_2^2$ 的条件下，假设两个总体均值之差为 d_0，将 $\overline{X}_1 - \overline{X}_2$ 标准化得到检验统计量为

$$t = \frac{(\overline{X}_1 - \overline{X}_2) - d_0}{\sqrt{\dfrac{S_1^2}{n_1} + \dfrac{S_1^2}{n_2}}} \sim t(\upsilon)$$

其中，$\upsilon = \dfrac{(S_1^2/n_1 + S_2^2/n_2)^2}{\dfrac{(S_1^2/n_1)^2}{n_1 - 1} + \dfrac{(S_2^2/n_2)^2}{n_2 - 1}}$，为 t 分布的自由度。

在显著性水平 α 下，双侧检验的拒绝域临界值为 $\pm t_{\alpha/2}(\upsilon)$；左侧检验的拒绝域临界值为 $-t_{\alpha/2}(\upsilon)$；右侧检验的拒绝域临界值为 $t_{\alpha/2}(\upsilon)$。

【例 7.8】 结合例 7.5 中的数据，在现金付款和银行卡付款的结账时间均服从正态分布，方差不相等且不知二者确切取值的条件下，检验现金付款的平均结账时间是否大于银行卡付款的平均结账时间，显著性水平取 0.05。

解 设 μ_1、μ_2 分别为现金付款、银行卡付款的平均结账时间，依题意，原假设和备择假设为

$$H_0: \mu_1 - \mu_2 \leqslant 0, \ H_1: \mu_1 - \mu_2 > 0$$

已知两样本为独立样本，$n_1 = 10$，$n_2 = 8$，两总体服从正态分布，$\alpha = 0.05$。由于 $n_1 = 10 < 30$，$n_2 = 8 < 30$，两样本均为小样本，且 $\sigma_1^2 \neq \sigma_2^2$ 未知。因此，检验统计量为

$$t = \frac{(\overline{X}_1 - \overline{X}_2) - d_0}{\sqrt{\dfrac{S_1^2}{n_1} + \dfrac{S_1^2}{n_2}}} = \frac{(8.39 - 6.00) - 0}{\sqrt{\dfrac{1.16}{10} + \dfrac{1.32}{8}}} = 4.51$$

其中，t 分布自由度 $\upsilon = 14.66 \approx 15$，利用收集到的数据计算得到 $\overline{X}_1 = 8.39$，$\overline{X}_2 = 6.00$，$S_1^2 = 1.16$，$S_2^2 = 1.32$。

此检验为右侧检验，拒绝域临界值为 $t_\alpha(\upsilon) = t_{0.05}(15) = 1.75$。检验统计量的取值大于

临界值：$t=4.51>1.75=t_{0.05}(15)$，因此，拒绝原假设，认为现金付款的平均结账时间大于银行卡付款的平均结账时间。

P 值利用在 Excel 中录入 TDIST(4.51，15，1)得到，$P=0.0002<0.05=\alpha$，拒绝原假设。

利用 Excel 进行运算时，选择"数据"菜单中的"数据分析"命令，接着在弹出的"数据分析"对话框中，选择"t-检验：双样本异方差假设"选项，点击"确定"按钮。在弹出的"t-检验：双样本异方差假设"对话框中，"输入"栏的"变量 1 的区域"和"变量 2 的区域"分别选定待整理两个样本数据所在区域，"假设平均差""α"等，根据实际情况录入，选定一个"输出选项"输出结果，分析结果如图 7.7 所示。输出结果中的"df"为 υ。

	A	B	C	D	E
1	现金付款	银行卡付款	t-检验：双样本异方差假设		
2	6.8	5.2			
3	9.3	5.8		变量 1	变量 2
4	8.7	6.9	平均	8.39	6
5	9.5	6.6	方差	1.1566	1.317143
6	7.8	5.4	观测值	10	8
7	10.3	6.8	假设平均差	0	
8	8.0	7.4	df	15	
9	8.3	3.9	t Stat	4.5143	
10	7.2		P(T<=t) 单尾	0.0002	
11	8.0		t 单尾临界	1.7531	
12			P(T<=t) 双尾	0.0004	
13			t 双尾临界	2.1314	

图 7.7 "t-检验：双样本异方差假设"工具分析结果

3. 配对样本：大样本——Z 检验

在配对样本条件下，如果配对样本对应数据差值 d 的个数 $n_d \geq 30$，为大样本，则两个总体各观察值的配对差 d 服从正态分布，由中心极限定理可知，其均值 $\overline{d}$ 亦服从正态分布；当配对差服从正态分布且方差已知时，配对差容量无论是否符合大样本的要求，由正态分布的线性可加性可知 $\overline{d}$ 服从正态分布。假设两个总体均值之差为 d_0，将 $\overline{d}$ 标准化，有

$$Z = \frac{\overline{d} - d_0}{\sigma_d / \sqrt{n_d}} \sim N(0，1)$$

其中，σ_d 为各差值的标准差。当总体的 σ_d 未知时，用样本差值的标准差 S_d 代替。

在显著性水平 α 下，双侧检验的拒绝域临界值为 $\pm Z_{\alpha/2}$；左侧检验的拒绝域临界值为 $-Z_{\alpha/2}$；右侧检验的拒绝域临界值为 $Z_{\alpha/2}$。

4. 配对样本：小样本，配对差服从正态分布，方差未知——t 检验

在配对样本条件下，如果配对样本对应数据差值 d 的个数 $n_d < 30$，为小样本，如果两个总体各观察值的配对差 d 服从正态分布，其均值 $\overline{d}$ 亦服从正态分布。在 σ_d 未知，需要用 S_d 代替的条件下，假设两个总体均值之差为 d_0，将 $\overline{d}$ 标准化，有

$$t = \frac{\overline{d} - d_0}{S_d / \sqrt{n_d}} \sim t(n_d - 1)$$

在显著性水平 α 下，双侧检验的拒绝域临界值为 $\pm t_{\alpha/2}(n_d-1)$；左侧检验的拒绝域临界值为 $-t_\alpha(n_d-1)$；右侧检验的拒绝域临界值为 $t_\alpha(n_d-1)$。

【例 7.9】 结合例 6.11 中的数据，在显著性水平 0.05 下，检验是否有理由认为该保健公司开发的此款减肥产品有显著的减肥效果？

解 依题意，原假设和备择假设为

$$H_0: \overline{d} \leqslant 0, \ H_1: \overline{d} > 0$$

已知 $n_d=18$，数据来自配对样本，配对差服从正态分布。由于 $n_d=18<30$，为小样本，σ_d 未知，需要用 S_d 代替，因此，检验统计量为

$$t = \frac{\overline{d}-d_0}{S_d/\sqrt{n_d}} = \frac{16.28-0}{7.12/\sqrt{18}} = 9.70$$

其中，利用收集到的数据计算得到 $\overline{d}=16.28$，$S_d=7.12$。

此检验为右侧检验，拒绝域临界值为

$$t_\alpha(n_d-1) = t_{0.05}(18-1) = 1.74$$

检验统计量的取值大于临界值：

$$t = 9.70 > 1.74 = t_{0.05}(17)$$

因此，拒绝原假设，认为该保健公司开发的此款减肥产品有显著的减肥效果。

P 值利用在 Excel 中录入 TDIST(9.70, 17, 1)得到，$P=10^{-8}<0.05=\alpha$，拒绝原假设。

利用 Excel 进行运算时，选择"数据"菜单中的"数据分析"命令，接着在弹出的"数据分析"对话框中，选择"t-检验：成对双样本均值分析"选项，点击"确定"按钮。在弹出的"t-检验：成对双样本均值分析"对话框中，"输入"栏的"变量 1 的区域"和"变量 2 的区域"分别选定待整理两个样本数据所在区域，"假设平均差""α"等，根据实际情况录入，选定一个"输出选项"输出结果，分析结果如图 7.8 所示。

	A	B	C	D	E
1	**使用前**	**使用后**	t-检验：成对双样本均值分析		
2	92	69			
3	96	75		变量 1	变量 2
4	85	73	平均	88.17	71.89
5	81	70	方差	32.03	17.05
6	90	63	观测值	18	18
7	97	71	泊松相关系数	-0.03	
8	82	79	假设平均差	0	
9	91	73	df	17	
10	83	73	t Stat	9.701	
11	87	65	P(T<=t) 单尾	1E-08	
12	98	71	t 单尾临界	1.74	
13	88	72	P(T<=t) 双尾	2E-08	
14	82	75	t 双尾临界	2.11	

图 7.8 "t-检验：成对双样本均值分析"工具分析结果

利用 SPSS 进行运算时，点击数据视图中的"分析"，选取"比较均值"中的"配对样本 T 检验"命令。在弹出的"配对样本 T 检验"对话框中，将"使用前体重""使用后体重"选入"成对变量"栏。点击"选项"，录入"置信区间百分比"（1-显著性水平 α）数值。点击"继续"，返回"单样本 T 检验"对话框，点击"确定"。运算结果如表 7.8 所示。

表 7.8　SPSS 配对总体均值差假设检验的运算结果

（成对样本检验）

| | 成 对 差 分 | | | | | t | df | Sig.（双侧） |
| | 均值 | 标准差 | 均值的标准误差 | 差分的 95% 置信区间 | | | | |
				下限	上限			
对 使用前- 1 使用后	16.278	7.119	1.678	12.737	19.818	9.701	17	.000

此例 SPSS 运算的结果与例 6.11 中志愿者减掉的平均体重在置信水平 95% 下的置信区间相对比，可知 SPSS 中假设检验的工具亦可用于计算置信区间。

7.3　总体方差假设检验

总体方差是研究商务活动的均衡性、产品质量的稳定性等最常用的测度值，也是假设检验的重要内容之一。

7.3.1　单总体方差的假设检验——χ^2 检验

设总体服从正态分布，均值和方差分别为 μ 和 σ^2，从总体中抽取样本以推断总体方差与假设值间的关系，样本容量和方差分别记为 n 和 S^2。假设总体方差为 σ_0^2，检验统计量为

$$\chi^2 = \frac{(n-1)S^2}{\sigma_0^2} \sim \chi^2(n-1)$$

在显著性水平 α 下，双侧检验的拒绝域临界值为 $\chi_{1-\alpha/2}^2(n-1)$、$\chi_{\alpha/2}^2(n-1)$；左侧检验的拒绝域临界值为 $\chi^2 < \chi_{1-\alpha}^2(n-1)$；右侧检验的拒绝域临界值为 $\chi^2 > \chi_\alpha^2(n-1)$。

【例 7.10】 一食品生产商承诺，他们企业生产的钟楼奶糕保质期服从均值为 180 天、方差为 100 天² 的正态分布。为检查这位生产商的说法是否可靠，食品质检部门随机抽取了 12 支刚生产出的雪糕进行检查，测得的标准差为 13 天。在显著性水平 0.05 下，检验该企业生产的钟楼奶糕保质期的差异是否如承诺的一样。

解　依题意，原假设和备择假设为

$$H_0: \sigma^2 = 100, H_1: \sigma^2 \neq 100$$

已知钟楼奶糕保质期 $X \sim N(180, 10^2)$，因此，检验统计量为

$$\chi^2 = \frac{(n-1)S^2}{\sigma_0^2} = \frac{(12-1) \times 13^2}{100} = 18.59$$

此检验为双侧检验，拒绝域临界值：

$$\chi_{1-\alpha/2}^2(n-1) = \chi_{1-0.05/2}^2(12-1) = 3.82$$

$$\chi_{\alpha/2}^2(n-1) = \chi_{0.05/2}^2(12-1) = 21.92$$

检验统计量的取值落在两临界值之内：

$$\chi_{1-0.05/2}^2(11) = 3.82 \leqslant \chi^2 = 18.59 \leqslant 21.93 = \chi_{0.05/2}^2(11)$$

不拒绝原假设，认为该企业生产的钟楼奶糕保质期的差异如承诺的一样。

P 值利用在 Excel 中录入 2 * MIN（CHIDIST（18.59，11），1−CHIDIST（18.59，11））

得到，$P=0.1377>0.05=\alpha$，不拒绝原假设。

7.3.2 双总体方差比的假设检验——F 检验

设两个总体均服从正态分布，均值和方差分别为 μ_1、μ_2 和 σ_1^2、σ_2^2，从两个总体中抽取样本以检验两个总体方差之间的大小关系，两个样本的容量、方差分别记为 n_1、n_2 和 S_1^2、S_2^2。假设两个总体方差之比为 1，检验统计量为

$$F=\frac{S_1^2}{S_2^2}\sim F(n_1-1,n_2-1)$$

在显著性水平 α 下，双侧检验的拒绝域临界值为 $F_{1-\alpha/2}(n_1-1,n_2-1)$、$F_{\alpha/2}(n_1-1,n_2-1)$；左侧检验的拒绝域临界值为 $F_{1-\alpha}(n_1-1,n_2-1)$；右侧检验的拒绝域临界值为 $F_{\alpha}(n_1-1,n_2-1)$。

【例 7.11】 一所高校正在考虑修订下一年新老校区间的通勤车服务合同，初步确定快乐行和天下行两家汽车出租公司。以行使时间方差作为衡量两家公司服务质量的重要标准。如果两家公司的时间方差相等，就选择出价较低的那家公司。为了找到决策的事实依据，该学校对这两家汽车出租公司新老校区间的行使时间进行了调查，调查结果如表 7.9 所示。在行驶时间服从正态分布和显著性水平 0.05 的条件下，检验这两家汽车出租公司的行使时间差异是否相等。

表 7.9　汽车新老校区间的行使时间　　　　　　　（单位：分钟）

快乐行	35	33	32	40	40	32	32	38	33	33
	26	42	26	28	35	29	31	18	41	26
天下行	28	26	28	38	24	25	26	19	29	30
	22	31	34	33	23	—	—	—	—	—

解　设 σ_1^2、σ_2^2 分别为快乐行、天下行汽车在新老校区间行使时间的方差，依题意，原假设和备择假设为

$$H_0:\frac{\sigma_1^2}{\sigma_2^2}=1,\ H_1:\frac{\sigma_1^2}{\sigma_2^2}\neq 1$$

由于快乐行、天下行汽车在新老校区间行使时间服从正态分布，因此，检验统计量为

$$F=\frac{S_1^2}{S_2^2}=\frac{36.37}{24.92}=1.46$$

此检验为双侧检验，拒绝域临界值：

$$F_{1-\alpha/2}(n_1-1,n_2-1)=F_{1-0.05/2}(20-1,15-1)=0.38$$
$$F_{\alpha/2}(n_1-1,n_2-1)=F_{0.05/2}(20-1,15-1)=2.86$$

检验统计量的取值落在两临界值之内，

$$F_{1-0.05/2}(19,14)=0.38\leqslant F=1.46\leqslant 2.86=F_{0.05/2}(19,14)$$

不拒绝原假设，认为这两家汽车出租公司的行使时间差异相等。

P 值利用在 Excel 中录入 $2*\mathrm{MIN}(\mathrm{FDIST}(1.46,19,14),1-\mathrm{FDIST}(1.46,19,14))$ 得到，$P=0.4754>0.05=\alpha$，不拒绝原假设。

利用 Excel 进行运算时，选择"数据"菜单中的"数据分析"命令，接着在弹出的"数据分析"对话框中，选择"F-检验 双样本方差分析"选项，点击"确定"按钮。在弹出的"F-检验

双样本方差分析"对话框中，"输入"栏的"变量 1 的区域"和"变量 2 的区域"分别选定待整理两个样本数据所在区域，"α"根据实际情况录入，选定一个"输出选项"输出结果，分析结果如图 7.9 所示。

	A	B	C	D	E
1	**快乐行**	**天下行**	F-检验 双样本方差分析		
2	35	28			
3	33	26		变量 1	变量 2
4	32	28	平均	32.5	27.73333
5	40	38	方差	36.368	24.92381
6	40	24	观测值	20	15
7	32	25	df	19	14
8	32	26	F	1.4592	
9	38	19	P(F<=f) 单尾	0.238	
10	33	29	F 单尾临界	2.8607	

图 7.9　"F-检验 双样本方差分析"工具分析结果

需要注意的是，录入的"α"的数值为 0.025(或 0.975)，因为本例为双侧检验。

本 章 小 结

参数估计和假设检验是数据推理的两大核心内容。参数估计是利用样本统计量直接推断待估总体参数的，而假设检验则是根据样本统计量来检验对总体参数的先验假设是否成立的。参数估计中的区间估计与假设检验关系密切。区间估计是以大概率为标准，推断出总体参数的取值范围；而假设检验是以小概率为标准，对总体参数所作出的假设进行判断的。相同条件下的数据推理问题中，置信区间和拒绝域合并得到的就是一个覆盖全部实数取值的实数轴。

假设检验是基于小概率原理运用反证法进行判断的。首先承认待检验的假设是成立的，然后观察在此假设成立的前提下样本的出现是否合理，如果不合理，即样本所代表的事实与假设前提得出的结论发生了矛盾，则可推翻作为推理前提的假设。其中，判断合理与否所依据的是小概率原理：小概率事件在一次试验中几乎是不可能发生的。

总体均值假设检验时，检验统计量在原假设成立条件下和总体均值点估计抽样分布的基础上构建，采用标准化的思路得到，为 Z 检验、t 检验。具体检验统计量的形式取决于总体是否服从正态分布、总体方差是否已知、样本是否为大样本等因素。在双总体均值差的区间估计中，还需要考虑从两个总体中随机抽取的样本是否独立。

总体方差假设检验时，采用的是 χ^2 检验、F 检验。单总体方差假设检验借助的是 χ^2 检验，双总体方差假设检验借助的是 F 检验。这两种检验都需要总体服从正态分布。

假设检验中，利用临界值和 P 值都可以进行判断并且是等价的。利用临界值判断时，就是将样本计算的检验统计量取值与拒绝域的临界值相比较来决策。当检验统计量取值落在拒绝域内时，就拒绝原假设，反之则不拒绝原假设。利用 P 值判断时，P 值小于 α，就拒绝原假设，否则就不拒绝原假设。此时，显著性水平 α 并不必事先确定，不同决策者可以根据实际情况和自己对风险的偏好态度灵活地利用 P 值来做出决策。

假设检验做出的结论：拒绝还是不拒绝原假设。需要留意的是，当不拒绝原假设时，不能说"接受"原假设。

思 考 练 习

7.1　阐述假设检验基本原理。

7.2　阐述假设检验的一般步骤。

7.3　阐述总体均值、方差假设检验时影响检验统计量构建的主要因素。

7.4　为检测空气质量，一城市环保部门每隔几周对空气质量进行一次随机测试。已知该城市过去一年每立方米空气中悬浮颗粒的平均值为 82 毫克，利用今年随机检测的每立方米空气中悬浮颗粒的数值（见表 7.10），在显著性水平 0.05 下，检验能否认为今年该城市空气中悬浮颗粒的平均值低于去年的平均值。

表 7.10　今年随机检测的每立方米空气中悬浮颗粒的数值　（单位：毫克）

77.0	70.9	72.5	71.7	75.6	81.6	83.0	77.3	58.3	78.6	87.0	71.6
78.8	76.1	72.4	61.7	83.0	96.6	88.5	85.8	73.2	75.0	86.6	85.5
83.0	68.7	73.2	82.5	80.0	68.6	92.2	66.6	86.9	79.0	74.9	94.9

7.5　一家汽车制造公司对其生产的一款型号汽车的变速器、消声器和制动器实行行使 15 000 千米内免费保修。现在一市场咨询机构通过市场分析后建议该汽车制造公司可将这些部件的保修千米数提高到 25 000 千米，认为这样可以提高其在市场上的竞争能力，而且还不会对公司增加多少费用，因为这些部件在这段期间内是很少需要维修服务的，咨询机构认为在维修累积费用超过 500 元之前，汽车行驶的千米数可超过 25 000 千米。该汽车制造公司考虑采纳这个建议，但需要先进行一次检验。该公司从其众多的用户中，随机抽查了 16 名，获得了这些用户自购车之日直至维修车辆这些部件的累积费用超过 500 元期间汽车行驶的里程数（见表 7.11）。已知行驶里程服从正态分布，在显著性水平 0.05 下，判断是否采纳咨询机构的意见。

表 7.11　车辆维修前行驶的里程数　（单位：千米）

31 816	29 645	35 482	21 517	21 102	23 599	25 181	31 350
15 605	27 869	26 949	24 694	25 895	30 289	32 040	23 295

7.6　一运动服装品牌营销策划部门想知道，七折的优惠是否足够增加其产品的销售量。为此，营销策划部门随机选出 10 家专卖店降价销售其产品，另外，随机选出 8 家专卖店按原价销售其产品，产品的销售量如表 7.12 所示。销售量服从正态分布，在显著性水平 0.01 下，检验七折优惠是否促进了销售量的增加。假定条件为

（1）两种价格的销售量方差未知且相等；

（2）两种价格的销售量方差未知且不相等。

表 7.12　专卖店产品的销售量　（单位：件）

打折	128	133	152	135	115	106	112	120	138	147
原价	121	88	115	125	96	150	137	119	—	—

7.7　一皮鞋制造企业为了比较两种材料制作的鞋跟的质量优劣，随机选择了 10 人，

让他们每人试穿一双鞋跟厚度相同的新皮鞋，其中一只鞋跟用材料Ⅰ制作，另一只鞋跟用材料Ⅱ制作，试穿一个月后，测量每人所穿的两只鞋的鞋跟厚度（见表 7.13）。如果鞋跟厚度服从正态分布，在显著性水平 0.05 下，检验两种材料制作的鞋跟质量有无显著差异。

表 7.13   两种材料制作的鞋跟试穿一个月后的鞋跟厚度   （单位：cm）

材料Ⅰ	2.2	1.7	1.5	1.8	1.5	2.1	2.0	1.1	2.7	1.9
材料Ⅱ	1.7	1.5	1.4	1.5	1.1	2.3	1.8	1.3	2.5	1.3

7.8   对于一设备上的许多同种易损件，通过成本分析计算出如果其使用寿命的标准差在 6 天以内，定期一次全部更换较为经济，否则还是随坏随换较为经济。对这些易损件进行抽样调查，样本容量为 80，测得使用寿命标准差为 5.2 天。在显著性水平 0.01 下，检验一次全部更换这些易损件是否经济。

7.9   一企业购进两台同型号的机床甲和乙用于生产零件，观察了它们连续 10 天的零件产量。已知每台机床每天生产的零件产量服从正态分布，在显著性水平 0.05 下，检验这两台机床日产量（见表 7.14）的总体方差是否相同。

表 7.14   两种机床连续生产 10 天的日产量   （单位：件）

机床甲	120	117	118	126	120	121	222	120	121	125
机床乙	122	123	119	117	118	120	123	119	120	123

7.10   使用 Excel 中的 TTEST 函数检验例 7.7～7.9 中的问题，掌握 TTEST 函数的功能和语法结构。

7.11   使用 SPSS 中的"独立样本 t 检验"工具检验例 7.7、例 7.8 中的问题。

7.12   使用 Excel 中的 FTEST 函数检验例 7.11 中的问题，掌握 FTEST 函数的功能和语法结构。

第八章 多总体均值比较模型：方差分析

【引例】耐克公司的高尔夫球广告

耐克公司在投放的一则高尔夫球广告中说，他们发明了一种可以击出距离更远的高尔夫球。为了令人信服，耐克公司不仅提供了一些诸如高弹内核、外层为高性能树脂材料和具有良好的离心作用等特征来解释为什么球可以击出更远，而且请消费者检测机构进行了实验以确定该球是否击得更远。

实验共评估了 10 种不同品牌的球。50 名高尔夫球手每人每个品牌的高尔夫球击出 3 次，测得每种品牌的高尔夫球击出的平均距离（单位：码，1 码＝0.91 米）。据此，耐克公司的高尔夫球广告总结道："如你所见，尽管我们不能保证你能打到离球座 250 码，但是我们可以使你更有竞争力，哪怕只有一两码的优势。"

表 8.1　不同品牌的高尔夫球击出的平均距离　（单位：码）

耐克	泰特里斯	泰勒梅	卡拉夫	基克休	斯瑞克松	美津浓	克里夫兰	马基高	洪马
253.57	252.50	249.25	249.16	248.62	248.51	248.36	248.23	248.18	248.10

在理解了数据推理的方法之后，你对这则广告有何反应？首先，我想你应该表扬耐克公司进行了此项评估研究，用自己的产品和竞争对手的产品在一个非常重要的数据上进行了比较。其次，公正地进行了本次研究。最后，公布了结果，并且告诉了消费者不同品牌高尔夫球击出的距离差异。

但这样仍然是不够的，该广告的主要问题是，没有告之该结果是否存在显著性差异。没有这一点，对差异的最合理解释可能是偶然性、随机性。如果偶然性、随机性是正确的解释，使用耐克公司的高尔夫球不会使你具有一两码的优势。在做出正式声明前，公司需要报告距离差异是否具有显著性。没有这样的评估，我们可以假设，测验出的数据不能提供足够的证据说明击球距离差异是显著的。这种情况下，偶然性、随机性仍是一个合理的解释。

如何评估击球距离差异是否显著呢？可采用数据推理中的假设检验方法。每个品牌高尔夫球的 150 个击出距离数据可以看作该品牌高尔夫球击出距离的一个随机观察样本，采用双总体均值差的假设检验方法进行两两比较，需要做 $C_{10}^2 = \dfrac{10 \times 9}{2 \times 1} = 45$ 次。这样做不仅繁琐，而且每次检验犯第一类错误的概率都是 α，做多次检验会使犯第一类错误的概率相应增加，检验完成时，犯第一类错误的概率会远远大于 α。例如，α 取 0.05，45 次检验，犯第

一类错误的概率为 $1-(1-\alpha)^{45}=1-(1-0.05)^{45}=0.9006$。犯错误本来是一个小概率事件，现在成了大概率事件了。同时，随着检验次数的增加，偶然性、随机性导致差别的可能性也会增加。

如何解决这样的问题呢？方差分析方法应该是一个不错的选择。该方法可以一次检验多个总体的均值是否相同，既提高效率，又不增加犯错误的概率。

【学习目标】

- 熟悉方差分析的思路
- 掌握方差分析中检验统计量的构建
- 熟悉单因素方差分析问题的描述与检验步骤
- 掌握单因素方差分析表中各数据间的关系
- 熟悉无(有)交互作用双因素方差分析问题的描述与检验步骤
- 掌握无(有)交互作用双因素方差分析表中各数据间的关系

8.1　方 差 分 析 原 理

在商务活动中，人们经常要分析哪些因素对产品的产量、质量、销售量以及经济增长率、通货膨胀等有显著影响，对所研究问题有显著影响的因素，则还需要进一步分析它们处于什么状态下可以获得最佳的效果，从而为实现对生产经营、科学管理和宏观经济运行等方面的有效控制提供科学依据。例如，在市场环境不变的条件下影响产品销售量的有技术含量、质量、性能、品牌、价格、广告宣传、销售策略、售后服务等多种因素；宏观经济方面，影响内需的因素有居民的可支配收入、国家的货币政策、财政和税收政策、就业水平、社会保障水平、收入的分配情况、人们对未来的收入预期和支出预期，以及固定资产投资水平等。为了达到最佳的生产经营和社会经济效果，就需要在各种因素的不同状态下进行调查、观察或实验，通过获取的数据分析它们之间的内在联系。

方差分析(analysis of variance，简称 ANOVA)就是分析、推断各种因素状态对所关心变量影响的统计分析方法，主要目的是通过对方差的比较来检验多个总体均值之间差异的显著性。该方法是英国统计学家罗纳德·艾尔默·希尔(Ronald Aylmer Fisher)于 20 世纪 20 年代首先提出的。

"方差分析"一词可能会让人误解，以为这种方法是用来对方差进行比较的，其实不然。这一比较总体均值的方法之所以被称为方差分析，是因为在这种方法中为了检测总体均值差异的显著性借助了方差进行比较和分析。

8.1.1　方差分析概念

在方差分析中，人们所关心的变量称为因变量或响应变量(dependent variable)。因变量的取值变化受两类因素的影响：一类是需要考察的、可以人为控制的条件，称为控制因素或因子(factor)，是待检验的对象；另一类是人为很难控制的条件，主要指调查、观察或实验中存在的偶然性、随机性因素，称为随机因素。一般情况下，单独说到因素或因子都是指控制因素。

作为待检验对象的因素，通常记为 A、B 等大写英语字母。因子所处的不同状态称为水平(level)或处理(treatment)，通常记为 $A_i(i=1, 2, \cdots, k)$、$B_j(j=1, 2, \cdots, r)$。

如果在方差分析中只涉及一个因素，称为单因素方差分析；若涉及两个因素，称为双因素方差分析；若涉及两个以上因素，则为多因素方差分析。

【例 8.1】 一家奶制品公司为了研究不同的促销手段对产品销售额的影响，选择了一种袋装利乐枕纯牛奶在 5 种不同促销方式下进行销售，每种促销方式分别获得了 12 个月的销售额，如表 8.2 所示。该公司想了解的是，这种袋装奶在不同的促销方式下是否对销售额有显著影响？

表 8.2　袋装利乐枕纯牛奶不同促销方式下的月销售额　　（单位：万元）

普通销售	广告宣传	有奖销售	特价销售	买一送一
13.2	13.1	14.5	21.6	17.2
11.9	13.8	14.6	20.8	17.5
13.5	14.7	15.8	19.5	18.2
13.3	13.9	13.2	19.3	18.9
15.6	12.3	15.6	18.5	17.1
12.7	13.6	16.5	17.9	16.5
15.8	12.5	17.2	21.5	19.6
12.5	12.1	13.4	19.6	16.2
15.4	16.8	13.1	21.8	16.8
13.5	16.1	15.1	20.1	17.3
11.8	12.3	15.3	20.4	16.9
13.2	12.2	13.8	18.9	17.0

本例中，奶制品公司所关心的变量是月销售额。促销方式为因素，5 种不同的促销方式就是这个因素的 5 个水平。这是一个单因素方差分析问题。分析的目的是为了考察不同促销方式下的月销售额有无显著差异，即考察促销方式这一因素对月销售额有无显著的影响。如果不同促销方式下的月销售额有显著差异，就表明促销方式这一因素对月销售额的影响是显著的。

【例 8.2】 企业订单的多少直接反映了企业生产的产品畅销程度，因此企业订单数目的增减是企业经营者所关心的。一家企业经营者为了研究产品的销售地区及外观设计对月订单数目的影响，记录了一月中不同外观设计的一种产品在不同地区的订单数据，如表 8.3 所示。以此为基础，检验这种产品的销售地区与外观设计是否对订单的数量有所影响？

表 8.3 不同外观设计的产品在不同地区的订单数 （单位：张）

外观设计 销售地区	设计方案 I	设计方案 II	设计方案 III
北京	700	516	720
上海	597	450	567
深圳	697	357	515
西安	543	552	560
成都	600	302	420
兰州	618	389	502

本例中，经营者所关心的变量是订单数。销售地区和外观设计是因素，它们分别有 6 个、3 个水平。这是一个双因素方差分析问题。

当方差分析的影响因素不唯一时，这些因素间是否独立、是否存在相互影响，是有必要注意的问题。如果因素之间存在相互作用，称为有交互影响或有交互作用；如果因素之间是独立的，称为无交互影响或无交互作用。交互影响、交互作用可以看做是对人们所关心变量产生影响的一个新因素，分析过程中，根据情况判断是否有必要将其单独分离出来考察。

本例中，没有将销售地区和外观设计这两个因素的交互作用单独分离出来，即认为它们二者对订单数的影响是相互独立的，因而，更准确地说，这是一个无交互作用双因素方差分析问题。分析的目的在于考察销售地区和外观设计这两个因素的各个水平下订单数有无显著差异，即考察销售地区和外观设计这两个因素对订单数是否有显著影响。

【例 8.3】 西安市房地产开发商想要了解本市商品房各类户型及户型在各城区的销售情况，收集了房屋在今年前两个月的销售量数据，如表 8.4 所示。试分析城区、户型以及城区和户型的交互作用对房屋销售量的影响是否显著。

表 8.4 不同户型在不同城区的销售量 （单位：套）

户型 城区	四室两厅	三室两厅	两室两厅	其他户型
新城区	652	521	67	486
	711	548	59	668
碑林区	481	521	50	691
	509	425	55	348
莲湖区	397	561	28	147
	314	570	24	184
雁塔区	157	138	8	96
	164	194	5	57
其他城区	217	449	5	147
	145	492	8	408

本例中，开发商所关心的变量是销售量。城区和户型分别有 5 个、4 个水平，这里需要考察二者之间的相互作用，是一个有交互作用双因素方差问题。分析的目的在于考察城区、户型和城区与户型的交互作用的各个水平下对销售量有无显著的差异，即考察城区、户型和城区与户型的交互作用对销售量是否有显著影响。

从例 8.1～例 8.3 中还可以看到，人们所关心的变量都是数值型变量，如销售额、订单数、销售量等；所要考察的变量都是品质型变量，如促销方式、销售地区与外观设计、城区与户型等。本质上，方差分析是研究品质型变量如何影响数值型变量的。

8.1.2　方差分析思路

方差分析问题中，如果控制因素的不同水平对人们所关心的变量产生了显著影响，那么，它和随机因素的共同作用必然使得因变量取值有显著差异；反之，如果控制因素的不同水平没有对因变量产生显著影响，那么，因变量取值的差异就不会明显地表现出来，其变动可以归结为由随机因素的影响造成。换言之，如果因变量取值在一个控制因素的各个水平下出现了明显差异，则认为该控制因素是影响因变量取值的主要因素，该控制因素对因变量的影响是显著的；反之，如果因变量取值在一个控制因素的各个水平下没有出现明显差异，则认为该控制因素没有对因变量取值产生重要影响，该控制因素对因变量的影响是不显著的。

因变量取值的差异称为总误差，用总离差平方和衡量。控制因素同一水平下因变量取值的差异称为随机误差，是由抽样的偶然性、随机性造成的，用组内离差平方和来衡量。控制因素不同水平下因变量取值的差异用组间离差平方和衡量，这种差异可能是抽样的偶然性、随机性造成的，也可能是控制因素造成的，后者所造成的因变量取值差异称为系统误差。

组内离差平方和只包含随机误差，组间离差平方和既包含随机误差，也包含系统误差。如果控制因素对因变量没有显著影响，那么在组间离差平方和中只包含随机误差，而没有系统误差。这时，组间离差平方和与组内离差平方和分别除以各自的自由度平均后的数值就会很接近，它们的比值就会接近 1；反之，如果控制因素对因变量有显著影响，在组间离差平方和中除了随机误差外，还有系统误差，这时，组间离差平方和与组内离差平方和分别除以各自的自由度平均后的数值就会大于 1。当这个比值达到一定程度时，就可以说控制因素不同水平下因变量取值存在明显差异，也就是控制因素对因变量有显著影响。

简而言之，方差分析就是将因变量取值的总误差，依可能引起差异的来源分成不同部分，即总误差的每一部分都可归因于一定的原因，通过比较这些不同来源的差异之间是否显著，来判断控制因素对因变量取值的影响是否显著。

8.1.3　方差分析假设

因变量取值在控制因素的各个水平下有没有出现明显差异？控制因素对因变量的影响是否显著？判断的原则是：如果控制因素各个水平下的因变量总体的分布出现了显著差异，则认为因变量取值存在明显的差异，意味着控制因素的不同水平对因变量取值产生了显著影响；反之，如果控制因素各个水平下的因变量总体的分布没有显著差异，则认为因变量取值不存在明显的差异，意味着控制因素的不同水平对因变量取值没有产生显著影响。方差分析正是通过推断控制因素各水平下因变量的总体分布是否有显著差异来实现其分析目标的。

当应用方差分析方法时，对因变量各个总体分布有一定的假设条件：

假设一：正态性。控制因素各个水平下的因变量总体都服从正态分布。

假设二：同方差。因变量各个总体的方差必须相同。

假设三：独立性。因变量的每个取值都是独立抽样得来的。

在这三个假设中，方差分析对独立性的要求比较严格，若该假设得不到满足，方差分析的结果往往会受到较大影响。而对于正态性和方差齐性的要求相对比较宽松，当正态性得不到满足和方差略有不齐时，对分析结果的影响不是很大。

基于这三个假设，方差分析对各个总体分布是否有显著差异的推断就转化成对各个总体均值是否存在显著差异的推断了。

8.2　单因素方差分析

单因素方差分析(one-way analysis of variance)用来研究一个因素的不同水平是否对因变量取值产生了显著影响。这里，由于仅研究单个因素对因变量取值的影响，因此称为单因素方差分析。

8.2.1　单因素方差分析问题描述

设所考察的因素为 A，因素 A 有 k 个水平 A_1，A_2，$\cdots$，A_k。在水平 $A_i(i=1, 2, \cdots, k)$ 下，独立抽样得到 $n_i(n_i \geqslant 2)$ 个因变量取值的观察数据。数据结构图如表 8.5 所示。

表 8.5　单因素方差分析数据结构

水　平	A_1	A_2	$\cdots$	A_i	$\cdots$	A_k
因变量 取值 观察数据	X_{11}	X_{21}	$\cdots$	X_{i1}	$\cdots$	X_{k1}
	X_{12}	X_{22}	$\cdots$	X_{i2}	$\cdots$	X_{k2}
	$\vdots$	$\vdots$	$\vdots$	$\vdots$		$\vdots$
	X_{1n_1}	X_{2n_2}	$\cdots$	X_{in_i}	$\cdots$	X_{kn_k}
样本总和	$T_1.$	$T_2.$	$\cdots$	$T_i.$	$\cdots$	$T_k.$
样本均值	$\overline{X}_1.$	$\overline{X}_2.$	$\cdots$	$\overline{X}_i.$	$\cdots$	$\overline{X}_k.$
总体均值	μ_1	μ_2	$\cdots$	μ_i	$\cdots$	μ_k

各个水平 $A_i(i=1, 2, \cdots, k)$ 下的样本 X_{i1}，X_{i2}，$\cdots$，X_{in_i} 来自具有相同方差 σ^2，均值分别为 $\mu_i(i=1, 2, \cdots, k)$ 的正态总体 $N(\mu_i, \sigma^2)$，其中，μ_i 与 σ^2 未知。同时，各个水平 A_i 下的样本之间相互独立。

由于 $X_{ij} \sim N(\mu_i, \sigma^2)$，则有 $X_{ij}-\mu_i \sim N(0, \sigma^2)$，因此 $X_{ij}-\mu_i$ 可看成是随机误差，记为 ε_{ij}。此时，X_{ij} 可写为

$$\begin{cases} X_{ij}=\mu_i+\varepsilon_{ij} \\ \varepsilon_{ij} \sim N(0, \sigma^2)，各 \varepsilon_{ij} 独立 \\ i=1, 2, \cdots, k; j=1, 2, \cdots, n_i \end{cases}$$

此式称为单因素方差分析问题的数学模型。

将样本总容量记为 n，有 $n = n_1 + n_2 + \cdots + n_R$。

将总体均值的总平均值记为 μ，有 $\mu = \dfrac{1}{n} \sum\limits_{i=1}^{k} n_i \mu_i$。

记 $a_i = \mu_i - \mu$，称 a_i 为水平 A_i 的效应，反映的是水平 A_i 对因变量取值的影响。

$$\sum_{i=1}^{k} n_i a_i = n_1 a_1 + n_2 a_2 + \cdots + n_k a_k = n_1 (\mu_1 - \mu) + n_2 (\mu_2 - \mu) + \cdots + n_k (\mu_k - \mu)$$

$$= \sum_{i=1}^{k} n_i \mu_i - \sum_{i=1}^{k} n_i \mu = n\mu - n\mu = 0$$

在引入效应 a_i 后，单因素方差分析问题的数学模型还可以描述为

$$\begin{cases} X_{ij} = \mu + a_i + \varepsilon_{ij} \\ \varepsilon_{ij} \sim N(0, \sigma^2), \ \text{各} \ \varepsilon_{ij} \ \text{独立} \\ i = 1, 2, \cdots, k; \ j = 1, 2, \cdots, n_i \\ \sum\limits_{i=1}^{k} n_i a_i = 0 \end{cases}$$

这样的描述将因素 A 各个水平对因变量取值的影响显现出来，便于分析研究。

8.2.2 单因素方差分析假设检验

单因素方差分析属于假设检验问题，基本步骤包括提出假设、构建检验统计量和做出检验结论。

1. 提出假设

在正态性、方差齐性和独立性的条件下，单因素方差分析检验的是 k 个总体 $N(\mu_1, \sigma^2)$，$N(\mu_2, \sigma^2)$，$\cdots$，$N(\mu_k, \sigma^2)$ 的均值是否相等，原假设与备择假设为

$$H_0: \mu_1 = \mu_2 = \cdots = \mu_k, \ H_1: \mu_1, \mu_2, \cdots, \mu_k \ \text{不全相等}$$

如果 k 个总体的均值全相等，即有因素 A 各个水平的效应均为零。如果 k 个总体的均值不全相等，也有因素 A 各个水平的效应不会全为零；反之，如果因素 A 的 k 个水平的效应全都等于零，就会有 k 个总体的均值是全相等的。如果因素 A 的 k 个水平的效应不全等于零，也有 k 个总体的均值并不完全相同。因此，可等价地建立下述假设：

$$H_0: a_1 = a_2 = \cdots = a_k = 0, \ H_1: a_1, a_2, \cdots, a_k \ \text{不全为零}$$

2. 构建检验统计量

依据方差分析思路，量化不同原因所引起的因变量取值差异大小。

总离差平方和（sum of squares for total）是所有观察数据与总平均值之间的离差平方和，描述的是所有观察数据的差异程度。总离差平方和通常记为 SST，计算公式为

$$\text{SST} = \sum_{i=1}^{k} \sum_{j=1}^{n_i} (X_{ij} - \overline{X})^2$$

其中，$\overline{X} = \dfrac{1}{n} \sum\limits_{i=1}^{k} \sum\limits_{j=1}^{n_i} X_{ij}$ 为所有观察数据的总平均值。

组间离差平方和（sum of squares for factor A）是因素各个水平下观察数据均值与总平

均值之间的离差平方和，反映了来自于各个总体的样本均值之间的差异程度，即不同因素水平 A_i 下观察数据之间的差异，因此它可以反映水平 A_i 对总体的影响。组间离差平方和通常记为 SSA，计算公式为

$$\text{SSA} = \sum_{i=1}^{k} \sum_{j=1}^{n_i} (\overline{X}_{i.} - \overline{X})^2$$

其中，$\overline{X}_{i.} = \dfrac{1}{n_i} \sum_{j=1}^{n_i} X_{ij}$ 为水平 A_i 下观察数据的平均值。

组内离差平方和(sum of squares for error)是因素各个水平下观察数据与其同一水平下的观察数据均值之间的离差平方和，反映的是在同一水平 A_i 下，由于随机因素引起的观察数据之间的差异，也称为随机误差平方和。组内离差平方和通常记为 SSE，计算公式为

$$\text{SSE} = \sum_{i=1}^{k} \sum_{j=1}^{n_i} (X_{ij} - \overline{X}_{i.})^2$$

在计算总离差平方和、组间离差平方和与组内离差平方和时，计算量较大且容易出错，为此，需要借助所有观察数据的和 T 与水平 A_i 下观察数据的和 $T_i.$ 简化运算。T、$T_i.$ 的计算公式为

$$T = \sum_{i=1}^{k} \sum_{j=1}^{n_i} X_{ij} = n\overline{X}, \quad T_{i.} = \sum_{j=1}^{n_i} X_{ij} = n_i \overline{X}_{i.}$$

则有

$$\text{SST} = \sum_{i=1}^{k} \sum_{j=1}^{n_i} (X_{ij} - \overline{X})^2 = \sum_{i=1}^{k} \sum_{j=1}^{n_i} X_{ij}^2 - 2\overline{X} \sum_{i=1}^{k} \sum_{j=1}^{n_i} X_{ij} + n\overline{X}^2$$

$$= \sum_{i=1}^{k} \sum_{j=1}^{n_i} X_{ij}^2 - n\overline{X}^2 = \sum_{i=1}^{k} \sum_{j=1}^{n_i} X_{ij}^2 - \frac{T^2}{n}$$

$$\text{SSA} = \sum_{i=1}^{k} \sum_{j=1}^{n_i} (\overline{X}_{i.} - \overline{X})^2 = \sum_{i=1}^{k} \sum_{j=1}^{n_i} \overline{X}_{i.}^2 - 2 \sum_{i=1}^{k} \sum_{j=1}^{n_i} \overline{X}_{i.} \cdot \overline{X} + \sum_{i=1}^{k} \sum_{j=1}^{n_i} \overline{X}^2$$

$$= \sum_{i=1}^{k} \sum_{j=1}^{n_i} \overline{X}_{i.}^2 - n\overline{X}^2 = \sum_{i=1}^{k} \frac{T_{i.}^2}{n_i} - \frac{T^2}{n}$$

$$\text{SSE} = \text{SST} - \text{SSA}$$

其中，SSE 的计算公式是由总离差平方和分解公式推导得来的。

总离差平方和分解公式为

$$\text{SST} = \text{SSA} + \text{SSE}$$

证明
$$\text{SST} = \sum_{i=1}^{k} \sum_{j=1}^{n_i} (X_{ij} - \overline{X})^2$$

$$= \sum_{i=1}^{k} \sum_{j=1}^{n_i} ((X_{ij} - \overline{X}_{i.}) + (\overline{X}_{i.} - \overline{X}))^2$$

$$= \sum_{i=1}^{k} \sum_{j=1}^{n_i} ((X_{ij} - \overline{X}_{i.})^2 + (\overline{X}_{i.} - \overline{X})^2 + 2(X_{ij} - \overline{X}_{i.})(\overline{X}_{i.} - \overline{X}))$$

$$= \sum_{i=1}^{k} \sum_{j=1}^{n_i} (X_{ij} - \overline{X}_{i.})^2 + \sum_{i=1}^{k} \sum_{j=1}^{n_i} (\overline{X}_{i.} - \overline{X})^2 + 2 \sum_{i=1}^{k} \sum_{j=1}^{n_i} (X_{ij} - \overline{X}_{i.})(\overline{X}_{i.} - \overline{X})$$

由于交叉项

$$\sum_{i=1}^{k} \sum_{j=1}^{n_i} (X_{ij} - \overline{X}_{i\cdot})(\overline{X}_{i\cdot} - \overline{X}) = \sum_{i=1}^{k} (\overline{X}_{i\cdot} - \overline{X}) \left[\sum_{j=1}^{n_i} (X_{ij} - \overline{X}_{i\cdot}) \right]$$

$$= \sum_{i=1}^{k} (\overline{X}_{i\cdot} - \overline{X}) \left[\sum_{j=1}^{n_i} X_{ij} - n_i \overline{X}_{i\cdot} \right] = 0$$

因而有 SST＝SSA＋SSE 成立。

总离差平方和的分解公式说明，观察数据的差异由两种原因引起，一种是控制因素，另一种是随机因素。SSE 是由随机因素引起的，即随机误差；SSA 除了受随机因素影响之外，还受控制因素的影响，即系统误差，表现为水平 A_i 下的效应 a_i。当水平 A_i 对总体没有影响时，a_i 为零，这时 SSA 只剩下随机波动；而当 a_i 不全为零时，SSA 就不仅含有随机误差，而且含有系统误差，系统误差就是水平 A_i 所引起的。

因此，直观上看，当原假设 H_0 成立时，各个水平效应为零，此时，SSA 与 SSE 都只含有随机误差，因而 SSA 与 SSE 相比会较为接近，不应差别过大。反之，H_0 不成立时，SSA 与 SSE 相差会过大。为了说明观察数据中有无系统误差，就需要对组间离差平方和与组内离差平方和进行比较。由于离差平方和的大小受到数据数目多少的影响，所以可考虑各个离差平方和除以其自由度求得组间方差 MSA 和组内方差 MSE 来比较，MSA、MSE 的计算公式为

$$MSA = \frac{SSA}{k-1}, \quad MSE = \frac{SSE}{n-k}$$

组间方差 MSA 比组内方差 MSE 大多少才能断定存在系统误差呢？这就需要构造一个检验统计量。

实际上，当原假设 H_0 成立，$X_{ij} \sim N(\mu, \sigma^2)$，且相互独立时，有

$$\frac{SSA}{\sigma^2} \sim \chi^2(k-1), \quad \frac{SSE}{\sigma^2} \sim \chi^2(n-k)$$

同时，这两个服从 χ^2 分布的随机变量也是相互独立的，于是就有组间方差和组内方差之比是服从 F 分布的检验统计量。

$$F = \frac{\dfrac{SSA}{\sigma^2}/(k-1)}{\dfrac{SSE}{\sigma^2}/(n-k)} = \frac{SSA/(k-1)}{SSE/(n-k)} = \frac{MSA}{MSE} \sim F(k-1, n-k)$$

3. 做出检验结论

利用观察数据计算出检验统计量 F 的值，结合给定的显著性水平 α，利用临界值 $F_\alpha(k-1, n-k)$，或 P 值进行比较。如果 $F > F_\alpha(k-1, n-k)$，或 $P < \alpha$，则拒绝原假设 H_0，说明各个总体均值之间的差异是显著的，所考察的因素对因变量取值有显著的影响。反之，如果 $F \leqslant F_\alpha(k-1, n-k)$，或 $P \geqslant \alpha$，则不能拒绝原假设 H_0，说明各个总体均值之间的差异不明显，所考察的因素对因变量取值没有显著的影响。

在方差分析中，常用到的显著性水平取值为 0.05、0.01。通过 $\alpha = 0.05$ 的检验时，称所考察的因素对因变量的影响显著；通过 $\alpha = 0.01$ 的检验时，称所考察的因素对因变量的影响高度显著。

为分析研究方便，通常会将单因素方差分析过程中的重要数据列入一表中，称为单因素方差分析表，如表 8.6 所示。

表 8.6 单因素方差分析表

差异来源	离差平方和	自由度	F 值	F 临界值	P 值
组间	SSA	$k-1$	$F=\dfrac{\text{SSA}/(k-1)}{\text{SSE}/(n-k)}$	$F_a(k-1,\ n-k)$	
组内	SSE	$n-k$	—		
总计	SST	$n-1$	—	—	—

【例 8.4】 结合例 8.1 的数据，在显著性水平 0.05 下，检验这种袋装利乐枕纯牛奶不同的促销方式是否对销售额有显著影响。

解 依题意，原假设和备择假设为

$$H_0: a_1=a_2=\cdots=a_5=0,\ H_1: a_1,a_2,\cdots,a_5 \text{ 不全为零}$$

利用收集到的数据计算得

$$\text{SST}=\sum_{i=1}^{k}\sum_{j=1}^{n_i}(X_{ij}-\overline{X})^2=\sum_{i=1}^{k}\sum_{j=1}^{n_i}X_{ij}^2-\frac{T^2}{n}$$

$$=(13.2^2+11.9^2+\cdots+17.0^2)-\frac{(13.2+11.9+\cdots+17.0)^2}{60}=467.463$$

$$\text{SSA}=\sum_{i=1}^{k}\sum_{j=1}^{n_i}(\overline{X}_{i\cdot}-\overline{X})^2=\sum_{i=1}^{k}\frac{T_{i\cdot}^2}{n_i}-\frac{T^2}{n}$$

$$=\frac{1}{12}(162^2+163^2+\cdots+1209^2)-\frac{(13.2+11.9+\cdots+17.0)^2}{60}=372.315$$

$$\text{SSE}=\text{SST}-\text{SSA}=467.463-372.315=95.148$$

检验统计量为

$$F=\frac{\text{SSA}/(k-1)}{\text{SSE}/(n-k)}=\frac{467.463/(5-1)}{95.148/(60-5)}=53.804$$

拒绝域临界值为 $F_a(k-1,\ n-k)=F_{0.05}(5-1,60-5)=2.540$。检验统计量的取值大于临界值：$F=53.804>2.540=F_{0.05}(4,55)$，因此，拒绝原假设，认为这种袋装利乐枕纯牛奶不同的促销方式对销售额有显著影响。

P 值利用在 Excel 中录入 FDIST$(53.804,4,55)$ 得到，$P=2.23\times10^{-18}<0.05=\alpha$，拒绝原假设。

例 8.4 的单因素方差分析表如表 8.7 所示。

表 8.7 例 8.4 的单因素方差分析表

差异来源	离差平方和	自由度	F 值	F 临界值	P 值
组间	372.315	4	53.804	2.540	2.23×10^{-18}
组内	95.148	55	—	—	—
总计	467.463	59	—	—	—

利用 Excel 进行运算时，选择"数据"菜单中的"数据分析"命令，接着在弹出的"数据分析"对话框中，选择"方差分析：单因素方差分析"选项，点击"确定"按钮。在弹出的"方差

分析：单因素方差分析"对话框，"输入"栏的"输入区域"选定待分析数据所在区域，显著性水平"α"默认为 0.05，可根据实际需要进行修改。最后，选定一个"输出选项"输出结果，分析结果如图 8.1 所示。

方差分析：单因素方差分析					
SUMMARY					
组	观测数	求和	平均	方差	
普通销售	12	162.4	13.53333	1.873333	
广告宣传	12	163.4	13.61667	2.443333	
有奖销售	12	178.1	14.84167	1.740833	
特价销售	12	239.9	19.99167	1.602652	
买一送一	12	209.2	17.43333	0.989697	
方差分析					
差异源	SS	df	MS	F	P-value	F crit
组间	372.315	4	93.07875	53.80369	2.23E-18	2.539689
组内	95.14833	55	1.72997			
总计	467.4633	59				

图 8.1 "方差分析：单因素方差分析"工具分析结果

Excel 输出的结果分为两部分：一部分是 SUMMARY，是对各水平下观察数据的描述统计，包括观察数据数目、求和、平均数、方差；第二部分是方差分析，"SS"为离差平方和，"df"为自由度，"MS"为经过自由度平均后的离差平方和即方差，"F"为检验统计量 F 值，"P-value"为 P 值，"F crit"为拒绝域临界值。

利用 SPSS 进行运算时，点击数据视图中的"分析"，选取"比较均值"中的"单因素 ANOVA"命令。在弹出的"单因素方差分析"对话框，将"促销方式"选入"因子"栏，将"销售额"选入"因变量列表"栏，点击"确定"。

8.3 双因素方差分析

双因素方差分析(two-way analysis of variance)用来研究两个因素对因变量取值是否会产生显著影响。双因素方差分析有两种类型：一种是无交互作用双因素方差分析，它假定两个因素 A 和 B 的效应之间是相互独立的，不存在相互关系，即因素 A 和 B 放在一起对因变量取值的影响恰好等于它们各自对因变量取值影响的和；另一种是有交互作用双因素方差分析，它假定两个因素 A 和 B 的结合会产生一种新的效应，这种新的效应使得因素 A 和 B 放在一起对因变量取值的影响并不等于它们各自对因变量取值影响的和。通俗来讲，无交互作用双因素方差分析研究的是"1＋1＝2"的问题，有交互作用双因素方差分析研究的则是"1＋1≠2"的问题。为了将交互作用显现出来，有交互作用双因素方差分析需要在两个因素的不同水平组合下进行多次观察，因此，又称为可重复双因素方差分析，而无交互作用双因素方差分析则只需要在两个因素的不同水平组合下进行一次观察，故而又称为无重复双因素方差分析。

8.3.1　无交互作用的双因素方差分析

设所考察的因素有 A 和 B 两个，因素 A 有 k 个水平 A_1，A_2，$\cdots$，A_k，因素 B 有 r 个水平 B_1，B_2，$\cdots$，B_r。在水平 $A_i(i=1,2,\cdots,k)$ 和 $B_j(j=1,2,\cdots,r)$ 的组合下，独立抽样一个因变量取值的观察数据，如表 8.8 所示。

表 8.8　无交互作用因素方差分析数据结构

因素 B ＼ 因素 A	B_1	B_2	$\cdots$	B_j	$\cdots$	B_r	行总和	行均值
A_1	X_{11}	X_{12}	$\cdots$	X_{1j}	$\cdots$	X_{1r}	$T_1.$	$\overline{X}_1.$
A_2	X_{21}	X_{22}	$\cdots$	X_{2j}	$\cdots$	X_{2r}	$T_2.$	$\overline{X}_2.$
$\vdots$	$\vdots$	$\vdots$		$\vdots$		$\vdots$	$\vdots$	$\vdots$
A_i	X_{i1}	X_{i2}	$\cdots$	X_{ij}	$\cdots$	X_{ir}	$T_i.$	$\overline{X}_i.$
$\vdots$	$\vdots$	$\vdots$		$\vdots$		$\vdots$	$\vdots$	$\vdots$
A_k	X_{k1}	X_{k2}	$\cdots$	X_{kj}	$\cdots$	X_{kr}	$T_k.$	$\overline{X}_k.$
列总和	$T._1$	$T._2$	$\cdots$	$T._j$	$\cdots$	$T._r$	总和	总均值
列均值	$\overline{X}._1$	$\overline{X}._2$	$\cdots$	$\overline{X}._j$	$\cdots$	$\overline{X}._r$	T	$\overline{X}$

各个水平组合 $A_i(i=1,2,\cdots,k)$ 和 $B_j(j=1,2,\cdots,r)$ 下的样本数据 X_{ij} 来自具有相同方差 σ^2，均值分别为 $\mu_{ij}(i=1,2,\cdots,k;j=1,2,\cdots,r)$ 的正态总体，其中，μ_{ij} 与 σ^2 未知。同时，各个水平组合下的样本之间相互独立。

由于 $X_{ij}\sim N(\mu_{ij},\sigma^2)$，则有 $X_{ij}-\mu_{ij}\sim N(0,\sigma^2)$，因此 $X_{ij}-\mu_{ij}$ 可看成是随机误差，记为 ε_{ij}。此时，X_{ij} 可写为

$$\begin{cases} X_{ij}=\mu_{ij}+\varepsilon_{ij} \\ \varepsilon_{ij}\sim N(0,\sigma^2)，各 \varepsilon_{ij} 独立 \\ i=1,2,\cdots,k;j=1,2,\cdots,r \end{cases}$$

此式称为无交互作用双因素方差分析问题的数学模型。

引入符号

$$\mu=\frac{1}{kr}\sum_{i=1}^{k}\sum_{j=1}^{r}\mu_{ij}=\frac{1}{k}\sum_{i=1}^{k}\mu_i.=\frac{1}{r}\sum_{j=1}^{r}\mu._j$$

$$\mu_i.=\frac{1}{r}\sum_{j=1}^{r}\mu_{ij},i=1,2,\cdots,k$$

$$\mu._j=\frac{1}{k}\sum_{i=1}^{k}\mu_{ij},j=1,2,\cdots,r$$

$$a_i=\mu_i.-\mu,i=1,2,\cdots,k$$

$$b_j=\mu._j-\mu,j=1,2,\cdots,r$$

其中：μ 为总体均值的总平均值；a_i 为水平 A_i 的效应；b_j 为水平 B_j 的效应，反映的分别是水平 A_i 和水平 B_j 对因变量取值的影响。同单因素方差分析中的效应一样有

$$\sum_{i=1}^{k} a_i = 0, \quad \sum_{j=1}^{r} b_j = 0$$

此时，μ_{ij} 可表示为

$$\mu_{ij} = \mu + a_i + b_j + (\mu_{ij} - \mu_{i \cdot} - \mu_{\cdot j} + \mu), \quad i = 1, 2, \cdots, k; j = 1, 2, \cdots, r$$

记 $(ab)_{ij} = \mu_{ij} - \mu_{i \cdot} - \mu_{\cdot j} + \mu$，称为水平 A_i 和水平 B_j 的交互效应。

在无交互作用双因素分析中假定交互作用不存在，即有 $(ab)_{ij} = 0 (i = 1, 2, \cdots, k; j = 1, 2, \cdots, r)$，则有

$$\mu_{ij} = \mu + a_i + b_j, \quad i = 1, 2, \cdots, k; j = 1, 2, \cdots, r$$

因此，无交互作用双因素方差分析问题的数学模型还可以描述为

$$\begin{cases} X_{ij} = \mu + a_i + b_j + \varepsilon_{ij} \\ \varepsilon_{ij} \sim N(0, \sigma^2), \text{各 } \varepsilon_{ij} \text{ 独立} \\ i = 1, 2, \cdots, k; j = 1, 2, \cdots, r \\ \sum_{i=1}^{k} a_i = 0; \sum_{i=1}^{r} b_j = 0 \end{cases}$$

这样的描述将因素 A 和 B 各个水平对因变量取值的影响显现出来，便于分析研究。

1. 提出假设

无交互作用双因素方差分析涉及两个因素，在进行假设检验的时候，既需要对因素 A 的影响进行检验，同时也需要对因素 B 的影响进行检验。基于这样的考虑，无交互作用双因素方差分析的原假设与备则假设有两组：

$$H_0: a_1 = a_2 = \cdots = a_k = 0, \quad H_1: a_1, a_2, \cdots, a_k \text{ 不全为零}$$

$$H_0': b_1 = b_2 = \cdots = b_r = 0, \quad H_1': b_1, b_2, \cdots, b_r \text{ 不全为零}$$

2. 构建检验统计量

依据方差分析思路，量化不同原因所引起的因变量取值差异大小。

总离差平方和 SST 的计算公式为

$$\text{SST} = \sum_{i=1}^{k} \sum_{j=1}^{r} (X_{ij} - \overline{X})^2$$

其中，$\overline{X} = \dfrac{1}{kr} \sum_{i=1}^{k} \sum_{j=1}^{r} X_{ij}$ 为所有观察数据的总平均值。

组间离差平方和有两个：一个是因素 A 的各个水平下观察数据均值与总平均值之间的离差平方和，反映的是不同因素水平 A_i 下观察数据之间的差异，可以用来说明水平 A_i 对总体的影响，通常记为 SSA；另一个是因素 B 的各个水平下观察数据均值与总平均值之间的离差平方和，反映的是不同因素水平 B_j 下观察数据之间的差异，可以用来说明水平 B_j 对总体的影响，通常记为 SSB。组间离差平方和 SSA、SSB 的计算公式分别为

$$\text{SSA} = \sum_{i=1}^{k} \sum_{j=1}^{r} (\overline{X}_{i \cdot} - \overline{X})^2 = r \sum_{i=1}^{k} (\overline{X}_{i \cdot} - \overline{X})^2$$

$$\text{SSB} = \sum_{i=1}^{k} \sum_{j=1}^{r} (\overline{X}_{\cdot j} - \overline{X})^2 = k \sum_{j=1}^{r} (\overline{X}_{\cdot j} - \overline{X})^2$$

其中，$\overline{X}_{i \cdot} = \dfrac{1}{r} \sum_{j=1}^{r} X_{ij}$ 为水平 $A_i (i = 1, 2, \cdots, k)$ 下观察数据的平均值，$\overline{X}_{\cdot j} = \dfrac{1}{k} \sum_{i=1}^{k} X_{ij}$ 为水

平 $B_j(j=1, 2, \cdots, r)$ 下观察数据的平均值。

随机误差平方和 SSE 的计算公式为

$$\text{SSE} = \sum_{i=1}^{k} \sum_{j=1}^{r} (X_{ij} - \overline{X}_{i.} - \overline{X}_{.j} + \overline{X})^2$$

随机误差平方和是除去因素 A 和因素 B 之外的剩余因素影响产生的因变量取值的差异。

在计算总离差平方和、组间离差平方和与随机误差平方和时，计算量较大且容易出错，为此，需要借助所有观察数据的和 T 与水平 A_i 下观察数据的和 $T_i.$、水平 B_j 下观察数据的和 $T.j$ 简化运算。T、$T_i.$、$T.j$ 的计算公式为

$$T = \sum_{i=1}^{k} \sum_{j=1}^{r} X_{ij} = kr\overline{X}, \quad T_{i.} = \sum_{j=1}^{r} X_{ij} = r\overline{X}_{i.}, \quad T_{.j} = \sum_{i=1}^{k} X_{ij} = k\overline{X}_{.j}$$

则有

$$\text{SST} = \sum_{i=1}^{k} \sum_{j=1}^{r} (X_{ij} - \overline{X})^2 = \sum_{i=1}^{k} \sum_{j=1}^{r} X_{ij}^2 - 2\overline{X} \sum_{i=1}^{k} \sum_{j=1}^{r} x_{ij} + kr\overline{X}^2$$

$$= \sum_{i=1}^{k} \sum_{j=1}^{r} X_{ij}^2 - kr\overline{X}^2 = \sum_{i=1}^{k} \sum_{j=1}^{r} X_{ij}^2 - \frac{T^2}{kr}$$

$$\text{SSA} = \sum_{i=1}^{k} \sum_{j=1}^{r} (\overline{X}_{i.} - \overline{X})^2 = \frac{1}{r} \sum_{i=1}^{k} T_{i.}^2 - \frac{T^2}{kr}$$

$$\text{SSB} = \sum_{i=1}^{k} \sum_{j=1}^{r} (\overline{X}_{.j} - \overline{X})^2 = \frac{1}{k} \sum_{j=1}^{r} T_{.j}^2 - \frac{T^2}{kr}$$

$$\text{SSE} = \text{SST} - \text{SSA} - \text{SSB}$$

其中，SSE 的计算公式是由总离差平方和分解公式推导得来的。

总离差平方和分解公式为

$$\text{SST} = \text{SSA} + \text{SSB} + \text{SSE}$$

证明 $\text{SST} = \sum_{i=1}^{k} \sum_{j=1}^{r} (X_{ij} - \overline{X})^2$

$$= \sum_{i=1}^{k} \sum_{j=1}^{r} ((\overline{X}_{i.} - \overline{X}) + (\overline{X}_{.j} - \overline{X}) + (X_{ij} - \overline{X}_{i.} - \overline{X}_{.j} + \overline{X}))^2$$

由于所有交叉乘积项之和为零，所以有

$$\text{SST} = \sum_{i=1}^{k} \sum_{j=1}^{r} (\overline{X}_{i.} - \overline{X})^2 + \sum_{i=1}^{k} \sum_{j=1}^{r} (\overline{X}_{.j} - \overline{X})^2 + \sum_{i=1}^{k} \sum_{j=1}^{r} (X_{ij} - \overline{X}_{i.} - \overline{X}_{.j} + \overline{X})^2$$

$$= \text{SSA} + \text{SSB} + \text{SSE}$$

SSA 与 SSE 是相互独立的，SSB 与 SSE 也是相互独立的，并且有

$$\frac{\text{SSE}}{\sigma^2} \sim \chi^2((k-1)(r-1))$$

当原假设 H_0 成立时，有

$$\frac{\text{SSA}}{\sigma^2} \sim \chi^2(k-1)$$

当原假设 H_0' 成立时，有

$$\frac{\text{SSB}}{\sigma^2} \sim \chi^2(r-1)$$

因此，两个组间离差平方和分别与随机误差平方和各自除以各自的自由度再作比，即两个组间方差和随机误差方差之比形成两个服从 F 分布的统计量，可分别用来检验因素 A 和因素 B 对因变量取值的影响是否显著。这两个检验统计量通常记为 F_A 和 F_B。

$$F_A = \frac{\dfrac{\mathrm{SSA}}{\sigma^2}/(k-1)}{\dfrac{\mathrm{SSE}}{\sigma^2}/((k-1)(r-1))} = \frac{\mathrm{SSA}/(k-1)}{\mathrm{SSE}/((k-1)(r-1))}$$

$$= \frac{\mathrm{MSA}}{\mathrm{MSE}} \sim F(k-1, (k-1)(r-1))$$

$$F_B = \frac{\dfrac{\mathrm{SSB}}{\sigma^2}/(r-1)}{\dfrac{\mathrm{SSE}}{\sigma^2}/((k-1)(r-1))} = \frac{\mathrm{SSB}/(r-1)}{\mathrm{SSE}/((k-1)(r-1))}$$

$$= \frac{\mathrm{MSB}}{\mathrm{MSE}} \sim F(r-1, (k-1)(r-1))$$

其中：$\mathrm{MSA} = \dfrac{\mathrm{SSA}}{k-1}$，$\mathrm{MSB} = \dfrac{\mathrm{SSB}}{r-1}$，分别表示两个组间方差；$\mathrm{MSE} = \dfrac{\mathrm{SSE}}{(k-1)(r-1)}$ 为随机误差方差。

3. 做出检验结论

利用观察数据计算出检验统计量 F_A 和 F_B 的值，结合给定的显著性水平 α，利用临界值 $F_\alpha(k-1, (k-1)(r-1))$ 和 $F_\alpha(r-1, (k-1)(r-1))$，或 P 值进行比较。如果 $F_A > F_\alpha(k-1, (k-1)(r-1))$，或 $P < \alpha$，则拒绝原假设 H_0，说明所考察的因素 A 对因变量取值有显著的影响。反之，如果 $F_A \leqslant F_\alpha(k-1, (k-1)(r-1))$，或 $P \geqslant \alpha$，则不能拒绝原假设 H_0，说明所考察的因素 A 对因变量取值没有显著的影响。判断因素 B 对因变量取值是否有显著的影响，则是将 F_B 与 $F_\alpha(r-1, (k-1)(r-1))$ 作比较，或者将 P 值与显著性水平 α 相比较。

为分析研究方便，通常会将无交互作用双因素方差分析过程中的重要数据列入表格中，称为无交互作用双因素方差分析表，如表 8.9 所示。

表 8.9　无交互作用双因素方差分析表

差异来源	离差平方和	自由度	F 值	F 临界值	P 值
因素 A	SSA	$k-1$	$F_A = \dfrac{\mathrm{SSA}/(k-1)}{\mathrm{SSE}/((k-1)(r-1))}$	$F_\alpha(k-1, (k-1)(r-1))$	
因素 B	SSB	$r-1$	$F_B = \dfrac{\mathrm{SSB}/(r-1)}{\mathrm{SSE}/((k-1)(r-1))}$	$F_\alpha(r-1, (k-1)(r-1))$	
误差	SSE	$(k-1)(r-1)$	—	—	—
总计	SST	$kr-1$	—	—	—

【例 8.5】 结合例 8.2 的数据，在显著性水平 0.05 下，检验产品的销售地区与外观设计是否对订单的数量有显著影响。

解 依题意，原假设和备择假设为

$$H_0: a_1 = a_2 = \cdots = a_6 = 0, \quad H_1: a_1, a_2, \cdots, a_6 \text{ 不全为零}$$
$$H_0': b_1 = b_2 = b_3 = 0, \quad H_1': b_1, b_2, b_3 \text{ 不全为零}$$

利用收集到的数据计算得

$$\text{SST} = \sum_{i=1}^{k} \sum_{j=1}^{r} (X_{ij} - \overline{X})^2 = \sum_{i=1}^{k} \sum_{j=1}^{r} X_{ij}^2 - \frac{T^2}{kr}$$

$$= (700^2 + 597^2 + \cdots + 502^2) - \frac{(700 + 597 + \cdots + 502)^2}{6 \times 3} = 234\,208.28$$

$$\text{SSA} = \sum_{i=1}^{k} \sum_{j=1}^{r} (\overline{X}_{i\cdot} - \overline{X})^2 = \frac{1}{r} \sum_{i=1}^{k} T_{i\cdot}^2 - \frac{T^2}{kr}$$

$$= \frac{1}{3}(1936^2 + 1614^2 + \cdots + 1509^2) - \frac{(700 + 597 + \cdots + 502)^2}{6 \times 3} = 67\,546.278$$

$$\text{SSB} = \sum_{i=1}^{k} \sum_{j=1}^{r} (\overline{X}_{\cdot j} - \overline{X})^2 = \frac{1}{k} \sum_{j=1}^{r} T_{\cdot j}^2 - \frac{T^2}{kr}$$

$$= \frac{1}{6}(3755^2 + 2566^2 + 3284^2) - \frac{(700 + 597 + \cdots + 502)^2}{6 \times 3} = 119\,504.78$$

$$\text{SSE} = \text{SST} - \text{SSA} - \text{SSB} = 234\,208.28 - 67\,546.278 - 119\,504.78 = 47\,157.222$$

检验统计量为

$$F_A = \frac{\text{SSA}/(k-1)}{\text{SSE}/((k-1)(r-1))} = \frac{67\,546.278/(6-1)}{47\,157.222/((6-1)(3-1))} = 2.865$$

$$F_B = \frac{\text{SSB}/(r-1)}{\text{SSE}/((k-1)(r-1))} = \frac{119\,504.78/(3-1)}{47\,157.222/((6-1)(3-1))} = 12.671$$

拒绝域临界值为

$$F_\alpha(k-1, (k-1)(r-1)) = F_{0.05}(6-1, (6-1)(3-1)) = 3.326$$
$$F_\alpha(r-1, (k-1)(r-1)) = F_{0.05}(3-1, (6-1)(3-1)) = 4.103$$

检验统计量的取值与相应临界值比较：

$$F_A = 2.865 \leqslant 3.326 = F_{0.05}(5, 10), \quad F_B = 12.671 > 4.103 = F_{0.05}(2, 10)$$

因此，不能拒绝原假设 H_0，但能够拒绝原假设 H_0'，认为销售地区对订单的数量没有显著影响，外观设计对订单的数量有显著影响。

P 值利用在 Excel 中录入 FDIST(2.865, 5, 10)、FDIST(12.671, 2, 10)得到，检验销售地区的 $P = 0.0736 \geqslant 0.05 = \alpha$，不拒绝原假设 H_0；检验外观设计的 $P = 0.0018 < 0.05 = \alpha$，拒绝原假设 H_0'。

例 8.5 的无交互作用双因素方差分析表如表 8.10 所示。

表 8.10　例 8.5 的无交互作用双因素方差分析表

差异来源	离差平方和	自由度	F 值	F 临界值	P 值
销售地区	67 546.278	5	2.865	3.326	0.0736
外观设计	119 504.78	2	12.671	4.103	0.0018
误差	47 157.222	10	—	—	—
总计	234 208.28	17	—	—	—

利用 Excel 进行运算时,选择"数据"菜单中的"数据分析"命令,接着在弹出的"数据分析"对话框中,选择"方差分析:无重复双因素方差分析"选项,点击"确定"按钮。在弹出的"方差分析:无重复双因素方差分析"对话框,"输入"栏的"输入区域"选定待分析数据所在区域,显著性水平"α"默认为 0.05,可根据实际需要进行修改。最后,选定一个"输出选项"输出结果。

利用 SPSS 进行运算时,点击数据视图中的"分析",选取"一般线性模型"中的"单变量"命令。在弹出的"单变量"对话框,将"订单数量"选入"因变量"栏,将"销售地区""外观设计"选入"固定因子"栏。点击"模型",在弹出的"单变量:模型"对话框,"指定模型"选为"设定",将"销售地区""外观设计"选入"模型",点击"继续"返回"单变量"对话框,点击"确认"。运算结果如表 8.11 所示。

表 8.11　SPSS 无交互作用双因素方差分析的运算结果

（主体间效应的检验）

因变量:订单数量

源	Ⅲ型平方和	df	均方	F	Sig.
校正模型	187 051.056①	7	26 721.579	5.666	0.007
截距	5 125 334.722	1	5 125 334.722	1086.861	0.000
销售地区	67 546.278	5	13 509.256	2.865	0.074
外观设计	119 504.778	2	59 752.389	12.671	0.002
误差	47 157.222	10	4715.722		
总计	5 359 543.000	18			
校正的总计	234 208.278	17			

① R 方 $=0.799$(调整 R 方 $=0.658$)。

SPSS 的输出结果中,校正模型(187 051.056)是销售地区、外观设计对应离差平方和相加的数值(187 051.056=67 546.278+119 504.778)。截距(5 125 334.722)是观察数据平方和与 SST 的差值,它与 SST 的和是总计(5 125 334.722+234 208.278=5 359 543.000)。在实际分析中一般不必引用。其他数据的含义,可与无交互作用双因素方差分析表对比理解。

8.3.2　有交互作用的双因素方差分析

设所考察的因素有 A 和 B 两个,因素 A 有 k 个水平 A_1,A_2,…,A_k,因素 B 有 r 个水平 B_1,B_2,…,B_r。在水平 $A_i(i=1, 2, …, k)$ 和 $B_j(j=1, 2, …, r)$ 的组合下,都做 $t(t \geqslant 2)$ 次试验,独立抽样获得 t 个因变量取值的观察数据。由于在各个水平组合下,所做试验次数相同,故称为等重复试验。数据结构如表 8.12 所示。

表 8.12　有交互作用因素方差分析数据结构

因素 B 因素 A	B_1	$\cdots$	B_j	$\cdots$	B_r	行总和	行均值
A_1	$X_{111}, X_{112},$ $\cdots, X_{11t}$	$\cdots$	$X_{1j1}, X_{1j2},$ $\cdots, X_{1jt}$	$\cdots$	$X_{1j1}, X_{1j2},$ $\cdots, X_{1jt}$	$T_1..$	$\overline{X}_1..$
$\vdots$	$\vdots$		$\vdots$		$\vdots$	$\vdots$	$\vdots$
A_i	$X_{i11}, X_{i12},$ $\cdots, X_{i1t}$	$\cdots$	$X_{ij1}, X_{ij2},$ $\cdots, X_{ijt}$	$\cdots$	$X_{ir1}, X_{ir2},$ $\cdots, X_{irt}$	$T_i..$	$\overline{X}_i..$
$\vdots$	$\vdots$		$\vdots$		$\vdots$	$\vdots$	$\vdots$
A_k	$X_{k11}, X_{k12},$ $\cdots, X_{k1t}$	$\cdots$	$X_{kj1}, X_{kj2},$ $\cdots, X_{kjt}$	$\cdots$	$X_{kr1}, X_{kr2},$ $\cdots, X_{krt}$	$T_k..$	$\overline{X}_k..$
列总和	$T._1.$	$\cdots$	$T._j.$	$\cdots$	$T._r.$	总和	总均值
列均值	$\overline{X}._1.$	$\cdots$	$\overline{X}._j.$	$\cdots$	$\overline{X}._r.$	T	$\overline{X}$

各个水平组合 $A_i(i=1, 2, \cdots, k)$ 和 $B_j(j=1, 2, \cdots, r)$ 下的样本数据 $X_{ijs}(s=1, 2, \cdots, t)$ 来自具有相同方差 σ^2，均值分别为 $\mu_{ij}(i=1, 2, \cdots, k; j=1, 2, \cdots, r)$ 的正态总体，其中，μ_{ij} 与 σ^2 未知。同时，各个水平组合下的样本之间相互独立。

由于 $X_{ijs} \sim N(\mu_{ij}, \sigma^2)$，则有 $X_{ijs} - \mu_{ij} \sim N(0, \sigma^2)$，因此 $X_{ijs} - \mu_{ij}$ 可看成是随机误差，记为 ε_{ijs}。此时，X_{ijs} 可写为

$$\begin{cases} X_{ijs} = \mu_{ij} + \varepsilon_{ijs} \\ \varepsilon_{ijs} \sim N(0, \sigma^2), \text{各 } \varepsilon_{ijs} \text{ 独立} \\ i=1, 2, \cdots, k; j=1, 2, \cdots, r; s=1, 2, \cdots, t \end{cases}$$

此式称为有交互作用双因素方差分析问题的数学模型。

引入符号：

$$\mu = \frac{1}{kr} \sum_{i=1}^{k} \sum_{j=1}^{r} \mu_{ij} = \frac{1}{k} \sum_{i=1}^{k} \mu_i. = \frac{1}{r} \sum_{j=1}^{r} \mu._j$$

$$\mu_i. = \frac{1}{r} \sum_{j=1}^{r} \mu_{ij}, i=1, 2, \cdots, k$$

$$\mu._j = \frac{1}{k} \sum_{i=1}^{k} \mu_{ij}, j=1, 2, \cdots, r$$

$$a_i = \mu_i. - \mu, i=1, 2, \cdots, k$$

$$b_j = \mu._j - \mu, j=1, 2, \cdots, r$$

$$(ab)_{ij} = \mu_{ij} - \mu_i. - \mu._j + \mu$$

需要留意的是，在有交互作用双因素分析中交互作用同因素 A 和因素 B 一样是要考察的因素。此时有 $\sum_{i=1}^{k} a_i = 0$，$\sum_{j=1}^{r} b_j = 0$，$\sum_{i=1}^{k} (ab)_{ij} = 0$，$\sum_{j=1}^{r} (ab)_{ij} = 0$。

因此，有交互作用双因素方差分析问题的数学模型还可以描述为

$$\begin{cases} X_{ij} = \mu_{ij} + a_i + b_j + (ab)_{ij} + \varepsilon_{ijs} \\ \varepsilon_{ijs} \sim N(0, \sigma^2)，各 \varepsilon_{ijs} 独立 \\ i = 1, 2, \cdots, k; j = 1, 2, \cdots, r; s = 1, 2, \cdots, t \\ \sum_{i=1}^{k} a_i = 0; \sum_{j=1}^{r} b_j = 0; \sum_{i=1}^{k} (ab)_{ij} = 0; \sum_{j=1}^{r} (ab)_{ij} = 0 \end{cases}$$

这样的描述将因素 A、因素 B 和它们的交互作用对因变量取值的影响显现出来，便于分析研究。

1. 提出假设

有交互作用双因素方差分析涉及两个因素，在进行假设检验的时候，既需要对因素 A 的影响进行检验，又需要对因素 B 的影响进行检验。同时，还需要对因素 A 和因素 B 交互作用的影响进行检验。基于这样的考虑，有交互作用双因素方差分析的原假设与备则假设有三组：

$$H_0: a_1 = a_2 = \cdots = a_k = 0, H_1: a_1, a_2, \cdots, a_k 不全为零$$
$$H_0': b_1 = b_2 = \cdots = b_r = 0, H_1': b_1, b_2, \cdots, b_r 不全为零$$
$$H_0'': (ab)_{ij} = 0, H_1'': (ab)_{ij} 不全为零(i = 1, 2, \cdots, k; j = 1, 2, \cdots, r)$$

2. 构建检验统计量

依据方差分析思路，量化不同原因所引起的因变量取值差异大小。

总离差平方和 SST 的计算公式为

$$SST = \sum_{i=1}^{k} \sum_{j=1}^{r} \sum_{s=1}^{t} (X_{ijs} - \overline{X})^2$$

其中，$\overline{X} = \dfrac{1}{krt} \sum_{i=1}^{k} \sum_{j=1}^{r} \sum_{s=1}^{t} X_{ijs}$ 为所有观察数据的总平均值。

组间离差平方和有两个：

$$SSA = \sum_{i=1}^{k} \sum_{j=1}^{r} \sum_{s=1}^{t} (\overline{X}_{i..} - \overline{X})^2 = rt \sum_{i=1}^{k} (\overline{X}_{i..} - \overline{X})^2$$
$$SSB = \sum_{i=1}^{k} \sum_{j=1}^{r} \sum_{s=1}^{t} (\overline{X}_{.j.} - \overline{X})^2 = kt \sum_{j=1}^{r} (\overline{X}_{.j.} - \overline{X})^2$$

其中，$\overline{X}_{i..} = \dfrac{1}{rt} \sum_{j=1}^{r} \sum_{s=1}^{t} X_{ijs}$ 为水平 $A_i (i = 1, 2, \cdots, k)$ 下观察数据的平均值，$\overline{X}_{.j.} = \dfrac{1}{kt} \sum_{i=1}^{k} \sum_{s=1}^{t} X_{ijs}$ 为水平 $B_j (j = 1, 2, \cdots, r)$ 下观察数据的平均值。

随机误差平方和 SSE 的计算公式为

$$SSE = \sum_{i=1}^{k} \sum_{j=1}^{r} \sum_{s=1}^{t} (X_{ijs} - \overline{X}_{ij.})^2$$

其中，$\overline{X}_{ij.} = \dfrac{1}{t} \sum_{s=1}^{t} X_{ijs}$ 为水平组合 $A_i (i = 1, 2, \cdots, k)$ 和 $B_j (j = 1, 2, \cdots, r)$ 下观察数据的平均值。

因素 A 和因素 B 交互作用的离差平方和，通常记为 SSAB，计算公式为

$$\text{SSAB} = \sum_{i=1}^{k}\sum_{j=1}^{r}\sum_{s=1}^{t}(\overline{X}_{ij.} - \overline{X}_{i..} - \overline{X}_{.j.} + \overline{X})^2$$

在计算总离差平方和、组间离差平方和、随机误差平方和与交互作用离差平方和时，计算量较大且容易出错，为此，需要借助所有观察数据的和 T、水平 A_i 下观察数据的和 $T_{i..}$、水平 B_j 下观察数据的和 $T_{.j.}$ 以及水平组合 $A_i(i=1,2,\cdots,k)$ 和 $B_j(j=1,2,\cdots,r)$ 下观察数据的和 $T_{ij.}$ 简化运算。T、$T_{i..}$、$T_{.j.}$、$T_{ij.}$ 的计算公式为

$$T = \sum_{i=1}^{k}\sum_{j=1}^{r}\sum_{s=1}^{t}X_{ijt} = krt\overline{X}, \qquad T_{i..} = \sum_{j=1}^{r}\sum_{s=1}^{t}X_{ijt} = rt\overline{X}_{i..}$$

$$T_{.j.} = \sum_{i=1}^{k}\sum_{s=1}^{t}X_{ijt} = kt\overline{X}_{.i.}, \qquad T_{ij.} = \sum_{s=1}^{t}X_{ijt} = t\overline{X}_{ij}$$

则有

$$\text{SST} = \sum_{i=1}^{k}\sum_{j=1}^{r}\sum_{s=1}^{t}(X_{ij} - \overline{X})^2 = \sum_{i=1}^{k}\sum_{j=1}^{r}\sum_{s=1}^{t}X_{ijs}^2 - \frac{T^2}{krt}$$

$$\text{SSA} = \sum_{i=1}^{k}\sum_{j=1}^{r}\sum_{s=1}^{t}(\overline{X}_{i..} - \overline{X})^2 = \frac{1}{rt}\sum_{i=1}^{k}T_{i..}^2 - \frac{T^2}{krt}$$

$$\text{SSB} = \sum_{i=1}^{k}\sum_{j=1}^{r}\sum_{s=1}^{t}(\overline{X}_{.j.} - \overline{X})^2 = \frac{1}{kt}\sum_{j=1}^{r}T_{.j.}^2 - \frac{T^2}{krt}$$

$$\text{SSE} = \sum_{i=1}^{k}\sum_{j=1}^{r}\sum_{s=1}^{t}X_{ijs}^2 - \frac{1}{t}\sum_{i=1}^{k}\sum_{j=1}^{r}T_{ij.}^2$$

$$\text{SSAB} = \text{SST} - \text{SSA} - \text{SSB} - \text{SSE}$$

其中，SSAB 的计算公式是由总离差平方和分解公式推导得来的。

总离差平方和分解公式为

$$\text{SST} = \text{SSA} + \text{SSB} + \text{SSAB} + \text{SSE}$$

SSA 与 SSE 是相互独立的，SSB 与 SSE 也是相互独立的。同时，还有 SSAB 与 SSE 相互独立，并且有

$$\frac{\text{SSE}}{\sigma^2} \sim \chi^2(kr(t-1))$$

当原假设 H_0 成立时，有

$$\frac{\text{SSA}}{\sigma^2} \sim \chi^2(k-1)$$

当原假设 H_0' 成立时，有

$$\frac{\text{SSB}}{\sigma^2} \sim \chi^2(r-1)$$

当原假设 H_0'' 成立时，有

$$\frac{\text{SSAB}}{\sigma^2} \sim \chi^2((k-1)(r-1))$$

因此，两个组间离差平方和与交互作用离差平方和分别与随机误差平方和各自除以各自的自由度再作比，即两个组间方差、一个交互作用方差和随机误差方差之比形成三个服从 F 分布的统计量，可分别用来检验因素 A、因素 B 与因素 A 和因素 B 交互作用对因变量取值的影响是否显著。这三个检验统计量通常记为 F_A、F_B 和 $F_{A\times B}$。

$$F_A = \frac{\frac{\text{SSA}}{\sigma^2}/(k-1)}{\frac{\text{SSE}}{\sigma^2}/(kr(t-1))} = \frac{\text{SSA}/(k-1)}{\text{SSE}/(kr(t-1))} = \frac{\text{MSA}}{\text{MSE}} \sim F(k-1, kr(t-1))$$

$$F_B = \frac{\frac{\text{SSB}}{\sigma^2}/(r-1)}{\frac{\text{SSE}}{\sigma^2}/(kr(t-1))} = \frac{\text{SSB}/(r-1)}{\text{SSE}/(kr(t-1))} = \frac{\text{MSB}}{\text{MSE}} \sim F(r-1, kr(t-1))$$

$$F_{A \times B} = \frac{\frac{\text{SSAB}}{\sigma^2}/((k-1)(r-1))}{\frac{\text{SSE}}{\sigma^2}/(kr(t-1))} = \frac{\text{SSAB}/((k-1)(r-1))}{\text{SSE}/(kr(t-1))}$$

$$= \frac{\text{MSAB}}{\text{MSE}} \sim F((k-1)(r-1), kr(t-1))$$

3. 做出检验结论

利用观察数据计算出检验统计量 F_A、F_B 和 $F_{A \times B}$ 的值，结合给定的显著性水平 α，利用临界值 $F_a(k-1, kr(t-1))$、$F_a(r-1, kr(t-1))$ 和 $F_a((k-1)(r-1), kr(t-1))$，或 P 值进行比较，做出结论。

为分析研究方便，通常会将有交互作用双因素方差分析过程中的重要数据列入表格中，称为有交互作用双因素方差分析表，如表 8.13 所示。

表 8.13　有交互作用双因素方差分析表

差异来源	离差平方和	自由度	F 值	F 临界值	P 值
因素 A	SSA	$k-1$	$F_A = \dfrac{\text{SSA}/(k-1)}{\text{SSE}/(kr(t-1))}$	$F_a(k-1, kr(t-1))$	
因素 B	SSB	$r-1$	$F_B = \dfrac{\text{SSB}/(r-1)}{\text{SSE}/(kr(t-1))}$	$F_a(r-1, kr(t-1))$	
交互作用	SSAB	$(k-1)(r-1)$	$F_{A \times B} = \dfrac{\text{SSAB}/((k-1)(r-1))}{\text{SSE}/(kr(t-1))}$	$F_a((k-1)(r-1), kr(t-1))$	
误差	SSE	$kr(t-1)$	—	—	—
总计	SST	$krt-1$	—	—	—

【例 8.6】　结合例 8.3 的数据，在显著性水平 0.05 下，检验城区、户型以及城区和户型的交互作用是否对房屋销售量有显著影响。

解　依题意，原假设和备择假设为

$$H_0: a_1 = a_2 = \cdots = a_5 = 0, \ H_1: a_1, a_2, \cdots, a_5 \ \text{不全为零}$$

$$H_0': b_1 = b_2 = b_3 = b_4 = 0, \ H_1': b_1, b_2, b_3, b_4 \ \text{不全为零}$$

$$H_0'': (ab)_{ij} = 0, \ H_1'': (ab)_{ij} \ \text{不全为零}(i=1, 2, \cdots, 5; j=1, 2, \cdots, 4)$$

利用收集到的数据计算得到

$$\text{SST} = \sum_{i=1}^{k} \sum_{j=1}^{r} \sum_{s=1}^{t} (X_{ijs} - \overline{X})^2 = \sum_{i=1}^{k} \sum_{j=1}^{r} \sum_{s=1}^{t} X_{ijs}^2 - \frac{T^2}{krt}$$

$$= (652^2 + 711^2 + \cdots + 408^2) - \frac{(652 + 711 + \cdots + 408)^2}{5 \times 4 \times 2} = 2\,086\,402.78$$

$$\text{SSA} = \sum_{i=1}^{k} \sum_{j=1}^{r} \sum_{s=1}^{t} (\overline{X}_{i..} - \overline{X})^2 = \frac{1}{rt} \sum_{i=1}^{k} T_{i..}^2 - \frac{T^2}{krt}$$

$$= \frac{(3712^2 + 3080^2 + \cdots + 1871^2)}{4 \times 2} - \frac{(652 + 711 + \cdots + 408)^2}{5 \times 4 \times 2} = 622\,075.15$$

$$\text{SSB} = \sum_{i=1}^{k} \sum_{j=1}^{r} \sum_{s=1}^{t} (\overline{X}_{.j.} - \overline{X})^2 = \frac{1}{kt} \sum_{j=1}^{r} T_{.j.}^2 - \frac{T^2}{krt}$$

$$= \frac{(3747^2 + 4419^2 + \cdots + 3232^2)}{5 \times 2} - \frac{(652 + 711 + \cdots + 408)^2}{5 \times 4 \times 2} = 984\,541.27$$

$$\text{SSE} = \sum_{i=1}^{k} \sum_{j=1}^{r} \sum_{s=1}^{t} X_{ijs}^2 - \frac{1}{t} \sum_{i=1}^{k} \sum_{j=1}^{r} T_{ij.}^2$$

$$= (652^2 + 711^2 + \cdots + 408^2) - \frac{(652 + 711 + \cdots + 408)^2}{2} = 126\,652.50$$

$$\text{SSAB} = \text{SST} - \text{SSA} - \text{SSB} - \text{SSE}$$

$$= 2\,086\,402.78 - 622\,075.15 - 984\,541.27 - 126\,652.50 = 353\,133.85$$

检验统计量为

$$F_A = \frac{\text{SSA}/(k-1)}{\text{SSE}/(kr(t-1))} = \frac{622\,075.15/(5-1)}{126\,652.50/(5 \times 4 \times (2-1))} = 24.558$$

$$F_B = \frac{\text{SSB}/(r-1)}{\text{SSE}/(kr(t-1))} = \frac{984\,541.27/(4-1)}{126\,652.50/(5 \times 4 \times (2-1))} = 51.824$$

$$F_{A \times B} = \frac{\text{SSAB}/((k-1)(r-1))}{\text{SSE}/(kr(t-1))} = \frac{353\,133.85/((5-1)(4-1))}{126\,652.50/(5 \times 4 \times (2-1))} = 4.647$$

拒绝域临界值为

$$F_\alpha(k-1, kr(t-1)) = F_{0.05}(5-1, 5 \times 4 \times (2-1)) = 2.866$$

$$F_\alpha(r-1, kr(t-1)) = F_{0.05}(4-1, 5 \times 4 \times (2-1)) = 3.098$$

$$F_\alpha((k-1)(r-1), kr(t-1)) = F_{0.05}((5-1)(4-1), 5 \times 4 \times (2-1)) = 2.278$$

检验统计量的取值与相应临界值比较：

$$F_A = 24.558 > 2.866 = F_{0.05}(4, 20)$$

$$F_B = 51.824 > 3.098 = F_{0.05}(3, 20)$$

$$F_{A \times B} = 4.647 > 2.278 = F_{0.05}(12, 20)$$

因此，拒绝原假设 H_0、H_0' 和 H_0''，认为城区、户型以及城区和户型的交互作用对房屋销售量都有显影响。

P 值利用在 Excel 中录入 FDIST(24.558，4，20)、FDIST(51.824，3，20)和 FDIST(4.647，12，20)得到，检验城区的 $P = 1.79 \times 10^{-7} < 0.05 = \alpha$，拒绝原假设 H_0；检验户型的 $P = 1.30 \times 10^{-9} < 0.05 = \alpha$，拒绝原假设 H_0'；检验城区与户型交互作用的 $P = 0.0013 < 0.05 = \alpha$，拒绝原假设 H_0''。

例 8.6 的有交互作用双因素方差分析表如表 8.14 所示。

表 8.14　例 8.6 的有交互作用双因素方差分析表

差异来源	离差平方和	自由度	F 值	F 临界值	P 值
城区	622 075.15	4	24.558	2.866	1.79×10^{-7}
户型	984 541.27	3	51.824	3.098	1.30×10^{-9}
交互作用	353 133.85	12	4.647	2.278	0.0013
误差	126 652.50	20	—	—	—
总计	2 086 402.78	39			

利用 Excel 进行运算时，选择"数据"菜单中的"数据分析"命令，接着在弹出的"数据分析"对话框中，选择"方差分析：可重复双因素方差分析"选项，点击"确定"按钮。在弹出的"方差分析：可重复双因素方差分析"对话框，"输入"栏的"输入区域"选定待分析数据所在区域。需要注意的是，要将数据外围第一行、第一列中两个因素水平的文字说明所在区域一并选入。"每一样本的行数"录入两个因素水平组合下的观察数据数目。显著性水平"α"默认为 0.05，可根据实际需要进行修改。最后，选定一个"输出选项"输出结果。

利用 SPSS 进行运算时，点击数据视图中的"分析"，选取"一般线性模型"中的"单变量"命令。在弹出的"单变量"对话框中，将"销售量"选入"因变量"栏，将"城区""户型"选入"固定因子"栏。点击"模型"，在弹出的"单变量：模型"对话框，"指定模型"选为"全因子"，点击"继续"，返回"单变量"对话框，点击"确认"。

本 章 小 结

方差分析是将因变量取值的总误差，依可能引起差异的来源分成不同部分，即总误差的每一部分都可归因于一定的原因，通过比较这些不同来源的差异之间是否显著，来判断控制因素对因变量取值的影响是否显著。

方差分析可以看做假设检验方法的一种延续。研究目的由两个总体均值间的比较演化为多个总体均值间的比较，分析工具借用了两个总体方差间比较的 F 检验统计量。方差分析的步骤与假设检验类似，沿用了提出假设、构建检验统计量、做出检验结论的思路。

方差分析根据考察的因素数目不同，分为单因素方差分析和双因素方差分析等。单因素方差分析是用来研究一个因素的不同水平是否对因变量取值产生显著影响的，双因素方差分析则是用来研究两个因素对因变量取值是否会产生显著影响的。在双因素方差分析中，根据是否考察两个因素间的交互作用，进一步分为无交互作用双因素方差分析和有交互作用双因素方差分析。考察因素数目多于两个的多因素方差分析，研究思路与双因素方差分析类似，需要考虑各种不同因素组合情形下交互作用的影响。

实质上，方差分析与回归分析一脉相承，探讨的都是各因素、变量间是否存在因果关系，不同之处在于方差分析探讨的多是品质型变量与数值型变量间的因果关系，回归分析探讨的多是数值型变量与数值型变量间的因果关系。

思　考　练　习

8.1　阐述方差分析基本思路。

8.2　阐述方差分析方法应用的前提条件。

8.3　阐述有交互作用和无交互作用的两种双因素方差分析类型间的区别。

8.4　在无交互作用双因素方差分析问题中，既然两个因素对因变量取值的影响是相互独立的，那么是否可以采用单因素方差分析方法对两个因素分别进行分析？阐述理由。

8.5　为提高产品的生产效率，一制造厂引进了 4 种不同型号的机器设备同时进行生产，随机抽取了 8 天收集产品产量的数据（见表 8.15）。在显著性水平 0.05 下，检验不同型号的机器设备对该厂生产的产品产量是否有显著影响。

表 8.15　4 种机器设备 8 天的产品产量　　（单位：台）

机器 I	1750	1650	1800	1600	1750	1550	1650	1680
机器 II	1640	1600	1760	1580	1650	1610	1720	1700
机器 III	1700	1640	1700	1510	1600	1520	1740	1570
机器 IV	1680	1530	1660	1460	1820	1640	1600	1620

8.6　一培训机构将 20 名学员随机分为 4 组，分别尝试采用课堂讲授、视频教学、小组讨论和自学教材等不同方法向学员们介绍有关知识，训练结束后进行了测验（见表 8.16）。在显著性水平 0.10 下，检验这 4 种方法的训练效果有无显著差异。

表 8.16　4 种学习方法的测验结果　　（单位：分）

课堂讲授	自学教材	小组讨论	视频教学
80	80	76	73
90	80	80	90
88	65	74	85
74	72	65	88
78	70	82	80

8.7　一家广告公司想知道网站浏览者是否对不同颜色和大小的广告反应不同，随机选取网站浏览者对 4 种不同颜色、3 种不同尺寸的广告进行评价（见表 8.17）。对每一种颜色和大小的组合给出 0~10 的评分。在显著性水平 0.05 下，检验颜色和大小对广告效果是否有差异。

表 8.17　4 种不同颜色、3 种不同尺寸的广告的评价得分　　（单位：分）

尺寸＼颜色	红	黄	蓝	绿
小	3	5	5	9
中	5	6	7	7
大	6	8	9	9

8.8 为了分析光照与噪声对车间工作的工人生产有无影响，在 4 种不同强度的光照、3 种不同等级的噪声下，收集了此两种因素不同水平组合各一名工人的日生产量数据（见表 8.18）。在显著性水平 0.05 下，检验光照和噪声对工人生产产量是否有显著影响。

表 8.18　4 种不同强度的光照、3 种不同等级的噪声下一名工人的日生产量

（单位：件）

光照 ＼ 噪音	等级 Ⅰ	等级 Ⅱ	等级 Ⅲ
强度 Ⅰ	15	18	18
强度 Ⅱ	17	15	21
强度 Ⅲ	16	17	18
强度 Ⅳ	19	16	17

8.9 城市交通管理部门为研究不同的路段和不同的时间段对行车时间的影响，让一名交通警察分别在 3 个路段和高峰期与非高峰期 2 个时段驾车对行车时间进行了实际测试（见表 8.19）。在显著性水平 0.01 下，检验路段、时段以及路段和时段的交互作用对行车时间的影响。

表 8.19　不同时段、不同路段的行车时间　（单位：分钟）

路段 ＼ 时段	高峰期	非高峰期
路段 Ⅰ	51.6, 50.1, 52.2, 50.3	36.7, 32.0, 31.7, 35.8
路段 Ⅱ	52.3, 56.2, 55.1, 55.7	35.6, 37.6, 32.8, 38.0
路段 Ⅲ	56.5, 57.2, 53.1, 55.9	31.8, 32.6, 30.3, 37.3

8.10 研究人员从陕西省最近五年结题的国家自然科学基金项目中随机抽取部分项目进行绩效评估。采用设计的综合评价体系，获得有关项目的"相对绩效分值"（满分为 100 分），如表 8.20 所示。研究人员认为，学校类型、项目类型以及二者的交互作用都可能会影响到科研项目绩效。请你在显著水平 0.05 下，帮助研究人员做出判断。

表 8.20　不同学校、不同项目的绩效评估　（单位：分）

学校 ＼ 项目	基础研究	应用研究
部属高校	88, 90, 80, 85, 95 70, 98, 80, 88, 97	89, 86, 90, 85, 89 78, 88, 90, 88, 89
省属高校	65, 76, 88, 90, 90 78, 75, 80, 86, 89	90, 85, 81, 85, 97 87, 86, 82, 87, 95
省属高职	70, 68, 68, 70, 80 70, 78, 82, 81, 81	70, 72, 86, 80, 80 70, 81, 77, 79, 89

8.11 一航天研究机构拟分析燃料和推进器对火箭射程的影响，使用了 4 种燃料、3 种

推进器做实验。每种燃料和每种推进器的组合各发射 2 次，所得火箭射程数据如表 8.21 所示。在显著性水平 0.05 下，分析燃料、推进器和二者之间的交互作用对火箭射程是否有显著影响。

表 8.21　不同燃料、不同推进器的火箭射程　　　　　　　　（单位：海里）

推进器 燃料	推进器 A	推进器 B	推进器 C
燃料 1	70.1, 68.3	80.8, 83.2	49.2, 50.7
燃料 2	75.8, 71.5	68.2, 61.0	58.7, 51.4
燃料 3	59.1, 52.8	64.1, 60.5	61.6, 68.4
燃料 4	68.2, 62.6	66.2, 51.2	75.3, 70.8

8.12　运用 Excel、SPSS 中的工具进行方差分析时，数据录入形式方面有哪些需要注意的地方？

综合案例　不同地区公司盈利性差异

摘要：本案例收集了重庆、成都和西安等地相同产业的大公司年均资产收益率、股本收益率和营业利润率等盈利性数据，借此研究分析地区对这些盈利性数据是否会产生影响。地区为品质型变量，三个盈利性指标为数值型变量，问题实质上是探讨品质型变量对数值型变量取值的影响是否显著，因此，需要运用方差分析方法对此问题进行分析。

关键词：地区；年均资产收益率；年均股本收益率；年均营业利润率；方差分析。

·案例信息

在市场上，微小的差异就能够区分相同产业中不同地区公司的盈利性。这是因为各地方在资源禀赋方面存在差异，如自然资源获取难易程度、地方政府行政效率、金融市场完备程度、物流交通便捷性等方面的不同。

有人进行了研究以确定重庆、成都和西安等地相同产业的大公司盈利性之间的差异是否具有显著性。研究人员从这 3 个地方的服务业中随机抽样了 100 家大公司。利用这些公司收集的数据，分别计算了 6 年内大公司的年均盈利性指标。反映盈利性的指标有 3 个：年均资产收益率；股本收益率；营业利润率。数据如表 8.22～表 8.24 所示。

表 8.22　年均资产收益率　　　　　　　　（单位：%）

年份	重庆	西安	成都
1	7.89	4.06	3.65
2	6.40	4.35	3.68
3	5.63	3.29	3.62
4	7.69	3.22	4.13
5	4.10	3.69	3.81
6	6.34	3.89	4.29

表 8.23　年均股本收益率　　　　　　　　　　（单位：%）

年份	重庆	西安	成都
1	15.24	8.48	8.86
2	12.05	10.40	10.56
3	6.89	6.73	10.58
4	15.20	6.12	9.77
5	6.02	7.90	10.33
6	9.17	9.65	13.02

表 8.24　年均营业利润率　　　　　　　　　　（单位：%）

年份	重庆	西安	成都
1	8.99	7.05	5.99
2	8.76	6.74	5.90
3	6.37	5.32	5.52
4	7.08	5.20	1.80
5	4.75	6.03	0.83
6	6.40	7.70	0.44

· **案例使用说明**

1. 案例目的与用途

本案例的教学目的主要在于帮助学生理解、掌握方差分析方法的思路与单因素方差分析、双因素方差分析的具体操作，理清方差分析与假设检验、回归分析三者间的联系与区别。

2. 启发思考题

（1）判断重庆、成都和西安的大公司年均资产收益率之间存在差异吗？年均股本收益率和年均营业利润率呢？

（2）考虑能否用下面的方法检验上述问题：将每两个地方作为一对，采用一系列的 t 检验？其错误率如何？假如研究人员在抽样时还抽取了北京、上海、广州和深圳四个地方的公司，采用 t 检验的方法，需要进行多少次检验？错误率如何？有没有更好的办法？

（3）是否能够研究地区之外的因素？本研究中只包括了大公司，如何在分析中包括小型规模的公司和中等规模的公司？年份的选择重要吗？有没有可能通过检验来确定不同年份之间年均资产收益率、年均股本收益率或年均营业利润率是否存在具有统计显著性的差异？

（4）如果设计一个研究，三个地方都包括有小公司、中等规模的公司和大公司，有没有可能通过检验来确定公司规模与地区之间存在交互效应？换言之，假定大公司在重庆的表现良好，而小公司在西安的表现较好。如果要分析公司规模与地区之间的交互效应，可采用什么方法？

3. 建议课堂计划

本案例可以作为专门的案例讨论课，随堂进行，以下是建议的课堂计划，仅供参考。

整个案例的课堂时间控制在 60 分钟。

课前计划：提出启发思考题，请学生在课前完成阅读和初步思考。

课中计划：

(1) 简介案例及分析要求(2～5 分钟)。

(2) 课堂分组讨论(20 分钟)。

(3) 小组报告，可事先指定各组报告的重点议题，亦可指定部分小组报告，非报告小组提问或补充(每组 5 分钟，总时间控制在 30 分钟)。

(4) 引导全班进一步讨论，并进行总结(5 分钟)。

课后计划：如有必要，请学生或小组采用书面报告形式，给出更具体的分析或解决方案，包括具体的职责分工。

第九章　因果关系研究模型：相关与回归分析

【引例】高尔顿与回归分析的起源

　　"回归"是由英国著名生物学家兼统计学家弗朗西斯·高尔顿（Francis Galton，生物学家查尔斯·达尔文的表弟）在研究人类遗传问题时提出来的。为了研究父代与子代身高的关系，高尔顿搜集了 1078 对父亲及其儿子的身高数据。他发现这些数据的散点图大致呈直线状态，也就是说，总的趋势是父亲的身高增加时，儿子的身高也倾向于增加。但是，高尔顿对试验数据进行了深入的分析，发现了一个很有趣的现象：回归效应。当父亲高于平均身高时，他们的儿子身高比他更高的概率要小于比他更矮的概率；父亲矮于平均身高时，他们的儿子身高比他更矮的概率要小于比他更高的概率。现象反映了一个规律，即这两种身高父亲的儿子身高，有向他们父辈的平均身高回归的趋势。对于这个一般结论的解释是：大自然具有一种约束力，使人类身高的分布相对稳定而不产生两极分化，这就是所谓的回归效应。

　　1855 年，高尔顿发表《遗传的身高向平均数方向的回归》一文，他和他的学生卡尔·皮尔逊（Karl Pearson）通过观察 1078 对夫妇的身高数据，以每对夫妇的平均身高作为自变量，取他们的一个成年儿子的身高作为因变量，分析儿子身高与父母身高之间的关系，发现父母的身高可以预测子女的身高，两者近乎一条直线。当父母越高或越矮时，子女的身高会比一般儿童高或矮，他将儿子与父母身高的这种现象拟合出一种线性关系，分析得出儿子的身高 Y 与父亲的身高 X 大致可归结为如下关系（单位：英寸）：

$$\hat{Y} = 33.73 + 0.516X$$

其中，$\hat{Y}$ 是 Y 的估计值。

　　根据换算公式 1 英寸＝0.0254 米，1 米＝39.37 英寸。单位换算成米后，有

$$\hat{Y} = 0.8567 + 0.516X$$

假如父母辈的平均身高为 1.75 米，则预测子女的身高为 1.7597 米。

　　这种趋势及回归方程表明父母身高每增加一个单位时，其成年子女的身高平均增加 0.516 个单位。这就是回归一词最初在遗传学上的含义。

　　有趣的是，通过观察，高尔顿还注意到，尽管这是一种拟合较好的线性关系，但仍然存在例外现象：矮个父母所生的子女比其父母要高，身材较高的父母所生子女的身高却回降到多数人的平均身高。换句话说，当父母身高走向极端，子女的身高不会像父母身高那样极端化，其身高要比父母们的身高更接近平均身高，即有"回归"到平均数去的趋势，这就是统计学上最初出现"回归"时的含义，高尔顿把这一现象叫做"向平均数方向的回归"。虽然这是一种特

殊情况，与线性关系拟合的一般规则无关，但"线性回归"的术语却因此沿用下来，用于说明根据一种变量(父母身高)或多种变量预测另一种变量(子女身高)取值的方法。

【学习目标】

- 熟悉变量间的主要关系类型
- 掌握相关系数的计算与检验
- 熟悉相关分析与回归分析间的关系
- 掌握一元线性回归方程的构建
- 掌握一元线性回归方程的检验
- 掌握一元线性回归方程的预测
- 熟悉多元线性回归分析

9.1　相关分析与回归分析

相关分析是用来说明变量之间关系的密切程度的，回归分析是研究变量之间的具体数量形式的。相关分析是回归分析的基础和前提，回归分析则是相关分析的深入和继续。相关分析需要依靠回归分析来表现变量之间数量相关的具体形式，而回归分析则需要依靠相关分析来表现变量之间数量变化的相关程度。

9.1.1　变量间的关系

商务活动中的许多事物、现象彼此之间是相互联系、相互依赖和相互制约的。例如，企业商品销售量与广告投入费用之间、家庭消费支出与收入之间、国内生产总值与财政收入之间等，无不存在一定的联系。事物、现象之间的这种联系最终都要通过相互之间的数量对应关系反映出来，因此，事物、现象之间的联系必然表现为变量之间的依存关系。变量之间的依存关系依据数量上是否确定可划分为两种不同的类型：一种是函数关系，另一种是相关关系。

函数关系是指变量之间确定性的数量依存关系，即一个变量 X(或几个变量)取一定数值时，另一变量 Y 总有确定的数值与之对应。例如，个人所得与应纳个人所得税的关系、企业原材料消耗额与产量、单位产量原材料消耗量、原材料价格的关系等，都属于函数关系。

相关关系是指变量之间不确定性的数量依存关系，即一个变量 X(或几个变量)取一定数值时，与之相关的另一个变量 Y 不是只有唯一一个数值与之对应，而是可能有若干个数值与之对应，这些数值表现出一定的随机波动性。例如，家庭收入与储蓄存款之间存在一定关系：当家庭收入增加或减少时，相应地，储蓄存款也会增加或减少，然而，当家庭收入增加或减少一定数额时，储蓄存款并非增加或减少固定的数额。因为储蓄存款的变动，还受到诸如家庭结构、消费习惯和社会保障制度等其他很多因素的影响，因此，就有了现实生活中，相同收入的家庭储蓄存款额度并不一样，相同储蓄存款额度的家庭收入也不尽相同，二者关系属于相关关系。

相关关系的类型不同，研究内容和方法也就有所不同。相关关系的类型可以从不同角度，依据不同的标准来划分。

标准一：涉及变量的数目。仅涉及两个变量的相关关系称为单相关，涉及三个或三个以上变量的相关关系称复相关。例如，企业销售额与广告费之间的相关关系就属于单相关，而企业销售额与广告费、市场占有率等变量之间的相关关系就属于复相关。单相关分析是研究复相关的基础。

标准二：变量变化的方向。两个变量大致呈同方向变化的相关关系称为正相关，两个变量大致呈相反方向变化的相关关系称为负相关。例如，企业销售额与广告费的关系、家庭收入与消费水平的关系、身高与体重的关系等都属于正相关，即一个变量增加（或减少）时，另一个变量也大体上随之增加（或减少）。商品销售额与流通费用率的关系、家庭可支配收入与食品支出比重的关系、森林覆盖率与空气污染程度的关系等都属于负相关，即一个变量增加（或减少）时，另一个变量却大体上随之减少（或增加），朝着相反方向变化。

标准三：变量关系的呈现形式。变量之间的数量关系大体上接近一条直线时称变量之间存在线性相关，变量之间的数量关系大体上接近一条曲线时称变量之间存在非线性相关或曲线相关。例如，企业利润额与科研费用支出的关系、家庭收入与消费水平的关系、身高与体重的关系等都属于线性相关。家庭收入与家用轿车普及率上升速度之间的关系属于非线性关系，随着家庭收入的增长，家用轿车普及率由慢变快再变慢直至趋于稳定，呈非线性相关。实际上，许多非线性相关关系可以通过变量变换转化为线性相关形式来分析。

标准四：变量关系的密切程度。变量之间确定性的数量依存称为完全相关关系，即函数关系。变量之间在数量上变化时，彼此独立，互不影响，称为不相关。不完全相关则是介于完全相关和不相关之间的变量相关关系。相关分析研究的对象主要是不完全相关关系。

相关分析（correlation analysis）是用来度量变量之间关系的技术，通常借助的工具有散点图和相关系数等。

9.1.2　相关关系描述

对于两个变量 X 和 Y，通过调查、观察或实验可以得到若干组数据，记为 (X_i, Y_i) $(i=1, 2, \cdots, n)$。用二维坐标系中的横轴坐标表示变量 X，纵轴坐标表示变量 Y，每组数据 (X_i, Y_i) 用一个点表示，称为散点。n 组数据在二维坐标系中对应的 n 个散点形成的图形称为散点图。

散点图是描述变量之间关系的一种直观方法，从图中点的分布、形态和远近等可以大体上看出变量之间有没有关系、有什么样的关系以及大体强度等。不同相关关系类型的散点图如图 9.1 所示。

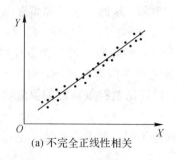

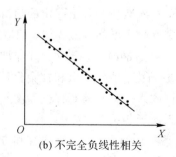

(a) 不完全正线性相关　　　　　　　(b) 不完全负线性相关

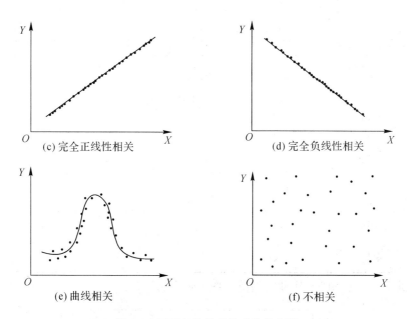

图 9.1　不同相关关系类型的散点图

【例 9.1】　一大型牙膏制造公司为了更好地拓展产品市场，有效地管理库存，公司董事会要求销售部门根据市场调查，找出公司生产的牙膏销售量与广告费用、销售价格、其他公司平均销售价格等之间的关系。为此，销售部门人员收集了过去 30 个销售周期(每个销售周期为 4 个星期)公司生产的牙膏销售量的相关数据(见表 9.1)。依据这些数据分析牙膏销售量与其他变量的相关关系。

表 9.1　牙膏销售量的相关数据

销售周期	销售量/百万支	广告费用/百万元	销售价格/元	其他公司平均销售价格/元
1	7.38	5.50	13.85	13.80
2	8.51	6.75	13.75	14.00
3	9.52	7.25	13.70	14.30
4	7.50	5.50	13.70	13.70
5	9.33	7.00	13.60	13.85
6	8.28	6.50	13.60	13.80
7	8.75	6.75	13.60	13.75
8	7.87	5.25	13.80	13.85
9	7.10	5.25	13.80	13.65
10	8.00	6.00	13.85	14.00
11	7.89	6.50	13.90	14.10
12	8.15	6.25	13.90	14.00
13	9.10	7.00	13.70	14.10
14	8.86	6.90	13.75	14.20
15	8.90	6.80	13.75	14.10
16	8.87	6.80	13.80	14.10
17	9.26	7.10	13.70	14.20
18	9.00	7.00	13.80	14.30

销售周期	销售量/百万支	广告费用/百万元	销售价格/元	其他公司平均销售价格/元
19	8.75	6.80	13.70	14.10
20	7.95	6.50	13.80	13.75
21	7.65	6.25	13.80	13.75
22	7.27	6.00	13.75	13.65
23	8.00	6.50	13.70	13.90
24	8.50	7.00	13.55	13.65
25	8.75	6.80	13.60	14.10
26	9.21	6.80	13.65	14.25
27	8.27	6.50	13.70	13.65
28	7.67	5.75	13.75	13.75
29	7.93	5.80	13.80	13.85
30	9.26	6.80	13.70	14.25

解 借助 Excel 或 SPSS 软件绘制散点图，如图 9.2 所示。

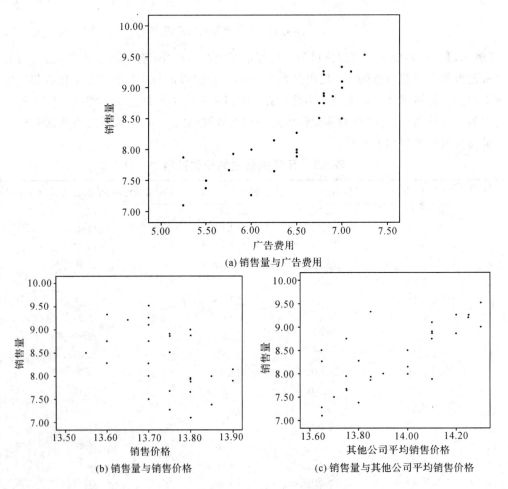

(a) 销售量与广告费用

(b) 销售量与销售价格

(c) 销售量与其他公司平均销售价格

图 9.2 SPSS 绘制的牙膏销售量与相关变量的散点图

从各散点图可以看出，牙膏销售量与广告费用、销售价格、其他公司平均销售价格之间都具有一定的线性关系。其中，牙膏销售量与广告费用、其他公司平均销售价格之间为正相关；牙膏销售量与销售价格之间为负相关。同时，从各散点的分布情况相比较而言，牙膏销售量与广告费用的关系比较密切，而与其他公司平均销售价格的关系次之，与销售价格的关系最不密切。

散点图可对变量之间的相关关系进行直观的视觉分析，若需要更精确、更客观的分析还需要借助相关系数等定量的测度指标。

9.1.3　相关关系测度

相关系数(correlation coefficient)是度量两个数值型变量之间线性相关程度的统计量。若相关系数是根据总体全部数据计算的，称为总体相关系数，一般用符号 ρ 表示。实际上，由于很难完全收集变量的全部数据，所以总体相关系数 ρ 虽然客观存在但不可能由观察数据直接计算得到，只能依据所收集的样本数据计算出样本相关系数，借以推断总体相关系数。样本相关系数是根据样本数据计算的，通常用 r 表示，其计算公式为

$$r = \frac{\sum_{i=1}^{n}\sum_{i=1}^{n}(X_i - \overline{X})(Y_i - \overline{Y})}{\sqrt{\sum_{i=1}^{n}(X_i - \overline{X})^2 \sum_{i=1}^{n}(Y_i - \overline{Y})^2}} = \frac{n\sum_{i=1}^{n}X_iY_i - \sum_{i=1}^{n}X_i\sum_{i=1}^{n}Y_i}{\sqrt{n\sum_{i=1}^{n}X_i^2 - \left(\sum_{i=1}^{n}X_i\right)^2}\sqrt{n\sum_{i=1}^{n}Y_i^2 - \left(\sum_{i=1}^{n}Y_i\right)^2}}$$

习惯上，将上述公式所计算的相关系数称为皮尔逊相关系数，因为它是由英国数学家、生物统计学家、数理统计学家卡尔·皮尔逊(Karl Pearson)最早提出来的。

相关系数 r 的性质如下：

(1) 相关系数 r 在 $[-1, 1]$ 之间取值。当 $r = \pm 1$ 时，表明两个变量呈完全线性相关，即线性函数关系，$r = 1$ 为完全正线性相关，$r = -1$ 为完全负线性相关。$|r|$ 越接近 1，表明线性关系程度越强，越接近于 0，表明线性关系越弱。

(2) 当相关系数 $r > 1$ 时，表明两个变量呈正线性相关；当相关系数 $r < 1$ 时，表明两个变量呈负线性相关；当 $r = 0$ 时，表明两个变量之间不存在线性关系，但有可能存在非线性关系。本质上，这里的相关系数是用来测度变量间线性关系的，因此，通常又称为线性相关系数。

(3) 相关系数 r 是一个无量纲的数值，不受变量计量单位的影响。

(4) 相关系数 r 具有对称性。对称性表现为在相关系数 r 的计算中，两个变量的地位是平等的，二者互换位置并不改变相关系数 r 的取值。

【例 9.2】　结合例 9.1 的数据，计算牙膏销售量与广告费用、销售价格、其他公司平均销售价格等之间的相关系数。

解　利用收集到的牙膏销售量与广告费用数据，得到

$$
\begin{aligned}
r &= \frac{n\sum_{i=1}^{n}X_iY_i - \sum_{i=1}^{n}X_i\sum_{i=1}^{n}Y_i}{\sqrt{n\sum_{i=1}^{n}X_i^2 - \left(\sum_{i=1}^{n}X_i\right)^2}\sqrt{n\sum_{i=1}^{n}Y_i^2 - \left(\sum_{i=1}^{n}Y_i\right)^2}} \\
&= \frac{30 \times 1632.78 - 193.60 \times 251.48}{\sqrt{30 \times 1258.85 - (193.60)^2}\sqrt{30 \times 2121.53 - (251.48)^2}} \\
&= 0.8760
\end{aligned}
$$

用同样的方法可计算得到：牙膏销售量与销售价格之间的相关系数为-0.4692，牙膏销售量与其他公司平均销售价格之间的相关系数为0.7409。

利用 Excel 软件可运用 CORREL 函数、PEARSON 函数、相关系数工具等完成相关系数的计算。

CORREL 函数、PEARSON 函数都能实现返回两个变量间相关系数的功能。语法结构相同，为

CORREL(array1, array2)

PEARSON(array1, array2)

其中，array1、array2 为两变量观察数据所在区域。

利用 Excel 中的相关系数工具也可实现相关系数的计算。选择"数据"菜单中的"数据分析"命令，接着在弹出的"数据分析"对话框中，选择"相关系数"选项，点击"确定"按钮。在"输入"栏，"输入区域"选定待整理数据所在区域，"分组方式"按照实际需要选择"逐列"或"逐行"，再选定"输出选项"，点击"确定"。

Excel 相关系数的运算结果是以矩阵的形式输出的，矩阵中每一个数据恰为所在单元格所对应的行变量与列变量之间的相关系数数值。由于相关系数具有对称性，所以输出矩阵中主对角线上方的单元格数据与对称位置上主对角线下方的单元格数据是相同的，因此，Excel 进行了省略处理，如图 9.3 所示。

	销售量（百万支）	广告费用（百万元）	销售价格（元）	其他公司平均销售价格（元）
销售量（百万支）	1			
广告费用（百万元）	0.875953605	1		
销售价格（元）	-0.469220295	-0.468793014	1	
其他公司平均销售价格（元）	0.74094817	0.604539996	0.07836681	1

图 9.3 Excel 相关系数的运算结果

通常，当$|r| \geqslant 0.8$时，变量间的关系被认为是高度相关；当$0.5 \leqslant |r| \leqslant 0.8$时，变量间的关系被认为中度相关；当$0.3 \leqslant |r| \leqslant 0.5$时，变量间的关系被认为低度相关；当$|r| < 0.3$时，变量间的关系被认为极弱，可以看做不相关。

大多数情况下，总体相关系数ρ是未知的，通常是根据样本相关系数r作为ρ的近似估计值。但由于r是根据样本计算出来的，它受到抽样偶然性、随机性的影响，抽取的样本不同，其取值也就不同。依据样本相关系数说明总体的相关程度，需要考察样本相关系数的可靠性，也就是需要进行显著性检验。

为了对样本相关系数r的显著性进行检验，需要考察r的抽样分布。r的抽样分布随总体相关系数ρ和样本容量n的大小而变化。当样本数据来自正态总体时，随着n的增大，r的抽样分布趋于正态分布，尤其是在总体相关系数ρ很小或接近于 0 时，趋于正态分布的趋势非常明显。而当ρ远离 0 时，除非n非常大，否则r的抽样分布呈现一定的偏态。当ρ为较大的正值时，r呈现左偏分布；当ρ为较小的负值时，r呈现右偏分布。只有当ρ接近于 0，而样本容量n很大时，才能认为r是接近于正态分布的随机变量。由此可见，以样本相关系数r来估计总体ρ时，假设r为正态分布具有很大的风险。因此，通常情况下不采用正态检验，而是采用t检验，该检验可以用于小样本，也可以用于大样本。

样本相关系数是总体相关系数的一个无偏估计量，有

$$E(r) = \rho, \ D(r) = \frac{1 - r^2}{n - 2}$$

为说明总体的相关程度，提出原假设与备则假设：

$$H_0: \rho = 0, \ H_1: \rho \neq 0$$

构建检验统计量：

$$t = \frac{r - 0}{\sqrt{(1 - r^2)/(n - 2)}} = \frac{r\sqrt{n - 2}}{\sqrt{1 - r^2}} \sim t(n - 2)$$

得出检验结论：结合显著性水平 α，利用样本数据计算得到的检验统计量 t 或 P 值做出判断。如果检验统计量 t 落在拒绝域临界值 $\pm t_{\alpha/2}(n - 2)$ 之外，则拒绝原假设，认为总体相关系数显著地不同于 0，变量间存在显著的线性相关关系。反之，则说明变量间并不存在显著的线性相关关系。

【例 9.3】 结合例 9.2 的数据，在显著性水平 $\alpha = 0.05$ 下，检验牙膏销售量与广告费用、销售价格、其他公司平均销售价格等之间的相关系数是否显著。

解 为判断牙膏销售量与广告费用之间总体相关系数的程度，提出原假设与备则假设：

$$H_0: \rho = 0, \ H_1: \rho \neq 0$$

利用牙膏销售量与广告费用的样本相关系数 $r = 0.8760$，计算得到：

$$t = \frac{0.8760 \times \sqrt{30 - 2}}{\sqrt{1 - (0.8760)^2}} = 9.61$$

此检验为双侧检验，拒绝域临界值为 $\pm t_{\alpha/2}(n - 2) = \pm t_{0.05/2}(30 - 2) = \pm 2.05$。检验统计量的取值落在两临界值之外，$t = 9.61 > 2.05 = t_{0.05/2}(28)$，因此，拒绝原假设，认为牙膏销售量与广告费用之间总体相关系数显著不同于 0，二者存在显著的线性相关关系。

P 值利用在 Excel 中录入 TDIST(9.61，28，2) 得到，$P = 2.30 \times 10^{-10} < 0.05 = \alpha$，拒绝原假设。

利用同样的方法可判断得出：牙膏销售量与销售价格、其他公司平均销售价格之间的总体相关系数显著不同于 0。

利用 SPSS 运算相关系数时，选择菜单栏上"分析"中"相关"的"双变量"命令。在弹出的"双变量"对话框，将"销售量""销售价格""广告费用""其他公司平均销售价格""价格差"选入"变量"栏。"相关系数"栏选定"Pearson"，"显著性检验"栏选定"双侧检验"，勾选"标记显著性相关"，点击"确定"。

返回的结果中，除了变量两两之间的样本相关系数外，还有对应的 P 值大小，非常方便对总体相关系数的显著性做出判断。

需要注意的是，即使通过检验表明总体相关系数是显著的，并不一定意味着两个变量之间就存在重要的相关性。因为在大样本情况下，即使样本相关系数很小，仍然会得出总体相关系数显著。同时，相关系数只是表明两个变量间相互影响的强弱和方向，不能说明两个变量间是否存在因果关系，以及何为因，何为果。即使是在相关系数非常大时，也不一定意味着两个变量间具有显著的因果关系，这需要借助专业知识、逻辑推理进行判断。例如，有人曾对教师工资和白酒价格做了相关分析，计算得到一个较大的正相关系数。这是否表明教师工资提高导致白酒销售量增加，进而推动了白酒价格的上涨呢？经分析，事实上是由于经济繁荣导致教师工资和白酒销售量的上涨，而教师工资和白酒销售量之间并没有什么直接关系。同样的，有人分析得出一个国家、地区低智商人数与获得博士学位人数之间存在高度负相关关系，这也不能解释为二者之间存在因果关系。当两个变量之间存在强相关关系时，只能断定这两个变量之间存在着一种关系或联系，但不能认为一个变量的变化就会引起另一个变量的变化。

9.1.4　回归分析

相关分析主要内容是依据观察数据计算相关系数，以此说明变量之间相关的密切程度。回归分析（regression analysis）是研究存在相关关系的变量之间具体的数量变化关系。相关分析与回归分析是对变量间的关系进行完整分析时两个基本的组成部分。

只有当变量之间存在强相关关系时，进行回归分析寻求其相关的具体形式才有意义。如果在没有对变量之间是否相关以及相关方向和程度做出正确判断之前，就进行回归分析，很容易造成"虚假回归"。与此同时，相关分析只研究变量之间相关的方向和程度，不能推断变量之间相互关系的具体形式，也无法从一个变量的变化来推测另一个变量的变化情况，因此，在具体应用过程中，只有把相关分析和回归分析结合起来，才能达到研究和分析的目的。

回归分析主要包含三个内容：首先，依据观察数据构建回归方程，即寻找一个适当的数量关系式来描述变量间平均的数量变化关系，这种数量关系式称为回归方程；其次，对回归方程的可信程度进行检验，并从影响一特定变量的诸多变量中找出哪些变量的影响是显著的，哪些是不显著的；最后，利用经过检验的数量关系式，依据一个或几个变量的取值来解释或预测另一个特定变量的取值。

相关分析与回归分析虽然都是以变量之间的相关关系为研究对象，但两者的研究目的和内容都有明显的区别，两者对所研究变量的性质要求也有所不同。仅就两个变量而言，相关分析中的两个变量是完全平等的、对等的，都看做随机变量，无需进一步地区分。然而，回归分析旨在通过一个变量去解释或预测另一个变量。因此，回归分析首先要将所研究的变量分为自变量和因变量。被预测或被解释的变量称为因变量（dependent variable），用来预测或用来解释因变量的一个或多个变量称为自变量（independent variable）。对于存在因果关系的变量，应该将"原因"作为自变量，将"结果"作为因变量。回归分析中，自变量通常被看做是可控制的、非随机的，因变量是随机的。

回归分析依据变量的数目，可分为一元回归和多元回归；依据自变量与因变量间的呈现形式，即回归方程的形态，可分为线性回归与非线性回归。

9.2　一元线性回归分析

当回归分析中仅涉及一个自变量，且自变量与因变量之间为线性关系时称为一元线性回归分析（simple linear regression analysis）。在本章 9.1 节的例题中，通过相关分析得知牙膏销售量与广告费用、销售价格、其他公司平均销售价格三个变量之间存在线性关系，且关系强度最大的为广告费用。如果销售部门考虑借助广告费用的观察数据对牙膏销售量做出估计，这时就需要构建以广告费用为自变量、销售量为因变量的一元线性回归模型进行分析。

9.2.1　一元线性回归模型描述

描述因变量 Y 如何依赖于一个自变量 X 和误差项 ε 的线性方程称为一元线性回归模型（simple linear regression model）。一元线性回归模型的一般形式描述为

$$Y_i = \beta_0 + \beta_1 X_i + \varepsilon_i \quad (i = 1, 2, \cdots)$$

其中：X_i 表示自变量的各个取值；Y_i 表示对应的因变量取值；β_0、β_1 为模型参数；ε_i 为随机误差项。

模型表明，因变量 Y 的取值由自变量 X 的线性函数和随机误差项 ε 决定。X 的线性函数反映了由于 X 的变化而引起的 Y 取值的变化；随机误差项 ε 反映的是不能由 X 和 Y 之间的线性关系所解释的 Y 取值部分，是除 X 之外的随机因素对 Y 取值的影响，为一随机变量。

现实问题的研究中，往往难以掌握全部的数据，因此，一元线性回归模型的参数 β_0、β_1 是未知的，从而在一元线性回归分析中，需要通过观察数据来估计模型中的参数。最常用到的方法为最小二乘法，又称最小平方法。此方法需要对随机误差项 ε 的概率分布做出一定的假设，在这些假设下，最小二乘法具有合乎需要的统计性质，从而成为回归分析中通用而有效的方法。

假设一：正态性。随机误差项 ε_i 是一个服从正态分布的随机变量。因此，对于一个特定的 X_i，由正态分布的线性可加性知：Y_i 亦服从正态分布。

假设二：零均值。随机误差项 ε_i 的数学期望为 0，即 $E(\varepsilon_i) = 0$。因而，有 $E(Y_i) = \beta_0 + \beta_1 X_i$。

假设三：同方差。对于所有 X_i 的取值，随机误差项 ε_i 的方差相同。ε_i 的方差记为 σ^2，则有 $\varepsilon_i \sim N(0, \sigma^2)$。据此可知，$Y_i$ 的方差也为 σ^2。因而，有 $Y_i \sim N(\beta_0 + \beta_1 X_i, \sigma^2)$。

假设四：独立性。对于一个特定的 X_i，它所对应的 ε_i 与其他 X_i 所对应的 ε_i 不相关。因此，对于一个特定的 X_i 值，它所对应的 Y_i 值与其他 X_i 所对应的 Y_i 值也不相关。又由于 ε_i、Y_i 服从正态分布，不相关意味着它们各自是相互独立的。

满足以上四条假设的线性回归模型称为古典或普通线性回归模型，相应地，对于这类回归模型的参数估计所采用的最小二乘法称为普通最小二乘法（ordinary least square）。

在零均值假设下，有 $E(Y_i) = \beta_0 + \beta_1 X_i$。该公式表明，自变量 X 的线性函数部分恰好为因变量 Y 的数学期望、平均值，描述了因变量 Y 的数学期望、平均值如何依赖于自变量 X，称其为回归方程（regression equation）。一元线性回归方程绘制的是二维坐标系中的一条直线，称为回归直线。β_0 是这条直线在 Y 轴上的截距，是自变量 X 取 0 时所对应的 Y 的数学期望；β_1 是这条直线的斜率，称为回归系数，表示自变量 X 每变动一个单位时，Y 的平均变动值。

利用观察数据计算出 β_0、β_1 的估计量 $\hat{\beta}_0$、$\hat{\beta}_1$，代入到回归方程中，用 $\hat{\beta}_0 + \hat{\beta}_1 X_i$ 作为回归方程的估计，记为

$$\hat{Y}_i = \hat{\beta}_0 + \hat{\beta}_1 X_i$$

称为样本回归方程。同样的，与考虑随机误差项的回归模型相对应，样本回归模型可记为

$$Y_i = \hat{\beta}_0 + \hat{\beta}_1 X_i + e_i = \hat{Y}_i + e_i$$

其中，e_i 称为残差，是观察数据与估计值之间的误差。

由于抽样的偶然性、随机性，使样本回归方程充其量只能近似地说明总体回归方程，而不可能与之完全重合，从而不可避免地会出现样本回归方程高估或低估总体回归方程的情况，需要设法使样本回归方程尽可能接近总体回归方程，也就是说，要使回归方程参数的估计值 $\hat{\beta}_0$、$\hat{\beta}_1$ 尽量接近总体模型参数 β_0、β_1。

9.2.2 一元线性回归方程构建

对于 X_i，样本回归方程可表示为

$$\hat{Y}_i = \hat{\beta}_0 + \hat{\beta}_1 X_i \quad (i = 1, 2, \cdots, n)$$

对于 X 和 Y 的 n 对观察值，用来描述其关系的直线有多条，究竟用哪条直线来代表这两个变量间的关系，需要一个明确的规则。人们总是希望寻求一定的规则和方法，使得所估计的样本回归方程是总体回归方程的最理想代表。

最理想的回归直线应该尽可能从整体上看最接近各个实际观察点，即散点图中各点到回归直线的距离最短。依据德国数学家卡尔·高斯(Karl Gauss)的研究，通常采用观察值与对应估计值之间的离差平方和来衡量全部数据与回归直线总的接近程度，如图 9.4 所示。

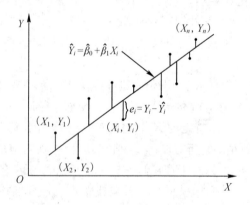

图 9.4 最小二乘法的思路

因此，回归直线应满足的条件是：全部观察值与对应的估计值的离差平方和的总和为最小，即残差平方和最小。

$$\sum_{i=1}^{n} e_i^2 = \sum_{i=1}^{n} (Y_i - \hat{Y}_i)^2 = \sum_{i=1}^{n} (Y_i - \hat{\beta}_0 - \hat{\beta}_1 X_i)^2 = \min$$

此准则称为最小二乘准则或最小平方准则，依据此准则估计回归模型参数 β_0、β_1 的方法就是最小二乘法。X_i、Y_i 为观察数据，因而，残差平方和的大小依赖于 $\hat{\beta}_0$、$\hat{\beta}_1$ 的取值，客观上，总有一对 $\hat{\beta}_0$ 和 $\hat{\beta}_1$ 的数值能够使残差平方和达到最小。依据微积分中函数极值原理，将残差平方和分别对 $\hat{\beta}_0$、$\hat{\beta}_1$ 求一阶偏导，并令它们等于 0，有

$$
\begin{cases}
\dfrac{\partial \sum\limits_{i=1}^{n} e_i^2}{\partial \hat{\beta}_0} = -2\sum_{i=1}^{n}(Y_i - \hat{\beta}_0 - \hat{\beta}_1 X_i) = 0 \\[3mm]
\dfrac{\partial \sum\limits_{i=1}^{n} e_i^2}{\partial \hat{\beta}_1} = -2\sum_{i=1}^{n}(Y_i - \hat{\beta}_0 - \hat{\beta}_1 X_i) X_i = 0
\end{cases}
$$

整理得

$$
\begin{cases}
\sum\limits_{i=1}^{n} e_i = \sum\limits_{i=1}^{n}(Y_i - \hat{\beta}_0 - \hat{\beta}_1 X_i) = 0 \\[3mm]
\sum\limits_{i=1}^{n} e_i X_i = \sum\limits_{i=1}^{n}(Y_i - \hat{\beta}_0 - \hat{\beta}_1 X_i) X_i = 0
\end{cases}
$$

此联立方程组称为正规方程组。求解正规方程组得

$$
\begin{cases}
\hat{\beta}_1 = \dfrac{\sum\limits_{i=1}^{n}(X_i - \overline{X})(Y_i - \overline{Y})}{\sum\limits_{i=1}^{n}(X_i - \overline{X})^2} = \dfrac{n\sum\limits_{i=1}^{n} X_i Y_i - \sum\limits_{i=1}^{n} X_i \sum\limits_{i=1}^{n} Y_i}{n\sum\limits_{i=1}^{n} X_i^2 - \left(\sum\limits_{i=1}^{n} X_i\right)^2} \\[6mm]
\hat{\beta}_0 = \dfrac{\sum\limits_{i=1}^{n} X_i^2 \sum\limits_{i=1}^{n} Y_i - \sum\limits_{i=1}^{n} X_i \sum\limits_{i=1}^{n} X_i Y_i}{n\sum\limits_{i=1}^{n} X_i^2 - \left(\sum\limits_{i=1}^{n} X_i\right)^2} = \overline{Y} - \hat{\beta}_1 \overline{X}
\end{cases}
$$

【例 9.4】 结合例 9.1 的数据，构建牙膏销售量与广告费用之间的线性回归方程。

解 广告费用是影响牙膏销售量的一个重要因素，广告费用为自变量 X，牙膏销售量为因变量 Y。利用观察数据计算得

$$
\begin{cases}
\hat{\beta}_1 = \dfrac{n\sum\limits_{i=1}^{n} X_i Y_i - \sum\limits_{i=1}^{n} X_i \sum\limits_{i=1}^{n} Y_i}{n\sum\limits_{i=1}^{n} X_i^2 - \left(\sum\limits_{i=1}^{n} X_i\right)^2} = \dfrac{30 \times 1632.78 - 193.60 \times 251.48}{30 \times 1258.85 - (193.60)^2} = 1.043 \\[6mm]
\hat{\beta}_0 = \overline{Y} - \hat{\beta}_1 \overline{X} = 8.38 - 1.043 \times 6.45 = 1.649
\end{cases}
$$

广告费用对牙膏销售量的样本回归方程为

$$
\hat{Y}_i = 1.649 + 1.043 X_i
$$

回归系数 $\hat{\beta}_1 = 1.043$ 表示广告费用每增加 100 万元，牙膏销售量平均增加 104.3 万支；广告费用每减少 100 万元，牙膏销售量平均减少 104.3 万支。回归分析中，截距 $\hat{\beta}_0$ 往往不能赋予任何真实内涵，因此，通常不作实际意义上的解释。

普通线性回归模型运用最小二乘法求解出的 $\hat{\beta}_0$ 和 $\hat{\beta}_1$ 都是服从正态分布的随机变

量，有

$$\hat{\beta}_0 \sim N\left(\beta_0 , \frac{\sigma^2 \sum_{i=1}^{n} X_i^2}{\sum_{i=1}^{n}(X_i - \overline{X})^2}\right)$$

$$\hat{\beta}_1 \sim N\left(\beta_1 , \frac{\sigma^2}{\sum_{i=1}^{n}(X_i - \overline{X})^2}\right)$$

在随机误差项 ε_i 为正态分布的假设下，因变量 Y_i 服从正态分布，而 $\hat{\beta}_0$、$\hat{\beta}_1$ 都是 Y_i 的线性组合，所以 $\hat{\beta}_0$、$\hat{\beta}_1$ 的分布也表现为正态分布。

方差反映了随机变量取值的离散程度，估计量 $\hat{\beta}_0$、$\hat{\beta}_1$ 的方差越小，则对未知参数 β_0、β_1 估计的精确度就越高，$\hat{\beta}_0$、$\hat{\beta}_1$ 的取值将集中在 β_0、β_1 的真值附近。反之，估计的精确度就越差。

利用 Excel 软件可运用 INTERCEPT 函数、SLOPE 函数以及 LINEST 函数和回归工具等完成回归分析。

INTERCEPT 函数的功能是返回依据观察数据构建的线性回归直线截距，SLOPE 函数的功能是返回依据观察数据构建的线性回归直线斜率。二者的语法结构相同，为

  INTERCEPT(known_y′s, known_x′s)

  SLOPE(known_y′s, known_x′s)

其中：known_y′s 为因变量观察数据所在区域；known_x′s 为自变量观察数据所在区域。

LINEST 函数的功能是利用最小二乘法计算与现有数据最佳拟合的直线，返回此直线的截距和斜率数组。由于此函数返回的是数值数组，因此，必须以数组公式的形式录入。语法结构为

  LINEST(known_y′s, [known_x′s], [const], [stats])

其中：const 为函数的逻辑值，如果 const 为 1（或 true），则截距正常计算，如果为 0（或 false），则将截距设置为 0；stats 仍然是函数的逻辑值，如果 stats 为 1（或 true），则返回数据，除了截距和斜率外，还会返回标准误差、判定系数、F 值等回归统计值，如果为 0（或 false），仅返回截距和斜率。

利用 Excel 进行回归分析时，选择"数据"菜单中的"数据分析"命令，接着在弹出的"数据分析"对话框中，选择"回归"选项，点击"确定"按钮。在"输入"栏，"Y 值输入区域""X 值输入区域"选定因变量、自变量观察数据所在区域。"输出选项"栏，选择一种输出方式，点击"确定"。输出结果如图 9.5 所示。

Excel 中"回归"工具输出结果包括"回归统计""方差分析"和"回归系数"等三个部分。在"回归系数"部分的"coefficients"列可得到截距和斜率的数值。其他输出结果主要是用来判断样本回归方程拟合好坏以及由此推知总体回归方程的可信度的。

SUMMARY OUTPUT							
回归统计							
Multiple R	0.875953605						
R Square	0.767294718						
Adjusted R Square	0.758983816						
标准误差	0.334444326						
观测值	30						
方差分析							
	df	SS	MS	F	Significance F		
回归分析	1	10.3267	10.3267	92.32387	2.30674E-10		
残差	28	3.131884	0.111853				
总计	29	13.45859					
	Coefficients	标准误差	t Stat	P-value	Lower 95%	Upper 95%	下限 95.0%	上限 95.0%
Intercept	1.648964645	0.70346	2.344079	0.026399	0.207992995	3.089936	0.207993	3.089936
广告费用（百万元）	1.043445561	0.108596	9.608531	2.31E-10	0.820997271	1.265894	0.820997	1.265894

图 9.5 "回归"工具输出结果

9.2.3 一元线性回归方程检验

样本回归方程是根据观察数据来估计变量间的线性关系，那么该回归方程是否很好地匹配了观察数据呢？这就有必要关注拟合优度，即样本回归方程对观察数据拟合的优劣程度，主要依据两个指标进行度量：判定系数 R^2 和回归估计标准误差 S_e。

同时，由于总体回归模型的参数不是直接观测的，只能通过观察数据去估计，而估计量是随抽样而变动的随机变量，那么所估计的回归方程是否可靠呢？在应用所估计的回归方程之前应该检验其是否具有显著性，即检验自变量 X 对因变量 Y 的线性影响是否显著，主要有两种检验方法：F 检验和 t 检验。

1. 判定系数

因变量 Y 的取值是不同的，其波动的产生有两个原因：一是自变量 X 的取值不同造成的影响；二是除 X 以外的其他随机因素的影响。因变量 Y 的离差分解如图 9.6 所示。

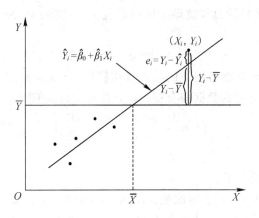

图 9.6 因变量 Y 的离差分解

相应地，因变量 Y 的任一观察值 Y_i 与其均值 $\overline{Y}$ 的离差 $Y_i - \overline{Y}$ 可以被分解成两部分：一部分是估计值或预测值 $\hat{Y}_i$ 与 $\overline{Y}$ 的离差 $\hat{Y}_i - \overline{Y}$，其变动可由回归直线解释，随自变量 X 的取值不同而不同，也就是说，这部分离差的方向和大小可以由自变量 X 的变化来加以解释；另一部分是观察值 Y_i 与回归估计值 $\hat{Y}_i$ 之间的离差 $Y_i - \hat{Y}_i$，即残差 e_i，这一部分变动回归直线无法解释，是除 X 以外的其他随机因素引起的，这部分离差的方向和大小都是不确定的。

$$Y_i - \overline{Y} = (\hat{Y}_i - \overline{Y}) + (Y_i - \hat{Y}_i)$$

等式的两侧分别取平方求和，有

$$\sum_{i=1}^{n} (Y_i - \overline{Y})^2 = \sum_{i=1}^{n} ((\hat{Y}_i - \overline{Y}) + (Y_i - \hat{Y}_i))^2$$

$$= \sum_{i=1}^{n} (\hat{Y}_i - \overline{Y})^2 + \sum_{i=1}^{n} (Y_i - \hat{Y}_i)^2 - 2\sum_{i=1}^{n} (\hat{Y}_i - \overline{Y})(Y_i - \hat{Y})$$

由于

$$\sum_{i=1}^{n} (\hat{Y}_i - \overline{Y})(Y_i - \hat{Y}) = \sum_{i=1}^{n} (\hat{\beta}_0 + \hat{\beta}_1 X_i - \overline{Y}) e_i$$

$$= (\hat{\beta}_0 - \overline{Y}) \sum_{i=1}^{n} e_i + \hat{\beta}_1 \sum_{i=1}^{n} e_i X_i$$

$$= 0$$

所以，有

$$\sum_{i=1}^{n} (Y_i - \overline{Y})^2 = \sum_{i=1}^{n} (\hat{Y}_i - \overline{Y})^2 + \sum_{i=1}^{n} (Y_i - \hat{Y}_i)^2$$

等式中的三个平方和依次称为总离差平方和、回归平方和、残差平方和，通常分别记为 SST、SSR、SSE，等式还可表示为

$$SST = SSR + SSE$$

总离差平方和 SST 表示的是因变量 Y 的总体波动，回归平方和 SSR 表示的是因变量 Y 的总体波动中可由回归直线做出解释的部分，即由自变量 X 可以解释的部分，残差平方和 SSE 表示的是因变量 Y 的总体波动中回归直线无法解释的部分，是自变量 X 无法解释的部分。

因此，在总离差平方和 SST 中，回归平方和 SSR 所占比例越大，说明样本回归方程对观察数据拟合得越好，各观察数据与回归直线越靠近；反之，回归平方和 SSR 所占比例越小，说明样本回归方程对观察数据拟合得越差，各观察数据偏离回归直线越远。定义

$$R^2 = \frac{SSR}{SST} = 1 - \frac{SSE}{SST}$$

称为判定系数。

判定系数 R^2 的性质如下：

(1) 判定系数 R^2 在 $[0, 1]$ 之间取值。R^2 取值越接近 1，表明样本回归方程对观察数据拟合的效果越好。当 $R^2 = 1$ 时，表明所有观察数据对应的点都落在一条直线上，因变量 Y 的取值完全可以由其与自变量 X 间的线性关系来解释。反之，R^2 取值越接近 0，表明样本回归方程对观察数据拟合的效果越差。当 $R^2 = 0$ 时，表明因变量 Y 的取值完全不能由其与自变量 X 间的线性关系来解释。

(2) 在一元线性回归分析中，判定系数 R^2 等于相关系数 r 的平方。因此，判定系数有时也直接记为 r^2。

$$R^2 = \frac{\text{SSR}}{\text{SST}} = \frac{\sum\limits_{i=1}^{n}(\hat{Y}_i - \overline{Y})^2}{\sum\limits_{i=1}^{n}(Y_i - \overline{Y})^2} = \frac{\sum\limits_{i=1}^{n}(\hat{\beta}_0 + \hat{\beta}_1 X_i - \overline{Y})^2}{\sum\limits_{i=1}^{n}(Y_i - \overline{Y})^2} = \frac{\sum\limits_{i=1}^{n}(\overline{Y} - \hat{\beta}_1 \overline{X} + \hat{\beta}_1 X_i - \overline{Y})^2}{\sum\limits_{i=1}^{n}(Y_i - \overline{Y})^2}$$

$$= \hat{\beta}_1^2 \frac{\sum\limits_{i=1}^{n}(X_i - \overline{X})^2}{\sum\limits_{i=1}^{n}(Y_i - \overline{Y})^2} = \left(\frac{\sum\limits_{i=1}^{n}(X_i - \overline{X})(Y_i - \overline{Y})}{\sum\limits_{i=1}^{n}(X_i - \overline{X})^2}\right)^2 \cdot \frac{\sum\limits_{i=1}^{n}(X_i - \overline{X})^2}{\sum\limits_{i=1}^{n}(Y_i - \overline{Y})^2}$$

$$= \left(\frac{\sum\limits_{i=1}^{n}(X_i - \overline{X})(Y_i - \overline{Y})}{\sqrt{\sum\limits_{i=1}^{n}(X_i - \overline{X})^2 \sum\limits_{i=1}^{n}(Y_i - \overline{Y})^2}}\right)^2 = r^2$$

相关系数 r 可由判定系数 R^2 开平方根确定，其正负与回归系数的正负号一致。

【例 9.5】 结合例 9.4 构建的一元线性回归方程，计算牙膏销售量对广告费用回归的判定系数，解释其意义。

解
$$R^2 = \frac{\text{SSR}}{\text{SST}} = \frac{\sum\limits_{i=1}^{n}(\hat{Y}_i - \overline{Y})^2}{\sum\limits_{i=1}^{n}(Y_i - \overline{Y})^2} = \frac{10.33}{13.46} = 0.7673$$

判定系数的实际意义是：在牙膏销售量的波动中，有 76.73% 可以由牙膏销售量与广告费用之间的线性关系来解释，或者说，在牙膏销售量的波动中，有 76.73% 是由广告费用所决定的。

Excel 的"回归"工具输出结果中，"回归统计"的"R Square"即为判定系数 R^2。

利用 Excel 软件还可运用 RSQ 函数计算判定系数 R^2。RSQ 函数的功能是返回依据观察数据构建的线性回归方程的判定系数。语法结构为

RSQ(known_y's, known_x's)

2. 回归估计标准误差

利用样本回归方程得到的因变量估计值 $\hat{Y}_i$ 与实际观察值 Y_i 之间总是存在或大或小、或正或负的估计误差即残差 e_i。为了说明估计误差大小的一般水平，可对全部观察数据的残差平方进行平均，得到均方误差，通常记为 MSE。

$$\text{MSE} = \frac{\sum\limits_{i=1}^{n}(Y_i - \hat{Y}_i)^2}{n-2} = \frac{\sum\limits_{i=1}^{n}e_i^2}{n-2}$$

分母部分用 $n-2$ 而不是 n，是因为一元线性回归方程中有两个待估计参数，致使分子即残差平方和的自由度为 $n-2$。均方误差 MSE 是随机误差项 ε 的总体方差 σ^2 的无偏估计量。

均方误差 MSE 的平方根就是回归估计标准误差，通常记为 S_e，用来说明因变量估计值 $\hat{Y}_i$ 与实际观察值 Y_i 之间的差异程度。其计算公式为

$$S_e = \sqrt{\text{MSE}} = \sqrt{\frac{\sum\limits_{i=1}^{n}(Y_i - \hat{Y}_i)^2}{n-2}} = \sqrt{\frac{\sum\limits_{i=1}^{n}e_i^2}{n-2}} = \sqrt{\frac{\text{SSE}}{n-2}}$$

回归估计标准误差 S_e 可以看做是在排除了自变量 X 对因变量 Y 的线性影响后,因变量 Y 取值波动的一个估计量。从回归估计标准误差的实际意义看,它反映了用样本回归方程预测因变量 Y 时预测误差的大小。如果各观察点越靠近回归直线,S_e 越小,回归直线对各观察点的代表性就越好,根据样本回归方程进行预测也就越准确;若各观察点全部落在直线上,则 $S_e = 0$。此时用自变量 X 对因变量 Y 来预测就没有误差。反之,如果各观察点偏离回归直线很远,S_e 就会很大,回归直线对各观察点的代表性就越差,根据样本回归方程进行预测效果也就会很差。

【**例 9.6**】 结合例 9.4 构建的一元线性回归方程,计算牙膏销售量对广告费用回归的估计标准误差,解释其意义。

解 $$S_e = \sqrt{\text{MSE}} = \sqrt{\frac{\sum\limits_{i=1}^{n}(Y_i - \hat{Y}_i)^2}{n-2}} = \sqrt{\frac{3.13}{30-2}} = 0.3344\ (亿元)$$

回归估计标准误差 0.3344 亿元说明的是依据广告费用来预测牙膏销售量时,平均的估计误差为 0.3344 亿元。

Excel 的"回归"工具输出结果中"回归统计"的"标准误差"即为回归估计标准误差 S_e。

利用 Excel 软件还可运用 STEYX 函数计算回归估计标准误差 S_e。STEYX 函数的功能是返回通过最小二乘法预测每个自变量 X 所对应的因变量 Y 的取值时所产生的标准误差。语法结构为

STEYX(known_y's, known_x's)

3. 回归方程的检验

回归方程检验是判断自变量 X 作为一个整体和因变量 Y 之间的线性关系是否显著的。在一元线性回归分析中,由于自变量只有一个,因此,原假设和备择假设为

$$H_0: \beta_1 = 0,\ H_1: \beta_1 \neq 0$$

回归方程检验构建统计量采用的是方差分析思路,即将因变量观察值的离差分解为回归离差和残差,检验由自变量 X 的线性影响而引起的离差是否显著。由判定系数 R^2 的计算公式可知,在总离差平方和一定的情况下,回归平方和越大,即判定系数越大,表示因变量 Y 的变化能由自变量 X 的线性影响来解释的比重就越大,但是回归平方和要大到什么样的水平才能说明自变量 X 和因变量 Y 的线性关系是显著的呢?

在普通线性回归模型分析中,如果原假设成立,有

$$\frac{\text{SSR}}{\sigma^2} \sim \chi^2(1),\ \frac{\text{SSE}}{\sigma^2} \sim \chi^2(n-2)$$

同时,这两个服从 χ^2 分布的随机变量也是相互独立的,于是就可构造一个服从 F 分布的检验统计量。

$$F = \frac{\dfrac{\text{SSA}}{\sigma^2}\bigg/1}{\dfrac{\text{SSE}}{\sigma^2}\bigg/(n-2)} = \frac{\text{SSR}/1}{\text{SSE}/(n-2)} \sim F(1, n-2)$$

利用观察数据计算出检验统计量 F 的值，结合给定的显著性水平 α，利用临界值 $F_\alpha(1, n-2)$，或 P 值进行比较。如果 $F > F_\alpha(1, n-2)$，或 $P < \alpha$，则拒绝原假设 H_0，说明自变量 X 和因变量 Y 的线性关系是显著的。反之，如果 $F \leqslant F_\alpha(1, n-2)$，或 $P \geqslant \alpha$，则不能拒绝原假设 H_0，说明自变量 X 和因变量 Y 的线性关系是不明显的。

【例 9.7】 结合例 9.4 构建的一元线性回归方程，在显著性水平 0.05 下，检验牙膏销售量与广告费用之间线性关系的显著性。

解 依题意，原假设和备择假设为

$$H_0: \beta_1 = 0, \; H_1: \beta_1 \neq 0$$

利用收集到的数据计算得到

$$\text{SSR} = \sum_{i=1}^{n} (\hat{Y}_i - \overline{Y})^2 = 10.33, \; \text{SSE} = \sum_{i=1}^{n} (Y_i - \hat{Y}_i)^2 = 3.13$$

检验统计量为

$$F = \frac{\text{SSR}/1}{\text{SSE}/(n-2)} = \frac{10.33/1}{3.13/(30-2)} = 92.32$$

拒绝域临界值为 $F_\alpha(1, n-2) = F_{0.05}(1, 30-2) = 4.196$。检验统计量的取值大于临界值：$F = 92.32 > 4.196 = F_{0.05}(1, 28)$，因此，拒绝原假设，认为牙膏销售量与广告费用之间的线性关系是显著的。

P 值利用在 Excel 中录入 FDIST$(92.32, 1, 28)$ 得到，$P = 2.31 \times 10^{-10} < 0.05 = \alpha$，拒绝原假设。

Excel 的"回归"工具输出结果中"方差分析"的"F"即 F 值，"signifinance F"则为 P 值。

4. 回归系数的检验

回归系数检验是判断每一个自变量 X 和因变量 Y 之间的线性关系是否显著的，也就是检验每一个自变量 X 的回归系数是否与 0 有显著区别。在一元线性回归分析中，由于自变量只有一个，因此，原假设和备择假设仍为

$$H_0: \beta_1 = 0, \; H_1: \beta_1 \neq 0$$

回归系数检验构建统计量依据的是其点估计量 $\hat{\beta}_1$ 的抽样分布。

由于 $\hat{\beta}_1 \sim N\left(\beta_1, \dfrac{\sigma^2}{\sum\limits_{i=1}^{n}(X_i - \overline{X})^2}\right)$，因此，在原假设成立的条件下，有

$$t = \frac{\hat{\beta}_1}{S_e \Big/ \sqrt{\sum\limits_{i=1}^{n}(X_i - \overline{X})^2}} \sim t(n-2)$$

利用观察数据计算出检验统计量 t 的值，结合给定的显著性水平 α，利用临界值 $\pm t_{\alpha/2}(n-2)$，或 P 值进行比较。如果 t 值落在 $\pm t_{\alpha/2}(n-2)$ 之外即落在拒绝域，或 $P < \alpha$，则拒绝原假设 H_0，说明该自变量 X 的回归系数是显著不同于 0 的，也就是说，该自变量 X 与因变量 Y 之间存在显著的线性关系。反之，如果 t 值落在 $\pm t_{\alpha/2}(n-2)$ 之内即落在拒绝域之外，或 $P \geqslant \alpha$，则不能拒绝原假设 H_0，说明该自变量 X 的回归系数与 0 的区别是不显著的，该自变量 X 与因变量 Y 之间不存在显著的线性关系。

【例 9.8】 结合例 9.4 构建的一元线性回归方程，在显著性水平 0.05 下，检验广告费用的回归系数是否显著。

解 依题意，原假设和备择假设为

$$H_0: \beta_1 = 0, \ H_1: \beta_1 \neq 0$$

利用收集到的数据计算得到检验统计量为

$$t = \frac{\hat{\beta}_1}{S_e / \sqrt{\sum_{i=1}^{n} (X_i - \overline{X})^2}} = \frac{1.043}{0.3344 / \sqrt{9.49}} = 9.608$$

拒绝域临界值为 $\pm t_\alpha (n-2) = \pm t_{0.05} (30-2) = \pm 2.048$。检验统计量的取值落在两个临界值之外，$t = 9.608 > 2.048 = t_{0.05/2} (28)$，因此，拒绝原假设，认为广告费用的回归系数显著不同于 0，牙膏销售量与广告费用之间的线性关系是显著的。

P 值利用在 Excel 中录入 TDIST(9.608，28，2) 得到，$P = 2.31 \times 10^{-10} < 0.05 = \alpha$，拒绝原假设。

Excel 的"回归"工具输出结果中"回归系数"的"广告费用"一行所对应的"t stat"和"P-value"分别为 t 值和 P 值。

9.2.4　一元线性回归方程预测

回归分析的主要目的是利用样本回归方程由已知的自变量 X 对因变量 Y 的取值做出合理的预测。如果所建立的回归方程是显著的，并且也是有实际意义的，就可以利用回归方程根据自变量 X 的观察值来估计或预测因变量 Y 的取值，这种预测称为回归预测。

回归预测的对象有两个：因变量 Y 的均值和个别值。预测方法也有两种：点预测和区间预测。点预测为将给定的自变量 X_0 代入样本回归方程，求出均值 $E(Y_0)$ 或个别值 Y_0 的预测值；区间预测是结合给定的置信水平，计算出均值 $E(Y_0)$ 或个别值 Y_0 的一个取值区间。为区分均值 $E(Y_0)$ 或个别值 Y_0 的取值区间，均值 $E(Y_0)$ 的取值区间仍沿用置信区间的叫法，个别值 Y_0 的取值区间则称为预测区间。

1. 均值 $E(Y_0)$ 的预测

样本回归方程和总归回归方程分别为

$$\hat{Y}_i = \hat{\beta}_0 + \hat{\beta}_1 X_i$$
$$E(Y_i) = \beta_0 + \beta_1 X_i$$

由于 $\hat{\beta}_0 \sim N\left(\beta_0, \ \dfrac{\sigma^2 \sum_{i=1}^{n} X_i^2}{\sum_{i=1}^{n} (X_i - \overline{X})^2}\right)$，$\hat{\beta}_1 \sim N\left(\beta_1, \ \dfrac{\sigma^2}{\sum_{i=1}^{n} (X_i - \overline{X})^2}\right)$，因此，对样本回归

方程的两侧同时求数学期望，有

$$E(\hat{Y}_0) = E(\hat{\beta}_0 + \hat{\beta}_1 X_0) = E(\hat{\beta}_0) + E(\hat{\beta}_1) X_0 = \beta_0 + \beta_1 X_0 = E(Y_0)$$

因此，$\hat{Y}_0$ 是 $E(Y_0)$ 的一个无偏估计量，是 $E(Y_0)$ 的一个比较理想的点预测值。

依据正态分布的线性可加性，$\hat{Y}_0$ 是服从正态分布的随机变量，其方差为

$$D(\hat{Y}_0) = D(\hat{\beta}_0 + \hat{\beta}_1 X_0) = D(\overline{Y} - \hat{\beta}_1 \overline{X} + \hat{\beta}_1 X_0)$$

$$= D(\overline{Y} + \hat{\beta}_1(\overline{X} - X_0)) = D(\overline{Y}) + (X_0 - \overline{X})^2 D(\hat{\beta}_1)$$

$$= \frac{\sigma^2}{n} + (X_0 - \overline{X})^2 \frac{\sigma^2}{\sum_{i=1}^n (X_i - \overline{X})^2} = \left[\frac{1}{n} + \frac{(X_0 - \overline{X})^2}{\sum_{i=1}^n (X_i - \overline{X})^2}\right] \sigma^2$$

因此，有

$$\hat{Y}_0 \sim N\left[\beta_0 + \beta_1 X_0, \left[\frac{1}{n} + \frac{(X_0 - \overline{X})^2}{\sum_{i=1}^n (X_i - \overline{X})^2}\right] \sigma^2\right]$$

对 $\hat{Y}_0$ 进行标准化处理，用 S_e 代替 σ，可得

$$t = \frac{\hat{Y}_0 - E(Y_0)}{S_e \sqrt{\frac{1}{n} + \frac{(X_0 - \overline{X})^2}{\sum_{i=1}^n (X_i - \overline{X})^2}}} \sim t(n-2)$$

因此，在置信水平 $1-\alpha$ 下，$E(Y_0)$ 的置信区间为

$$\left[\hat{Y}_0 - t_{\alpha/2}(n-2)S_e \sqrt{\frac{1}{n} + \frac{(X_0 - \overline{X})^2}{\sum_{i=1}^n (X_i - \overline{X})^2}}, \ \hat{Y}_0 + t_{\alpha/2}(n-2)S_e \sqrt{\frac{1}{n} + \frac{(X_0 - \overline{X})^2}{\sum_{i=1}^n (X_i - \overline{X})^2}}\right]$$

2. 个别值 Y_0 的预测

总体回归模型和样本回归方程分别为

$$Y_i = \beta_0 + \beta_1 X_i + \varepsilon_i, \quad \hat{Y}_i = \hat{\beta}_0 + \hat{\beta}_1 X_i$$

方程两侧做减法，再分别求数学期望和方差，得

$$E(e_0) = E(Y_0 - \hat{Y}_0)$$

$$= E(\beta_0 + \beta_1 X_0 + \varepsilon_0 - (\hat{\beta}_0 + \hat{\beta}_1 X_0))$$

$$= E(\beta_0 - \hat{\beta}_0) + X_0 E(\beta_1 - \hat{\beta}_1) + E(\varepsilon_0)$$

$$= 0$$

$$D(e_0) = D(Y_0 - \hat{Y}_0) = D(Y_0) + D(\hat{Y}_0)$$

$$= \sigma^2 + \left[\frac{1}{n} + \frac{(X_0 - \overline{X})^2}{\sum_{i=1}^n (X_i - \overline{X})^2}\right] \sigma^2$$

$$= \left[1 + \frac{1}{n} + \frac{(X_0 - \overline{X})^2}{\sum_{i=1}^n (X_i - \overline{X})^2}\right] \sigma^2$$

由于 $E(e_0) = E(Y_0 - \hat{Y}_0) = 0$，即在大量观察下，$Y_0$ 与 $\hat{Y}_0$ 不存在明显差异，因此，$\hat{Y}_0$ 可以对 Y_0 进行点预测。

由于 Y_0、$\hat{Y}_0$ 都服从正态分布，因此 e_0 也服从正态分布，有

$$e_0 = Y_0 - \hat{Y}_0 \sim N\left(0, \left[1 + \frac{1}{n} + \frac{(X_0 - \overline{X})^2}{\sum\limits_{i=1}^{n}(X_i - \overline{X})^2}\right]\sigma^2\right)$$

对 $e_0 = Y_0 - \hat{Y}_0$ 进行标准化处理，用 S_e 代替 σ，可得

$$t = \frac{Y_0 - \hat{Y}_0}{S_e\sqrt{1 + \frac{1}{n} + \frac{(X_0 - \overline{X})^2}{\sum\limits_{i=1}^{n}(X_i - \overline{X})^2}}} \sim t(n-2)$$

因此，在置信水平 $1 - \alpha$ 下，Y_0 的预测区间为

$$\left(\hat{Y}_0 - t_{\alpha/2}(n-2)S_e\sqrt{1 + \frac{1}{n} + \frac{(X_0 - \overline{X})^2}{\sum\limits_{i=1}^{n}(X_i - \overline{X})^2}}, \ \hat{Y}_0 + t_{\alpha/2}(n-2)S_e\sqrt{1 + \frac{1}{n} + \frac{(X_0 - \overline{X})^2}{\sum\limits_{i=1}^{n}(X_i - \overline{X})^2}}\right)$$

【例 9.9】 结合例 9.4 构建的一元线性回归方程，计算广告费用投入为 6.75（单位：百万元）时，牙膏销售量均值和个别值的点预测，以及在它们分别在置信水平 0.95 下的置信区间和预测区间。

解 牙膏销售量均值和个别值的点预测相同，为

$$1.649 + 1.043 \times 6.75 = 8.69 \text{（百万支）}$$

已知 $n = 30$，$1 - \alpha = 95\%$，$t_{\alpha/2}(n-2) = t_{0.025}(28) = 2.048$，$S_e = 0.3344$，因此，牙膏销售量均值的置信区间为

$$\left(\hat{Y}_0 - t_{\alpha/2}(n-2)S_e\sqrt{\frac{1}{n} + \frac{(X_0 - \overline{X})^2}{\sum\limits_{i=1}^{n}(X_i - \overline{X})^2}}, \ \hat{Y}_0 + t_{\alpha/2}(n-2)S_e\sqrt{\frac{1}{n} + \frac{(X_0 - \overline{X})^2}{\sum\limits_{i=1}^{n}(X_i - \overline{X})^2}}\right)$$

$$= 8.69 \pm 2.048 \times 0.3344 \times \sqrt{\frac{1}{30} + \frac{(6.75 - 6.45)^2}{9.49}}$$

$$= 8.69 \pm 0.1417$$

牙膏销售量个别值的预测区间为

$$\left(\hat{Y}_0 - t_{\alpha/2}(n-2)S_e\sqrt{1 + \frac{1}{n} + \frac{(X_0 - \overline{X})^2}{\sum\limits_{i=1}^{n}(X_i - \overline{X})^2}}, \ \hat{Y}_0 + t_{\alpha/2}(n-2)S_e\sqrt{1 + \frac{1}{n} + \frac{(X_0 - \overline{X})^2}{\sum\limits_{i=1}^{n}(X_i - \overline{X})^2}}\right)$$

$$= 8.69 \pm 2.048 \times 0.3344 \times \sqrt{1 + \frac{1}{30} + \frac{(6.75 - 6.45)^2}{9.49}}$$

$$= 8.69 \pm 0.6994$$

牙膏销售量均值在置信水平 0.95 下的置信区间为（8.55 百万支，8.83 百万支），个别值的预测区间为（7.99 百万支，9.39 百万支）。

利用 Excel 软件可运用 FORECAST 函数、TREND 函数进行点预测。

FORECAST 函数、TREND 函数的功能相同，都是通过最小二乘法在给定自变量 X 的取值情况下，返回因变量 Y 的点预测值。语法结构为

FORECAST(x, known_y's, known_x's)

TREND(known_y's, [known_x's], [new_x's], [const])

其中，const 为 trend 函数的逻辑值，如果 const 为 1(或 true)，则预测线性回归方程截距正常计算，如果为 0(或 false)，则将预测线性回归方程截距设置为 0。

Excel 软件没有进行区间预测的功能，进行区间预测需要借助 SPSS 软件完成。

利用 SPSS 进行回归分析时，选择菜单栏上"分析"中"回归"的"线性"命令。在弹出的"线性回归"对话框中，将"销售量""广告费用"分别选入"因变量"栏和"自变量"栏。如果需要进行点预测和区间预测，在变量视图中的"广告费用"列，应事先增加一数据，即自变量的观测值，如本例为"6.75"。然后，点击"保存"按钮，在弹出的"线性回归：保存"对话框，"预测值"勾选"未标准化"，"预测区间"勾选"均值""单值"，"置信区间"默认值为 95%，可根据需要调整。点击"继续"，返回"线性回归"对话框，点击"确定"。输出的"数据视图"部分的结果如图 9.7 所示。

	销售量	广告费用	销售价格	其它公司平均销售价格	PRE_1	LMCI_1	UMCI_1	LICI_1	UICI_1
11	7.89	6.50	13.90	14.10	8.43136	8.30585	8.55687	7.73488	9.12784
12	8.15	6.25	13.90	14.00	8.17050	8.03749	8.30350	7.47263	8.86837
13	9.10	7.00	13.70	14.10	8.95308	8.77864	9.12753	8.24614	9.66002
14	8.86	6.90	13.75	14.20	8.84874	8.68900	9.00848	8.14528	9.55219
15	8.90	6.80	13.75	14.10	8.74439	8.59746	8.89133	8.04374	9.44505
16	8.87	6.80	13.80	14.10	8.74439	8.59746	8.89133	8.04374	9.44505
17	9.26	7.10	13.70	14.30	9.05743	8.86680	9.24805	8.34632	9.76853
18	9.00	7.00	13.80	14.30	8.95308	8.77864	9.12753	8.24614	9.66002
19	8.75	6.80	13.70	14.10	8.74439	8.59746	8.89133	8.04374	9.44505
20	7.95	6.50	13.80	13.75	8.43136	8.30585	8.55687	7.73488	9.12784
21	7.65	6.25	13.80	13.75	8.17050	8.03749	8.30350	7.47263	8.86837
22	7.27	6.00	13.75	13.65	7.90964	7.74897	8.07030	7.20597	8.61330
23	8.00	6.50	13.90	13.65	8.43136	8.30585	8.55687	7.73488	9.12784
24	8.50	7.00	13.55	13.65	8.95308	8.77864	9.12753	8.24614	9.66002
25	8.75	6.80	13.60	14.10	8.74439	8.59746	8.89133	8.04374	9.44505
26	9.21	6.80	13.65	14.25	8.74439	8.59746	8.89133	8.04374	9.44505
27	8.27	6.50	13.70	13.65	8.43136	8.30585	8.55687	7.73488	9.12784
28	7.67	5.75	13.75	13.75	7.64878	7.44847	7.84908	6.93502	8.36254
29	7.93	5.80	13.85	13.85	7.70095	7.50920	7.89269	6.98954	8.41235
30	9.26	6.80	13.70	14.25	8.74439	8.59746	8.89133	8.04374	9.44505
31		6.75			8.69222	8.55080	8.83364	7.99270	9.39174

图 9.7　SPSS 中"线性回归"工具输出的"数据视图"部分的结果

在数据视图中，增加的 PRE_1 为点预测值，LMCI_1 和 UMCI_1 为均值置信区间的下限和上限，LICI_1 和 UICI_1 为个别值预测区间的下限和上限。在新增加的"广告费用"列的数据"6.75"所在行的各列相关数据即为预测数据。

在 SPSS 结果输出窗口，有"模型汇总""Anova"和"系数"等表格，所含数据分别对应 Excel 处理结果中的"回归统计""方差分析"和"回归系数"等数据。

9.3　多元线性回归分析

当回归分析中涉及两个或两个以上的自变量，且自变量与因变量之间为线性关系时称

为多元线性回归分析(multivariable linear regression analysis)。在本章 9.1 节的例题中，通过相关分析得知牙膏销售量与广告费用、销售价格、其他公司平均销售价格三个变量之间存在一定的线性关系。如果销售部门考虑借助广告费用、销售价格、其他公司平均销售价格等的观察数据对牙膏销售量做出估计，这时就需要构建以广告费用、销售价格、其他公司平均销售价格为自变量，销售量为因变量的多元线性回归模型进行分析。

9.3.1 多元线性回归模型描述

描述因变量 Y 如何依赖于两个或两个以上自变量 X 和误差项 ε 的线性方程称为多元线性回归模型(multiple linear regression model)。多元线性回归模型的一般形式描述为

$$Y_i = \beta_0 + \beta_1 X_{1i} + \beta_2 X_{2i} + \cdots + \beta_k X_{ki} + \varepsilon_i \quad (i = 1, 2, \cdots)$$

其中：X_{1i}，X_{2i}，$\cdots$，X_{ki} 表示自变量的各个取值，k 为自变量的个数；Y_i 表示对应的因变量取值。β_0，β_1，$\cdots$，β_k 为模型参数，其中，β_0 为常数项，β_1，$\cdots$，β_k 为回归系数，$\beta_j(j = 1, 2, \cdots, k)$ 表示在其他自变量保持不变的情况下，第 j 个自变量 X_j 变动一个单位所引起的因变量 Y 平均变动的数量，因而也称为偏回归系数；ε_i 为随机误差项，表示除了模型中 k 个自变量以外的其他各种随机因素对因变量的影响。多元线性回归模型的参数 β_0，β_1，$\cdots$，β_k 现实中多是未知的，从而需要通过观察数据来估计模型中的参数。使用最小二乘法进行估计时，随机误差项 ε_i 需要满足正态性、零均值、同方差、独立性等条件，这些假设条件与一元线性回归分析的假设条件类似。除此之外，多元线性回归分析中还需要求自变量相互独立。

多元线性回归分析中，把自变量之间的相关性称为多重共线性。模型存在严重的多重共线性，就是指自变量之间存在很强的相关性，这会导致所估计的回归系数不可靠，很难识别各个自变量对因变量的影响。实际应用中，很多场合自变量之间都不可能完全独立，但至少要求自变量之间不能具有较强的线性关系。

利用观察数据计算出 β_0，β_1，$\cdots$，β_k 的估计量 $\hat{\beta}_0$，$\hat{\beta}_1$，$\cdots$，$\hat{\beta}_k$，得到样本多元线性回归方程为

$$\hat{Y}_i = \hat{\beta}_0 + \hat{\beta}_1 X_{1i} + \hat{\beta}_2 X_{2i} + \cdots + \hat{\beta}_k X_{ki}$$

样本回归模型可记为

$$\hat{Y}_i = \hat{\beta}_0 + \hat{\beta}_1 X_{1i} + \hat{\beta}_2 X_{2i} + \cdots + \hat{\beta}_k X_{ki} + e_i = \hat{Y}_i + e_i$$

其中，e_i 为残差，是观察数据与估计值之间的误差。

9.3.2 多元线性回归方程构建

多元线性回归模型参数 β_0，β_1，$\cdots$，β_k 求解的原理与一元线性回归分析中模型参数求解的原理相同，方法上仍可采用最小二乘法，只不过自变量由一个增加到多个，待估计的模型参数也相应增加了。最理想的估计量 $\hat{\beta}_0$，$\hat{\beta}_1$，$\cdots$，$\hat{\beta}_k$ 应满足残差平方和为最小的条件

$$\sum_{i=1}^{n} e_i^2 = \sum_{i=1}^{n} (Y_i - \hat{Y}_i)^2 = \sum_{i=1}^{n} (Y_i - \hat{\beta}_0 - \hat{\beta}_1 X_{1i} - \hat{\beta}_2 X_{2i} - \cdots - \hat{\beta}_k X_{ki})^2 = \min$$

依据微积分中函数极值原理，将残差平方和分别对 $\hat{\beta}_0$，$\hat{\beta}_1$，$\cdots$，$\hat{\beta}_k$ 求一阶偏导，并令它

们等于 0，可得到一个含有 k 个方程、k 个未知量的正规方程组，求解可得 $\hat{\beta}_0$, $\hat{\beta}_1$, $\cdots$, $\hat{\beta}_k$。这一求解过程很烦琐，一般需要通过矩阵运算来求得，通常会借助 Excel、SPSS 等软件完成。

9.3.3 多元线性回归方程检验

多元线性回归模型同样可以用判定系数、回归估计标准差等来评价其拟合效果，用 F 检验、t 检验来判断自变量 X 对因变量 Y 的线性影响是否显著，其原理与一元线性回归分析的基本相同。

1. 多重判定系数

与一元线性回归分析相同，在多元线性回归分析中也用判定系数说明回归方程对样本观察数据的拟合优度，称为多重判定系数，记为 R^2。计算公式为

$$R^2 = \frac{\text{SSR}}{\text{SST}} = 1 - \frac{\text{SSE}}{\text{SST}}$$

在观察数据一定的情况下，多重判定系数 R^2 是多元线性回归模型中自变量个数的递增函数，随着模型中自变量数目的增加，其取值就会变大。这会给人们一个错觉：只要增加自变量，就会改善模型拟合效果。但是，增加自变量必定使得待估参数增加，损失自由度，从而增加估计误差、降低估计的可靠度。为此，需要用自由度对多重判定系数 R^2 进行修正，修正的判定系数通常记为 $\overline{R}^2$，计算公式为

$$\overline{R}^2 = 1 - (1 - R^2) \frac{n-1}{n-k-1}$$

由于 $k \geqslant 1$，所以 $\overline{R}^2 \leqslant R^2$，随着自变量个数的增加，$\overline{R}^2$ 将明显小于 R^2。$\overline{R}^2$ 越大，表明回归方程对观察数据的拟合程度越好。

2. 回归估计标准误差

多元线性回归方程的回归估计标准误差计算公式为

$$S_e = \sqrt{\frac{\sum_{i=1}^{n} (Y_i - \hat{Y}_i)^2}{n-k-1}}$$

其中：n 为观察数据数目；k 为自变量数目。当 $k=1$ 时，该式即为一元线性回归分析中的回归估计标准误差。由此可见，一元与多元回归分析中的回归估计标准误差的计算原理及其含义是一致的，回归估计标准误差 S_e 越小，表明样本回归方程的拟合效果越好，平均说来，回归估计值的误差越小。

3. 回归方程的检验

多元线性回归分析中，回归方程的检验是多个自变量与因变量之间的线性关系是否显著。因此，原假设和备择假设为

$$H_0: \beta_1 = \beta_2 = \cdots = \beta_k = 0, \ H_1: \beta_1, \beta_2, \cdots, \beta_k \ 不全为 \ 0$$

在普通线性回归模型分析中，如果原假设成立，可构造一个服从 F 分布的检验统计量。

$$F = \frac{\text{SSR}/k}{\text{SSE}/(n-k-1)} \sim F(k, n-k-1)$$

利用观察数据计算出检验统计量 F 的值，结合给定的显著性水平 α，利用临界值 $F_\alpha(k, n-k-1)$，或 P 值进行比较。如果 $F > F_\alpha(k, n-k-1)$，或 $P < \alpha$，则拒绝原假设 H_0，说明至少有一个自变量的回归系数不为 0，自变量与因变量的线性关系总体上是显著的。反之，如果 $F \leqslant F_\alpha(k, n-k-1)$，或 $P \geqslant \alpha$，则不能拒绝原假设 H_0，说明所有自变量与因变量的线性关系都不显著。

4. 回归系数的检验

一元回归线性分析中，自变量只有一个，回归方程显著，也就等价于回归系数显著。但在多元线性回归中，由于自变量不止一个，通过 F 检验后只能说明 k 个总体回归系数不全为 0，即至少有一个自变量与因变量的线性关系显著，并不能说明所有的自变量都对因变量有显著影响。因此，还需要进一步对每一个回归系数做显著性检验。原假设和备择假设为

$$H_0: \beta_j = 0, \quad H_1: \beta_j \neq 0 \ (j = 1, 2, \cdots, k)$$

在原假设成立的条件下，有

$$t = \frac{\hat{\beta_j}}{S_{\hat{\beta_j}}} \sim t(n-k-1)$$

其中：$\hat{\beta_j}$ 为自变量 X_j 对应的回归系数 β_j 的估计量；$S_{\hat{\beta_j}}$ 为估计量 $\hat{\beta_j}$ 的标准误差。

利用观察数据计算出检验统计量 t 的值，结合给定的显著性水平 α，利用临界值 $\pm t_{\alpha/2}(n-k-1)$，或 P 值进行比较。如果 t 值落在 $\pm t_{\alpha/2}(n-k-1)$ 之外即落在拒绝域，或 $P < \alpha$，则拒绝原假设 H_0，说明该自变量 X_j 的回归系数是显著不同于 0 的，也就是说，该自变量 X_j 与因变量 Y 之间存在显著的线性关系。反之，如果 t 值落在 $\pm t_{\alpha/2}(n-k-1)$ 之内即落在拒绝域之外，或 $P \geqslant \alpha$，则不能拒绝原假设 H_0，说明该自变量 X_j 的回归系数与 0 的区别是不显著的，该自变量 X_j 与因变量 Y 之间不存在显著的线性关系。

一般来说，当发现某一个自变量的线性影响不显著时，应将其从多元线性回归模型中剔除，以尽可能少的自变量达到尽可能高的拟合效果。

在通过各类检验的基础上，多元线性回归方程可用于分析和预测，其原理与一元线性回归预测的原理相同。

9.3.4　多元线性回归方程应用

【例 9.10】 结合例 9.1 的数据，利用 SPSS 构建牙膏销售量与广告费用、销售价格、其他公司平均销售价格的线性回归方程并进行显著性检验。

解　利用 SPSS 进行线性回归分析，主要输出结果如表 9.2～表 9.4 所示。

表 9.2　SPSS 线性回归分析的运算结果 I

（模型汇总）

模型	R	R 方	调整 R 方	标准估计的误差
1	0.945[①]	0.894	0.881	0.234 67

① 预测变量：（常量）、其他公司平均销售价格、销售价格、广告费用。

表 9.3　SPSS 线性回归分析的运算结果 Ⅱ

（Anovab）

模　型		平方和	df	均方	F	Sig.
1	回归	12.027	3	4.009	72.797	0.000①
	残差	1.432	26	0.055		
	总计	13.459	29			

① 预测变量：（常量）、其他公司平均销售价格、销售价格、广告费用。

表 9.4　SPSS 线性回归分析的运算结果 Ⅲ

（系数①）

模　型		非标准化系数		标准系数	t	Sig.
		B	标准误差	试用版		
1	（常量）	15.044	7.853		1.916	0.066
	广告费用	0.501	0.126	0.421	3.981	0.000
	销售价格	−2.358	0.638	−0.312	−3.696	0.001
	其他公司平均销售价格	1.612	0.295	0.511	5.459	0.000

① 因变量：销售量。

由表 9.2 可知，多重判定系数 $R^2 = 0.894$，修正的判定系数 $\overline{R}^2 = 0.881$，回归估计标准误差 $S_e = 0.234\,67$，表明牙膏销售量与广告费用、销售价格、其他公司平均销售价格三个自变量之间的线性相关程度很高，回归方程的拟合效果较好。

由表 9.3 可知，$F = 72.797$，对应的显著性水平（即 Sig.）接近于 0，表明三个自变量与因变量的线性关系总体上是显著的。

由表 9.4 可知，样本线性回归方程为

$$\hat{Y}_i = 15.044 + 0.501 X_{1i} - 2.358 X_{2i} + 1.612 X_{ki}$$

表 9.4 还给出了与各参数估计值对应的 t 值，三个自变量回归系数对应的 P 值（即 Sig.）都接近于 0，从而可认为回归模型中这三个自变量都对因变量有显著的线性影响。

本 章 小 结

相关分析是用来度量变量之间关系的技术，通常借助的工具有散点图和相关系数等，用来说明变量之间相关的密切程度。回归分析是研究存在相关关系的变量之间具体的数量变化关系。相关分析与回归分析是对变量间的关系进行完整分析时两个基本的组成部分。

相关分析是回归分析的基础和前提，回归分析则是相关分析的深入和继续。相关分析需要依靠回归分析来表现变量之间数量相关的具体形式，而回归分析则需要依靠相关分析来表现变量之间数量变化的相关程度。两者的研究目的和内容有明显的区别，这导致两者对所研究变量的性质要求有所不同。仅就两个变量而言，相关分析中的两个变量是完全平等的、对等的，都看做随机变量，无需进一步的区分。而回归分析中则将所研究的变量分为自变量和因变量，自变量通常被看做是可控制的、非随机的，因变量是随机的。

回归分析主要包含三个内容：首先，依据观察数据构建回归方程，即寻找一个适当的数量关系式来描述变量间平均的数量变化关系，这种数量关系式称为回归方程，最常采用的估计方法是最小二乘法；其次，对回归方程的可信程度进行检验，依据两个指标进行度量：判定系数 R^2 和回归估计标准误差 S_e。同时，从影响因变量的诸多自变量中找出哪些变量的影响是显著的，哪些是不显著的，即检验自变量对因变量的线性影响是否显著，主要有两种检验方法：F 检验和 t 检验；最后，利用经过检验的数量关系式，依据一个或几个自变量的取值来解释或预测因变量的取值，预测方法主要两种：点预测和区间预测。

回归分析依据变量的数目，可分为一元回归和多元回归；依据自变量与因变量间的呈现形式，即回归方程的形态，可分为线性回归与非线性回归。这里，主要讲述的是一元线性回归和多元线性回归。

当回归分析中仅涉及一个自变量，且自变量与因变量之间为线性关系时称为一元线性回归分析；当回归分析中涉及两个或两个以上的自变量，且自变量与因变量之间为线性关系时称为多元线性回归分析。多元线性回归分析较之一元线性回归分析复杂的地方在于它所涉及的多个自变量之间可能会存在相关关系，即多重共线性。正是为了解决多重共线性问题，多元线性回归分析衍生出更加丰富、多彩的庞大知识体系。

思 考 练 习

9.1 线性回归分析中 F 检验和 t 检验之间有何不同之处？

9.2 一二手车公司的经理想要研究一款雪佛兰汽车的已使用时间与销售价格之间的关系，为此收集了该公司去年出售的 12 辆该款汽车的相关数据，如表 9.5 所示。通过绘制散点图、计算相关系数来分析该款汽车的使用时间与销售价格之间的关系。

表 9.5 12 辆汽车的价格与使用时间

汽车	1	2	3	4	5	6	7	8	9	10	11	12
使用时间/年	8	6	10	3	7	1	9	10	1	11	5	5
价格/万元	7.1	5.0	2.6	3.0	5.0	90.0	6.6	7.0	8.0	5.0	7.6	7.0

9.3 特定航班的乘客人数与航班成本之间的关系，从逻辑上推断，似乎是：航班的乘客越多，就有更多的行李和更大的重量，而这会导致更高的燃油成本。一航空公司抽取了 16 个航班的数据，计算得到航班的乘客人数与总燃油成本的相关系数为 0.68。在显著性水平 0.01 下，判断是否可以合理地认为航班的乘客人数与总燃油成本之间确实存在正相关性。

9.4 有人曾测算得到：义务教育阶段学生的阅读能力与其脚尺寸之间的相关系数为 0.91，二者的相关关系是怎样的？是否可据此推导出如下结论：脚尺寸越大的人阅读能力越好？为什么？

9.5 一连锁超市为研究销售成本与销售收入之间的关系，以销售成本为因变量 Y（单位：万元），以销售收入为自变量 X（单位：万元），利用收集的过去 12 个月的数据计算出如下数据：

$$\overline{X} = 647.88, \sum_{i=1}^{12} (X_i - \overline{X})^2 = 425\ 053.73$$

$$\overline{Y} = 549.80, \sum_{i=1}^{12} (Y_i - \overline{Y})^2 = 262\ 855.25$$

$$\sum_{i=1}^{12} (X_i - \overline{X})(Y_i - \overline{Y}) = 334\ 229.09$$

（1）构建一元线性回归方程，解释方程中回归系数的意义；

（2）计算销售成本与销售收入的相关系数和构建的一元线性回归方程的判定系数、回归估计标准误差，分析三者之间的相互关系；

（3）在显著性水平 0.05 下，对回归方程和回归系数进行检验；

（4）假如下一个月超市的销售收入为 700 万元，预测销售成本，并在置信水平 95% 下给出预测区间。

9.6　随机抽取了一地区一些个人的月收入与月支出数据（见表 9.6）。

（1）以月收入为自变量，月支出为因变量，构建一元线性回归方程，解释回归系数的意义；

（2）计算判定系数，解释其意义；

（3）如果该地区有一个人月收入为 8000 元，估计他（她）的月支出会是多少。

表 9.6　一地区一些个人的月收入与月支出数据　　　　　（单位：元）

个人	月支出	月收入
1	606	5306
2	668	5306
3	740	5306
4	592	5356
5	720	5495
6	680	5581
7	540	5730
8	693	5943
9	541	5943
10	673	6156
11	673	6603
12	913	6688
13	918	6752
14	710	6837
15	1083	7242
16	937	7263
17	839	7540

个人	月支出	月收入
18	1030	8009
19	1065	8094
20	1069	8264
21	1064	8392
22	1015	8414
23	1148	8882
24	1125	8925
25	1090	8989
26	1208	9053
27	1217	9138
28	1140	9329
29	1264	9649
30	1206	9862

9.7 为研究一地区住宅建筑面积与建造单位成本间的变化关系，一房地产商收集了相关数据，如表 9.7 所示。

（1）构建建造单位成本与住宅建筑面积的线性回归方程；

（2）解释回归系数的经济意义；

（3）当住宅建筑面积为 5.0 万平方米时，建造单位成本可能为多少？在置信水平 95% 下，计算建造单位成本平均数的置信区间。

表 9.7　一地区住宅建筑面积与建造单位成本的数据

住宅建筑地	住宅建筑面积/万平方米	建造单位成本/(元·平方米$^{-1}$)
1	0.60	1860
2	0.95	1750
3	1.35	1710
4	2.10	1690
5	2.56	1688
6	3.89	1620
7	5.16	1598
8	5.66	1536
9	6.11	1518
10	6.23	1500

9.8 一销售公司将其连续 18 个月的销售额和库存资金额、广告收入、员工薪酬四个方面数据做了汇总（见表 9.8）。该公司的管理人员试图根据这些数据找出销售额与其他三

个变量之间的关系，以便进行销售额预测并为未来的工作决策提供参考依据。

（1）建立销售额的多元线性回归方程；

（2）如果未来一个月库存资金额为 150 万元，广告投入为 45 万元，员工薪酬为 27 万元，根据建立的多元线性回归方程预测该月的销售额。

表 9.8　18 个月的销售额和库存金额、广告收入、员工薪酬的数据（单位：万元）

月份	销售额	库存资金额	广告投入	员工薪酬
1	1090.4	75.2	30.6	21.1
2	1133.0	77.6	31.3	21.4
3	1242.1	80.7	33.9	22.9
4	1003.2	76.0	29.6	21.4
5	1283.2	79.5	32.5	21.5
6	1012.2	81.8	27.9	21.7
7	1098.8	98.3	24.8	21.5
8	826.3	67.7	23.6	21.0
9	1003.3	74.0	33.9	22.4
10	1554.6	151.0	27.7	24.7
11	1199.0	90.8	45.5	23.2
12	1483.1	102.3	42.6	24.3
13	1407.1	115.6	40.0	23.1
14	1551.3	125.0	45.8	29.1
15	1601.2	137.8	51.7	24.6
16	2311.7	175.6	67.2	27.5
17	2126.7	155.2	65.0	26.5
18	2256.5	174.3	65.4	26.8

9.9　结合例 9.4 的数据，使用 Excel 中的 linest 函数进行分析，选择逻辑值 states 为 1，将返回的结果与使用"回归"工具得到的结果对比，解释返回的回归统计值含义。

9.10　使用 SPSS 中的"回归"工具时，在"线性回归"对话框中有一栏"方法"的选项，默认为"进入"，此外，还可选择"逐步""删除""向后"和"向前"，分别分析例 9.10 中的问题，对比其结果。

综合案例　销售额影响因素

摘要：本案例讲述了一家大型通信设备生产公司 XD 为弄清楚影响销售额的相关因素，收集了其分布在全国各地的子公司销售额、促销活动投入额和竞争对手销售额等数据，以便掌握影响销售额的关键因素。此问题需要分析多个数值型变量之间的相关关系，以及存在强相关关系的变量之间是否有因果关系，相关与回归分析方法恰好是为研究此类问题设计的。

关键词：销售额；促销活动投入额；竞争对手销售额；相关分析；回归分析。

・案例信息

XD 是一家大型通信设备生产公司，在我国主要的大中型城市都设有子公司。张伟最近被提拔为销售部经理。在即将召开的全国各地子公司负责人会议上，他想让大家清楚地了解影响销售额的相关因素。于是，从全国各地的子公司中，随机收集了十五个城市子公司的销售额、促销活动投入额和竞争对手销售额的数据。

表 9.9　XD 子公司销售额及相关因素数据　　　　　　　（单位：百万元）

子公司地址	子公司销售额	子公司促销活动投入额	竞争对手销售额
成　都	101.80	1.30	20.40
沈　阳	44.40	0.70	30.50
长　春	108.30	1.40	24.60
哈尔滨	85.10	0.50	21.70
青　岛	77.10	0.50	25.50
武　汉	158.70	1.90	21.70
西　安	180.40	1.20	6.80
南　京	64.20	0.40	12.60
济　南	74.60	0.60	31.30
广　州	143.40	1.30	18.60
厦　门	120.60	1.60	19.90
深　圳	69.70	1.00	25.60
大　连	67.80	0.80	27.40
杭　州	106.70	0.60	24.30
宁　波	119.60	1.10	13.70

・案例使用说明

1. 案例目的与用途

本案例的教学目的主要在于帮助学生理解相关分析、回归分析的知识点，掌握研究数值型变量之间相关关系的方向、强弱程度以及存在强相关关系的变量之间具体数量变化关系式的构建、检验与预测等的方法。

2. 启发思考题

（1）分析子公司销售额与促销活动投入额、竞争对手销售额间的关系。

（2）建立子公司促销活动投入额对其销售额的回归方程；解释方程的含义，说明子公司促销活动投入额对其销售额的影响程度；假设某地的子公司促销活动投入额为 120 万元，预计其销售额及在置信水平 95％下的预测区间。

（3）建立子公司促销活动投入额和竞争对手销售额对子公司销售额的回归方程；解释

方程的含义，检验子公司促销活动投入额和竞争对手销售额各自对子公司销售额影响的显著性。

（4）除了子公司促销活动投入额、竞争对手销售额之外，你认为还有哪些因素可能会对子公司销售额产生影响？若能取得相应的数据，你知道哪些筛选自变量的方法？

3. 建议课堂计划

本案例可以作为专门的案例讨论课，随堂进行，以下是建议的课堂计划，仅供参考。

整个案例的课堂时间控制在 60 分钟。

课前计划：提出启发思考题，请学生在课前完成阅读和初步思考。

课中计划：

（1）简介案例及分析要求（2～5 分钟）。

（2）课堂分组讨论（20 分钟）。

（3）小组报告，可事先指定各组报告的重点议题，亦可指定部分小组报告，非报告小组提问或补充（每组 5 分钟，总时间控制在 30 分钟）。

（4）引导全班进一步讨论，并进行总结（5 分钟）。

课后计划：如有必要，请学生或小组采用书面报告形式，给出更具体的分析或解决方案，包括具体的职责分工。

第十章 决策分析

【引例】狗熊来了

一天，四个孩子在山顶上做游戏，突然山下的树林里蹿出一只大狗熊。

第一个小孩反应很快，拔腿就跑。等他感到安全了，才回过头来向山顶望去——人通常只有在自身感觉安全的时候才会关心同类。他发现三个伙伴还在山顶没动。于是，他着急了，向山顶喊："你们快跑啊，狗熊上来是要吃人的！"

第二个小孩回答说："我的第一任务不是跑，而是穿好跑鞋，系好鞋带儿，我不用跑过狗熊，我只要能跑过你们就行了！"

第二个小孩转身看了看第三个小孩，问道："你在这儿愣着干什么？"

第三个小孩说："你们都跑吧，千万不要干扰了狗熊的视线，我要让狗熊离我近一点。然后，我带着狗熊跑，把狗熊带到我爸开的森林动物园，给我爸融入一笔'固定资产'。"

第三个小孩问第四个小孩："你为什么不走，想等死吗？"

第四个小孩说："我们四个人来此地的目的是痛快地玩一场，不要轻易改变初衷。你怎么知道狗熊是奔我们来的？也许狗熊的威胁根本就不存在！"

大家定睛向山下望去，果然发现山坡上有一头猪，原来狗熊是奔猪去的。于是，大家接着玩耍……

人在决策时也有四种思考类型：保守型、竞争型、投机型、理想型。

保守型：如第一个小孩，先从自我所能入手考虑，自己擅长跑，也不管跑是否有用，拔腿就跑。竞争型：如第二个小孩，先从对手弱处入手来考虑，发现竞争不过狗熊后，便把伙伴列为对手，找到比较优势，做好竞争准备。投机型：如第三个小孩，先从市场所需入手来考虑，在危机中发现机会。理想型：如第四个小孩，先从目标所定入手来考虑，轻易不放弃自己的既定目标。

实际上，每项决策都包含保守、竞争、投机、理想四元素。所以，从某个侧面出发看似正确的决策很多，而从整体上看，完全正确的决策是很少的。有数据表明，决策失误已经演化成为一种新式腐败，避免决策失误应该引起我们的高度重视。

美国著名决策大师赫伯特·西蒙(Herbert A. Simon)说过："决策是管理的心脏；管理是由一系列决策组成的；管理就是决策。"决策是团队的命脉所在。在关键时刻，一个正确的决策能使公司起死回生，而一个错误、不切实际的决策会使公司濒于破产。大多数情况下，决策者需要具有一种远见卓识的能力，而这种能力取决于决策者长期的经验积累。

【学习目标】

· 熟悉决策的原则

- 熟悉决策的主要类型
- 掌握决策分析的内涵
- 掌握非确定型决策所依据的主要准则
- 掌握风险型决策所依据的主要准则
- 掌握风险型决策使用的主要工具：决策树

10.1　决 策 基 础

决策是人类社会固有的行为，小至个人生活，大至治国安邦，都存在决策问题。决策是对目标和实现目标的各种方案进行抉择的过程。人类的决策活动由来已久，在华夏五千多年的历史长河中，就曾涌现出许许多多的思想家、政治家、军事家和谋略家。他们博学多才，高瞻远瞩，"运筹于帷幄之中，决胜于千里之外"，为我国的科学决策写下了光辉的篇章。诸葛亮的《隆中对》为刘备制定了战略决策，孙武的《孙子兵法》为军事、企业管理提供了诸多的战术决策思想，这些都是我国古代决策史上的光辉范例。

时至今日，决策已成为现代管理的核心问题。可以说，商务活动中的各项工作都离不开决策。一个国家、一个地区、一个城镇的经济发展规划和各项政策的制定，企业的生产方向、产品销售、原料供应、技术革新、新产品研制，以及车间、班组的作业任务安排等，所有这些无论是宏观的还是微观的商务问题，都需要做出合理的决策。决策正确无误，各项事业就能按预期的目标迅速发展；决策失误，本来可以成功的事业也会遭受挫折。

然而，要进行成功的决策，并非易事，因为现代人的决策与传统的决策大不相同：后者强调的是过去，依靠的是个人的经验及智慧，而前者强调的放眼未来，依靠的是集体的才智和眼观六路、耳听八方的广泛搜集信息，唯有如此才能进行成功的预测。成功的预测是成功决策的先导，因为在日益复杂、竞争激烈和瞬息万变的环境中，不掌握未来信息，不了解明天的人，根本没有任何主动权。

10.1.1　决策原则

任何决策都必须遵循一些基本原则，包括最优化原则、系统性原则、信息准全原则、可行性原则和集体决策原则等。

1. 最优化原则

决策总是在决策者主观无法改变的一定外部环境和内部条件下进行的。在各类资源的约束下，任何决策都需要优化目标、优化达到目标的手段。商务活动中，决策往往追求以最小的成本获取最大的收益，例如以最低的成本投入取得最高的产量和最大的市场份额，取得最大的利润和最大的经济效益，等等。

2. 系统性原则

任何决策的制定和实施、实现都存在于一定的环境之中。不论是什么样的决策环境，都有作为一个系统的特性，也就是系统中的各种因素相互影响和相互作用的特性，同时，系统中的各种因素都应协调地、平衡地变化发展。因此，决策的制定必须遵循系统原则，以系统的总体目标为核心，以满足系统优化为准绳，强调系统配套、系统完整和系统平衡，从整个系统出发来权衡利弊。

3. 信息准全原则

决策的成功或失败，不仅同决策的科学性有关，而且同决策的基础：数据、信息的准确与全面程度密切相关。数据、信息是决策成功的物质条件，不仅决策前要使用数据、信息，就是决策后也要使用数据、信息。通过数据、信息的反馈，了解决策环境的变化与决策实施后的效果同目标的偏离情况，以便进行反馈调节，根据反馈数据、信息适当修改原来的决策。

从虚假的数据、信息出发，人们很难作出正确的决策，"歪打正着"在复杂的决策中能够奏效的可能性几乎不存在。19世纪美国幽默家亚特慕斯·沃德(Artemus Ward)说过一句话，一针见血地指出了虚假资料的危害："办事不力非因无知，实因误知"。

4. 可行性原则

任何决策都是为了实施、为了实现一定的目标而存在的。因此，决策必须是可行的。这种可行性涉及技术、经济以及社会效益等三个方面的考虑。技术可行性是指决策的技术和决策方案的技术不能突破组织所拥有的或有关人员所掌握的技术资源条件的边界；经济可行性是指可以使用的各类资源(包括人力资源、自然资源和资金条件)的可能性；社会效益可行性是指决策方案实施后能够为社会做出贡献，也就是要有良好的溢出效应。

商务活动中，要强调科学的决策，杜绝非科学的决策，才能减少决策失误。决策失误所造成的浪费是最常见到的浪费，这种浪费称为决策性浪费。最典型的决策性浪费表现为"三拍"决策，一"拍脑袋"作决策，二"拍胸脯"打保证，三"拍屁股"开步走。"拍脑袋"决策，不搞实地调查，不用数据说话，遇事只凭脑袋"灵光一闪"，决策即出，看似胸有成竹运筹帷幄，实则纸上谈兵，犯下和古人赵括一样的错误。"拍脑袋"决策一出，紧跟的自然就是"拍胸脯"保证。决策既出，如有人问到："如何保证决策行之有效？"，决策本身就来之无凭，没有实地调查，也无细致推敲，"拍脑袋"者自然说不出个所以然。既然亏了"道理"，那就只能用"豪气"来撑撑场面，于是"胸脯"拍得震天响，凭着其在组织中的威望来获取人们的信任和支持。"拍脑袋"而出的决策，运作起来与预期目的相去甚远，而人们也不可能指望一个"拍胸脯"保证的决策者在事后主动承担起相应的责任。于是，"拍屁股"走人几乎就成了"拍脑袋"和"拍胸脯"之后的必然结果。决策既出，自然要投入大量人力物力，而运作之后却又达不到预期的目的，到最后既浪费了资源，又寒了人们的心，后果之严重，可见一斑。

5. 集体决策原则

科学技术的飞速发展，已使得社会、经济、科技等许多问题的复杂程度与日俱增，不少问题的决策已非决策者个人和少数几个人所能胜任。因此，利用智囊团决策是决策科学性的重要组织保证，是集体决策的重要体现。所谓集体决策，不是靠少数领导"拍脑袋"，也不是找几个专家简单讨论一下，或者通过少数服从多数进行决策，而是依靠和充分利用智囊团，对决策的问题进行系统的调查研究，弄清历史、现状，掌握第一手信息，然后通过方案论证和综合评估，提出切实可行的方案供决策者参考。这种决策是决策者与专家集体智慧的结晶，是经过可行性论证的，是科学的，因而也是符合实际的。

10.1.2　决策类型

决策有多种分类的标准。标准不同，决策分类的具体表现也不同。

1. 决策的影响范围和程度

依据决策的影响范围和程度，决策分为战略决策、战术决策和业务决策。

战略决策是一个组织全局性、长远性、战略性等重大问题的决策。例如，一个组织的管理方针，长远发展规划的决策；有关增加新的生产能力和扩充现有生产能力的重大投资决策，产品结构和新产品开发的决策等。这些决策在很大程度上决定着一个组织的竞争能力、发展速度，最终决定着企业的成败，决定着组织的活动方向和内容，解决的是"干什么"的问题。因此，战略决策是经营成败的关键，它关系到一个组织的生存和发展，是最重要的根本性决策。

战术决策是一个组织在实现战略经营目标、经营方向、经营规划等战略决策过程中，对具体经营问题，管理问题，业务、技术问题的决策。例如企业原材料和机器设备的采购，生产、销售的计划，商品的进货来源，人员的调配等属于此类决策。战术决策是为战略决策服务的，是为实现战略决策而就一具体问题所做出的决策，解决的是"如何干"的问题。

业务决策是一个组织日常工作中为提高生产效率、工作效率而做出的决策，牵涉范围较窄，只对组织产生局部影响。例如工作安排的日常分配和检查、工作日程（生产进度）的安排和监督、岗位责任制的制定和执行等。

总体而言，战略决策面临的不确定因素最大，决策结构的影响最为深远，风险也最大，属于组织高层决策；业务决策的不确定因素最少，风险较小，可靠的数据也较多，因此，可利用精确的统计分析方法进行决策，结果较为可信，属于组织基层决策；战术决策面临的不确定因素介于战略决策与业务决策之间，属于组织中层决策。

2. 决策的方式

依据决策的方式，决策分为程序化决策和非程序化决策。

程序化决策是指对重复出现的、日常管理问题所作的决策。这类决策有先例可循，能按原已规定的程序、处理方法和标准进行决策。它多属于日常的业务决策和可以规范化的技术决策。例如，常规的订货和物资供应、车间作业计划等。中层和基层决策中，此类决策较多。

非程序化决策是指不经常出现的、复杂的、特殊的决策。这种决策没有常规可循，虽然可以参照过去类似情况的做法，但需要按新的情况重新研究进行决策。例如随市场变化关于是否开发新产品、引进或改造生产线等。高层决策多属于非程序化决策。

程序化决策是可以根据收集的数据建立数学模型，把决策目标和约束条件统一起来，进行优化的一种决策。程序化决策所需要的数据信息大多可以通过调查、观察或试验得到，约束条件也是明确而具体的，并且都能够量化。对于这种决策，运用统计分析技术可以取得非常好的效果。建立数学模型，借助软件进行运算，找出最优的方案，都是在价值观念之外做出的，至少价值观念对这种决策的约束作用不是主导因素。

非程序化决策所赖以进行的数据信息不完全，变量与变量之间的关系模糊、不确定。约束条件是由各种各样的社会发展变量，例如社会需求、消费偏好、个人收入、消费习惯等之间的关系构成的。社会发展变量的不确定性制约着约束条件的稳定性，而且这种决策的贯彻实施还会引起决策所影响对象的有意识反应，例如竞争对手采取与之相对应的措施，这就导致决策与决策实施结果之间关系的进一步复杂化。因此，非程序化决策通常是无法借助建立数学模型来为决策者制定决策提供优化方案的，在这种决策中，变量更多的是人的意志因素。而人又是一个奇怪的存在物，他(她)的意志和欲望多种多样，并且各自的评价又不同。所以，这种决策就不是一种可以在统计分析基础上完成的逻辑选择。

在这里需要明确的一点是，不能运用统计分析技术进行的决策，不等于靠拍脑袋获得灵感和知觉来决策，而是要通过建立决策关联分析框架，借助关联分析方法来决策。科学的决策分析方法是保证决策质量的关键。

3. 决策面临的自然状态

依据面临的自然状态，决策分为确定型决策、非确定型决策和风险型决策。

确定型决策是指决策时所面临的客观环境即自然状态是完全确定的，只有一种，因此，决策者可以不考虑自然状态而按既定目标及评价准则进行决策。这类决策在设备更新、如何生产能获利最大等产品的优化组合活动中较为常见。例如一个组织准备开发一种新的电子产品，生产该产品的固定成本、可变成本、预售价格等已知，是否要生产这种电子产品？如果生产，应该生产多少？对这类问题的客观条件已完全了解，各种方案的总成本被确定，决策者希望实现一个明确的目标，就是选择总成本最低或利润最大的方案。决策者需要分析各种可行方案所得的结果，从中选择方案。这种决策，约束条件明确，能用数学模型表示，系统的各种变量及其相互关系是可计量的。实践中常采用的方法有：微积分中的函数极值法，线性规划、非线性规划、动态规划和图论等运筹学方法。

非确定型决策是指决策时所面临的自然状态有多个，而且各种自然状态出现的可能性大小即概率不能确定。

风险型决策是指决策时所面临的自然状态有多个，但各种自然状态出现的概率通过一定方法可以确定下来，即已知。

非确定型决策和风险型决策相比较，两者都面临着两种或两种以上的自然状态，这导致同一个方案在不同自然状态下会出现多个可能的结果，事先无法确定。由于这个相同点，此两种决策还并称为统计决策；所不同的是，前者对即将出现的自然状态概率一无所知，后者则掌握了它们的出现概率。自然状态不确定的统计决策与自然状态确定的确定型决策相比较，决策者所掌握的信息要少很多，因而统计决策要比确定型决策困难得多。

10.1.3 决策分析

决策分析(decision analysis)是指在决策目标及环境条件基本明确，各种可能的行动方案已被找到或已制定的情况下，由分析者采用合理的评价准则和模型，运用特有的数学方法，选出一个或一组最满意的行动方案，供决策者最后抉择。由此可见，决策分析的主要工作是对备选方案进行评价与选优，属于决策过程中的抉择活动阶段。

决策分析是采用一定的统计分析与推理方法进行的定量分析与定性分析相结合，以定量分析为主的一种方法。

决策分析的第一个特点是专业性，即需要采用一组独特的概念和步骤对各种类型的决策问题进行合理的分析。决策分析所要研究的决策问题主要是统计决策，即方案实施的自然状态和结果都是不确定的，因此，研究得出的结论不可能是完全确定的。在非确定型决策问题和风险型决策问题中，很难说哪个备选方案绝对的"优"或者绝对的"劣"。再加上，在评价、比较备选方案的过程中，决策者主观上对利益、损失的独特兴趣、感觉和反应往往起着很大的作用。因此，按常规的数学分析方法解决不了此类问题，这就需要借助独特的概念和方法进行研究，以反映决策者的主观意志。需要注意的是，应该把反映决策者主观判断的方法和主观随意的方法区别开来，因此，决策分析既包含有科学的成分，又包含有艺术的成分。

决策分析的第二个特点是实践性。决策分析方法只是对那些始终坚持使用它的人在不断制定决策的实践过程中，才被认为是确实可靠和有效的。换言之，它并不能保证每一个具体的决策都会得到满意的结果，但长期坚持使用必然会因此而取得成就。只有经过长期实践，才有可能掌握决策分析中所包含的艺术性部分。

决策分析的第三个特点是实用性。决策分析虽然开发了一些大型的分析方法，但是这些方法会牵涉到很多变量和约束条件，需要复杂的计算工作，而且问题本身又的确非常复杂，因而这种系统化的大量分析工作确实是必要的。但实际中，很难要求决策问题不分轻重缓急都这么做，因为时间不允许，有些也无此必要。更因为一种方法要想推广开来，必须为一般的管理决策人员所能理解和掌握，从而这种方法也必须是比较简单和实用的。所以在开发大型系统分析工具的同时，同样要开发一些更加简便的实用方法。这些简便实用的方法往往更加符合现实状况，简便易学，而且统计分析与推理和个人判断相结合，也为决策分析增加了更大的灵活性。

总之，决策分析是整个决策过程中的关键一环，它是由分析人员会同决策者共同完成的，是对已经描述出来的决策问题的求解。

10.2　非确定型决策

非确定型决策问题是指对决策方案实施后可能遇到的自然状态，虽然能够事先对可能的自然状态进行估计，但由于种种原因无法知道每一自然状态出现的概率。由于缺乏每一自然状态出现的概率信息，对几种可能方案进行对比分析做出选择时，需要制定一套衡量方案优劣的准则进行决策，从而使得这种本来不可能精确求解的问题可以获得相对比较可靠的结论。

【例 10.1】　一手机制造商生产了一款新型手机准备投放市场，现有四种广告方案可供选择，依据以往经验估计出在不同市场需求状态下不同广告方案的销售利润，如表 10.1 所示。该手机制造商希望选择一个广告方案以推广这款新型手机。

表 10.1　手机制造商不同广告方案下的收益表　　（单位：万元）

市场需求 广告方案	高需求	中需求	低需求	无需求
网络广告 A_1	380	285	86	—106
电视广告 A_2	338	200	83	—35
报纸广告 A_3	300	255	95	—22
路牌广告 A_4	220	130	62	—16

本例中，决策时各方案面临四种不同的市场需求，事先无法确定哪一种市场需求会出现，也不清楚各市场需求出现的概率有多大。因此，此决策属于非确定型决策。

由实例出发，可得到一般非确定型决策问题的描述。

假设一非确定型决策问题中，有 m 个备选方案 A_1，A_2，…，A_m。每一备选方案 $A_i(i=1,2,…,m)$实施时所面临的自然状态有 n 个 S_1，S_2，…，S_n。备选方案 A_i 在自然状态 S_j $(j=1,2,…,n)$下实施所取得的结果记为 u_{ij}，以此为基础确定最优方案。

非确定型决策问题的研究中，主要是确定衡量方案优劣的准则。准则一旦确定，问题便不难得到解决。从不同的角度出发，可以确定不同的决策准则，从而得到不同的决策方法。当然，决策结果不见得一致。至于具体应该选用哪一种准则，需要视具体情况和决策者的态度而定。

非确定型决策分析常采用的评价标准是收益值或损失值，可采用的决策准则有乐观准则、悲观准则、折中准则、后悔值准则和等可能准则。

10.2.1　乐观准则

设想采取任何一个方案，都是收益最大的状态发生，然后比较各方案收益最大的结果，哪一个方案的收益最大，哪一个方案就是最优方案。

如果用 $u(A_i)$表示采取备选方案 $A_i(i=1,2,…,m)$时的最大收益值，即有

$$u(A_i) = \max(u_{i1}, u_{i2}, …, u_{in}), i=1,2,…,m$$

则满足

$$u(A^*) = \max_{1 \leqslant i \leqslant m} u(A_i)$$

的方案 A^* 为最优。

【例 10.2】　结合例 10.1 的数据，采用乐观准则为该手机制造商选择一个最优的广告方案以推广新型手机。

解　依据乐观准则，选出每一方案在各市场需求下的最大收益值：

$$\max_{A_1}(380, 285, 86, -106) = 380（万元）$$
$$\max_{A_2}(338, 200, 83, -35) = 338（万元）$$
$$\max_{A_3}(300, 255, 95, -22) = 300（万元）$$
$$\max_{A_4}(220, 130, 62, -16) = 220（万元）$$

从各方案的最大收益值中找出最大的收益值 380 万元，它所对应的方案是网络广告。因此，依据乐观准则，应选网络广告为最优方案。

乐观准则是从最好处着眼的带有冒险性质的一种决策方法，它反映了决策者的乐观情绪。该准则主要是由那些对有利情况的估计比较有信心的决策者所采用，即对前景充满信心、实力雄厚的企业往往采取这个准则。有时为了摆脱面临的困境，激励人们的积极性，也会采用乐观准则用最大收益值进行诱导。决策者采用较高的决策目标，可以激励、调动人们努力向上的积极性。在有些情况下，目标的最后结果可能并不重要，关键是重视决策目标的激励作用。该决策准则也代表了决策者可能为了取得最大的收益敢于冒险、乐于冒险，因而它也被称为冒险投机的准则。

10.2.2　悲观准则

设想采取任何一个方案都是收益最小的状态发生，然后比较各方案收益最小的结果，哪一个方案的收益最大，哪一个方案便是最优方案。

如果用 $u(A_i)$ 表示采取备选方案 $A_i(i=1,2,\cdots,m)$ 时的最小收益值，即有

$$u(A_i)=\min(u_{i1},u_{i2},\cdots,u_{in}),\ i=1,2,\cdots,m$$

则满足

$$u(A^*)=\max_{1\leqslant i\leqslant m}u(A_i)$$

的方案 A^* 为最优。

【例 10.3】　结合例 10.1 的数据，采用悲观准则为该手机制造商选择一个最优的广告方案以推广新型手机。

解　依据悲观准则，选出每一方案在各市场需求下的最小收益值

$$\max_{A_1}(380,285,86,-106)=-106（万元）$$
$$\min_{A_2}(338,200,83,-35)=-35（万元）$$
$$\min_{A_3}(300,255,95,-22)=-22（万元）$$
$$\min_{A_4}(220,130,62,-16)=-16（万元）$$

从各方案的最小收益值中找出最大的收益值—16 万元，换言之，就是依据各方案的最大损失值选择最大损失值最小的那个方案。—16 万元所对应的方案是路牌广告。因此，依据悲观准则，应选路牌广告为最优方案。

悲观准则是从最坏处着眼的带有保守性质的一种决策方法，它反映了决策者的悲观情绪。该准则主要是由那些比较保守、稳妥并害怕承担较大风险的决策者所采用。他们从最不利的角度去考虑问题，较多地考虑是否能承受得住失败带来的打击，或者认为最坏状态发生的可能性很大，对好的状态缺乏足够的信心。他们分析各种情况下的最坏结果，然后再从中选择最好的。这样选取的方案，虽不承担太大风险，但也会丢掉一些机会，适用于实力不太强，如企业规模较小、资金薄弱、经不起冲击的企业。

10.2.3　折中准则

折中准则是对乐观准则和悲观准则进行折中的一种决策准则。决策者在决策时，既不持极端冒险的乐观态度，也不持极端保守的悲观态度，而是持一种折中的温和态度，这种

折中态度通过对未来情况赋予一个乐观系数 α 来体现。乐观系数 α 的取值范围为 $[0,1]$。α 越接近于 1，表明越乐观，$\alpha=1$ 则意味着决策者认定情况完全乐观，此时使用的就是乐观准则；α 越接近于 0，表明越悲观，$\alpha=0$ 则意味着决策者认定情况完全悲观，此时使用的就是悲观准则。本质上，乐观系数 α 表示的是决策者认为最大收益值会发生的可能性，是决策者主观选择的一个概率值，往往根据经验确定。

如果用 $u(A_i)$ 表示采取备选方案 $A_i (i=1,2,\cdots,m)$ 时的折中收益值，即有

$$u(A_i) = \alpha \max(u_{i1}, u_{i2}, \cdots, u_{in}) + (1-\alpha)\min(u_{i1}, u_{i2}, \cdots, u_{in}), \ i=1,2,\cdots,m$$

则满足

$$u(A^*) = \max_{1 \leqslant i \leqslant m} u(A_i)$$

的方案 A^* 为最优。

【例 10.4】 结合例 10.1 的数据，如果决策者认为市场需求将来是高需求的可能性较大，应选择乐观系数为 0.6。采用折中准则为该手机制造商选择一个最优的广告方案以推广新型手机。

解 依据折中准则，选出每一方案在各市场需求下的最大收益值和最小收益值，计算折中收益值：

$$u(A_1) = 0.6 \times \max_{A_1}(380, 285, 86, -106) + (1-0.6) \times \min_{A_1}(380, 285, 86, -106)$$
$$= 185.6 \text{（万元）}$$

$$u(A_2) = 0.6 \times \max_{A_2}(338, 200, 83, -35) + (1-0.6) \times \min_{A_2}(338, 200, 83, -35)$$
$$= 188.8 \text{（万元）}$$

$$u(A_3) = 0.6 \times \max_{A_3}(300, 255, 95, -22) + (1-0.6) \times \min_{A_3}(300, 255, 95, -22)$$
$$= 171.2 \text{（万元）}$$

$$u(A_4) = 0.6 \times \max_{A_4}(220, 130, 62, -16) + (1-0.6) \times \min_{A_4}(220, 130, 62, -16)$$
$$= 125.6 \text{（万元）}$$

从各方案的折中收益值中找出最大的折中收益值 188.8 万元，它所对应的方案是电视广告。因此，依据折中准则，应选电视广告为最优方案。

需要注意的是，乐观系数 α 的值选择不同，可能会得到不同的方案。如果决策者比较乐观，则乐观系数可选得大一些；反之，选得小一些。折中准则介于乐观准则和悲观准则之间，主要由那些对形势判断既不乐观也不太悲观的决策者所采用，是一种既稳妥又积极的决策方法。

10.2.4 后悔值准则

后悔值准则是基于一个看似简单但却非常有用的问题提出的。决策已经做出并付诸实施之后，如果发现所选方案并非所遇到的自然状态下的最优方案，决策者就会感到后悔，这种后悔是一种机会损失。所选方案的收益值与最优方案的收益值之差越大，后悔值就越大。后悔值就是所选方案的收益值与该状态下真正的最优方案的收益值之差。后悔值越小，所选方案就越接近最优方案。

如果用 $u_{.j}$ 表示自然状态 $S_j (j=1,2,\cdots,n)$ 下各方案的最大收益值，即有

$$u(S_j) = \max_{S_j}(u_{1j}, u_{2j}, \cdots, u_{mj}), j = 1, 2, \cdots, n$$

于是，备选方案 $A_i(i=1, 2, \cdots, m)$ 在各自然状态下的后悔值分别为

$$u(S_1) - u_{i1}, u(S_2) - u_{i2}, \cdots, u(S_n) - u_{in}$$

如果用 $R(A_i)$ 表示采取备选方案 $A_i(i=1, 2, \cdots, m)$ 时的最大后悔值，即有

$$R(A_i) = \max_{A_i}(u(S_1) - u_{i1}, u(S_2) - u_{i2}, \cdots, u(S_n) - u_{in}), i = 1, 2, \cdots, m$$

则满足

$$R(A^*) = \min_{1 \leqslant i \leqslant m} R(A_i)$$

的方案 A^* 为最优。

【例 10.5】 结合例 10.1 的数据，采用后悔值准则为该手机制造商选择一个最优的广告方案以推广新型手机。

解 依据后悔值准则，选出每一市场需求下各方案的最大收益值：

$$u(S_1) = \max_{S_1}(380, 338, 300, 220) = 380 \text{（万元）}$$
$$u(S_2) = \max_{S_2}(285, 200, 255, 130) = 285 \text{（万元）}$$
$$u(S_3) = \max_{S_3}(86, 83, 95, 62) = 95 \text{（万元）}$$
$$u(S_4) = \max_{S_4}(-106, -35, -22, -16) = -16 \text{（万元）}$$

于是，每一备选方案在各自然状态下的后悔值如表 10.2 所示。

表 10.2 手机制造商不同广告方案的后悔值 （单位：万元）

市场需求 广告方案	高需求	中需求	低需求	无需求
网络广告 A_1	$380-380=0$	$285-285=0$	$95-86=9$	$-16-(-106)=90$
电视广告 A_2	$380-38=42$	$285-200=85$	$95-83=12$	$-16-(-35)=19$
报纸广告 A_3	$380-300=80$	$285-255=30$	$95-95=0$	$-16-(-22)=6$
路牌广告 A_4	$380-220=160$	$285-130=55$	$95-62=33$	$-16-(-16)=0$

选出每一方案在各市场需求下的最大后悔值：

$$R(A_1) = \max_{A_1}(0,0,9,90) = 90 \text{（万元）}$$
$$R(A_2) = \max_{A_2}(42,85,12,19) = 85 \text{（万元）}$$
$$R(A_3) = \max_{A_3}(80,30,0,6) = 80 \text{（万元）}$$
$$R(A_4) = \max_{A_4}(160,55,33,0) = 160 \text{（万元）}$$

从各方案的最大后悔值中找出最小的后悔值 80 万元，它所对应的方案是报纸广告。因此，依据后悔值准则，应选报纸广告为最优方案。

10.2.5 等可能准则

等可能准则是指决策者面临着非确定型问题，不能肯定哪种自然状态容易出现，哪种自然状态不容易出现，在缺乏各自然状态发生概率的情况下，把各自然状态发生的可能性

看做是完全相等的,即每种自然状态发生的概率都是 1 除以自然状态总数,以相等的概率来计算各方案的期望收益值,哪一个方案的期望收益值最大,哪一个方案便是最优方案。

如果用 $E(A_i)$ 表示采取备选方案 $A_i(i=1,2,\cdots,m)$ 时的期望收益值,即有

$$E(A_i)=(u_{i1}+u_{i2}+\cdots+u_{in})\times\frac{1}{n},\ i=1,2,\cdots,m$$

则满足

$$E(A^*)=\max_{1\leqslant i\leqslant m}E(A_i)$$

的方案 A^* 为最优。

【例 10.6】 结合例 10.1 的数据,采用等可能为该手机制造商选择一个最优的广告方案以推广新型手机。

解 依据等可能准则,计算每一方案在各市场需求下的期望收益值:

$$E(A_1)=(380+285+86-106)\times\frac{1}{4}=161.25\ (万元)$$

$$E(A_2)=(338+200+83-35)\times\frac{1}{4}=146.5\ (万元)$$

$$E(A_3)=(300+255+95-22)\times\frac{1}{4}=157\ (万元)$$

$$E(A_4)=(220+130+62-16)\times\frac{1}{4}=99\ (万元)$$

从各方案的期望收益值中找出最大的期望收益值 161.25 万元,它所对应的方案是网络广告。因此,依据等可能准则,应选网络广告为最优方案。

等可能准则全面考虑了一个备选方案在不同自然状态下可能取得的不同结果,并把概率引入了决策问题,把不确定型问题演变为风险型问题来处理。该准则适用于对未来各种自然状态出现可能性无法判断的情况。虽然现实中每种状态都以相等机会出现的可能性比较小,与事实发展不太吻合,但这也不失为一种积极稳妥的决策办法。

10.3　风险型决策

非确定型决策分析中,决策者对自然状态的信息了解甚少,决策者仅仅知道自然状态都有哪几种可能的情形,而对各种自然状态出现的可能性大小完全不知,决策时使用的是人为制定的准则,带有一定程度的主观性。虽然在"等可能准则"中引入了概率,但是其基本准则是决策者对未来各个自然状态的可能性不具有任何信息,认为各自然状态下出现的概率是相等的。为了提高决策的科学性和可靠性,决策者应该进一步收集、掌握有关自然状态的各种可能情形的信息,例如掌握各个自然状态出现的概率分布,使用概率进行决策分析,从而对问题的决策分析更进一步精确化。在各种自然状态发生的概率有一定了解和掌握的基础上进行决策,就演化为风险型决策。

与非确定型决策类似,进行风险型决策也需要有相应的决策准则,以作为选择最佳方案的规则。风险型决策常用的决策准则主要有期望收益值准则和期望效用值准则。

10.3.1 期望收益值准则

期望收益值准则是依据每种自然状态的概率分布和每种方案在不同自然状态下的收益，计算各种方案的期望收益值，选择其中期望收益值最大的方案为最优方案。

假设一风险型决策问题中，有 m 个备选方案 A_1、A_2、$\cdots$、A_m。每一备选方案 $A_i(i=1,2,\cdots,m)$ 实施时所面临的自然状态有 n 个 S_1、S_2、$\cdots$、S_n，每种自然状态发生的概率为 $P(S_1)$、$P(S_2)$、$\cdots$、$P(S_n)$。备选方案 A_i 在自然状态 $S_j(j=1,2,\cdots,n)$ 下实施所取得的结果记为 u_{ij}。

如果用 $E(A_i)$ 表示采取备选方案 $A_i(i=1,2,\cdots,m)$ 时的期望收益值，即有

$$E(A_i) = u_{i1}P(S_1) + u_{i2}P(S_2) + \cdots + u_{in}P(S_n), \ i=1,2,\cdots,m$$

则满足

$$E(A^*) = \max_{1 \leqslant i \leqslant m} E(A_i)$$

的方案 A^* 为最优。

【例 10.7】 在例 10.1 中，如果依据开展的市场调查，手机制造商还估计出该款新型手机不同市场需求状态出现的概率（见表 10.3）。采用期望收益值准则为该手机制造商选择一个最优的广告方案以推广新型手机。

表 10.3 新型手机不同市场需求状态出现的概率

市场需求	高需求	中需求	低需求	无需求
概　率	0.05	0.60	0.30	0.05

解 依据期望收益值准则，计算每一方案在各市场需求下的期望收益值：

$$E(A_1) = 380 \times 0.05 + 285 \times 0.60 + 86 \times 0.30 - 106 \times 0.05 = 210.5（万元）$$
$$E(A_2) = 338 \times 0.05 + 200 \times 0.60 + 83 \times 0.30 - 35 \times 0.05 = 160.05（万元）$$
$$E(A_3) = 300 \times 0.05 + 255 \times 0.60 + 95 \times 0.30 - 22 \times 0.05 = 195.4（万元）$$
$$E(A_4) = 220 \times 0.05 + 130 \times 0.60 + 62 \times 0.30 - 16 \times 0.05 = 106.8（万元）$$

从各方案的期望收益值中找出最大的期望收益值 210.5 万元，它所对应的方案是网络广告。因此，依据期望收益值准则，应选网络广告为最优方案。

依据计算得到的各方案期望收益值，可知报纸广告方案虽然比网络广告方案的期望收益值低些，但差别不大。当几个方案的期望收益值大致接近时，还可考虑其他相关的因素进一步分析决策。

例如，如果能够获得或计算方案的标准差，标准差就成为衡量方案风险的重要指标，标准差越大，方案风险也就越大，标准差越小，方案风险也就越小。或者也可以用标准差系数进行比较、衡量标准差系数越小越好。对于一个稳健的投资者来说，应该在较低的风险下，取得较高的期望收益值。

利用本例的数据，可计算得到网络广告、电视广告、报纸广告和路牌广告等方案的标准差系数分别为 9.59、38.09、5.77 和 48.52。对比可知，报纸广告方案的标准差系数最小，网络广告方案的标准差系数是其两倍，因此，可考虑选报纸广告为最优方案。

10.3.2 期望效用值准则

在决策中，效用(utility)是指决策者对于收益或损失的独特兴趣、感觉或者反应，是决策者对价值的一种主观测度，代表着决策者对于风险的态度。

效用值表示决策者对一种行动方案期望收益值的偏好程度。通常，最高的效用值为1，最低的效用值为0。对一决策者来说，效用值越大，与它对应的收益值所代表的方案越可取，效用值越小，与它对应的收益值所代表的方案越不可取。

对于具有不同风险的相同收益值，不同的决策者会给出不同的效用值。用横坐标表示收益值，纵坐标表示效用值，将各收益值与其相应的效用值在二维坐标图上画点连线，就可以得到效用曲线。求解效用曲线的一个常用的方法是心理实验法。

【例 10.8】 一决策者面临两种方案：

A_1：以 0.5 的概率获利 4000 元，以 0.5 的概率损失 2000 元

A_2：以 100% 的把握获利 500 元

分析找出决策者的效用曲线。

解 （1）首先找出各方案的最大收益值和最大亏损值，令最大收益值的效用值为1，最大损失值的效用值为0。

在本例中，最大收益值为 4000 元，则令 $U(4000)=1$，最大损失值为 2000 元，则令 $U(-2000)=0$。这样，可得到以收益值为横轴，效用值为纵轴的二维坐标图中的两个点：$(-2000, 0)$，$(4000, 0)$。

（2）开始向决策者提问，寻找第一个平衡点，即一笔无风险的收益与有风险的收益效用值相等的点。

在本例中，方案 A_2 恰好是一笔确定收益，因此问决策者 A_1、A_2 两方案会选择哪一个？假如决策者选择了 A_2，这说明 A_2 效用高于 A_1 方案的期望效用值，未能等价。这时，提问者需要调整问题，例如，将确定收益降低为 -200 元后请决策者选择。假如决策者选择了 A_1，依然未找到平衡点，因此还要调整问题，继续提问，直至找到平衡点。假如，当问题调整为确定收益为 0 元时，决策者认为选确定收益 0 元的方案与 A_1 没有区别，任选其一即可，则 0 元就是平衡点的横坐标，其效用值与方案 A_1 的期望效用值相等。因此，可利用这一关系求出平衡点的效用值。

$$U(0) = U(4000) \times 0.5 + U(-2000) \times 0.5$$
$$= 1 \times 0.5 + 0 \times 0.5 = 0.5$$

于是，得到效用曲线的又一个点 $(0, 0.5)$。

（3）用第一个平衡点的收益值与其相邻的两个收益值组成两个新的风险决策方案，然后寻找这两个方案的平衡点。

在本例中，用 0 元与其相邻的收益值 4000 元组成一个新的风险决策方案，即以 0.5 的概率获得 0 元，以 0.5 的概率获得 4000 元。然后，将这个新的方案与一确定收益比较，请决策者选择，反复提问调整，直到找到平衡点。假如，当提出确定收益为 1500 元时，决策者认为选择 1500 元的确定收益与选择方案：以 0.5 的概率获得 0 元，以 0.5 的概率获得 4000 元一样，则得到又一个平衡点，有

$$U(1500) = U(0) \times 0.5 + U(4000) \times 0.5$$
$$= 0.5 \times 0.5 + 1 \times 0.5 = 0.75$$

于是,得到效用曲线的又一个点(1500,0.75)。

再将 0 元与相邻的收益值 -2000 元组成一个新的风险方案,用同样的办法找出与其等效用的确定收益值。假如为 -1100 元,则得到又一个平衡点,有

$$U(-1100) = U(0) \times 0.5 + U(-2000) \times 0.5$$
$$= 0.5 \times 0.5 + 0 \times 0.5 = 0.25$$

于是,得到效用曲线的又一个点(-1100,0.25)。

至此,已得到效用曲线的 5 个点。通常,连同端点有 5 个点,就可以绘制出一条效用曲线了。当然,如果想要得到更精确的曲线,可以依上述方法继续提问,以求出更多的平衡点。提问时必须注意一点,在每次构成新的决策方案时,都要用已知效用值的收益值相邻的收益值,不要跳跃式地组合,否则将会出现前后矛盾的情况。

(4)描点连线,画出效用曲线图,如图 10.1 所示。

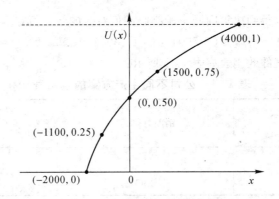

图 10.1 一决策者的效用曲线

期望效用值准则就是通过对各行动方案期望效用值的比较,选出期望效用值最大的方案作为最优的方案。

【例 10.9】 一家公司打算生产一种新产品,有两个备选方案:大批量生产和小批量生产。依据市场预测,未来市场销路好的可能性为 0.6,销路不好的可能性为 0.4。若销路好,大批量生产的年利润为 1000 万元,小批量生产的年利润为 500 万元;若销路不好,大批量生产的年利润为 -500 万元,小批量生产的年利润为 0 元。利用期望效用值准则,帮助该公司选择方案。

解 依据已知条件,得到的收益表如表 10.4 所示。

表 10.4 公司不同生产方案的收益表

市场需求 生产方案	销路好(0.6)	销路差(0.4)
大批量生产 A_1	1000 万元	-500 万元
小批量生产 A_2	500 万元	0 万元

首先，依据心理实验找出效用曲线。该决策问题中最大收益值为 1000 万元，最小收益为 -500 万元，因此，令 $U(1000)=1$，$U(-500)=0$。如果根据提问结果，找出 -500 万元与 1000 万元之间的若干个点，得到效用函数，如图 10.2 所示。

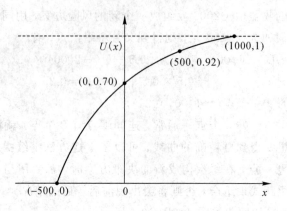

图 10.2　公司决策者的效用曲线

依据效用曲线可以得到决策问题中所有收益值对应的效用值，即
$$U(1000)=1, U(-500)=0, U(500)=0.92, U(0)=0.70$$
公司不同生产方案的效用表如表 10.5 所示。

表 10.5　公司不同生产方案的效用表

生产方案＼市场需求	销路好(0.6)	销路差(0.4)
大批量生产 A_1	1	0
小批量生产 A_2	0.92	0.70

计算每一方案在各市场需求下的期望效用值
$$E(A_1)=1\times 0.6+0\times 0.4=0.6$$
$$E(A_2)=0.92\times 0.6+0.70\times 0.40=0.832$$

从各方案的期望效用值中找出最大的期望效用值 0.832，它所对应的方案是小批量生产。因此，依据期望效用值准则，应选小批量生产为最优方案。

10.3.3　决策树

决策树是一种用于风险型决策问题的图形决策工具，它将决策问题模型化为树状图形。决策树由决策点、方案枝、状态点、概率枝和结果点组成。"□"代表决策点，说明在此点需要对多个方案做出选择；从决策点可引出若干条直线，代表可供选择的若干方案，因此称为方案枝；与方案枝另一头相连接的"○"称为状态点；从状态点又可引出若干条直线，每一条直线表示一种自然状态，当各种自然状态发生的概率已知时，在各条直线上应该标明该状态发生的概率，因此称为概率枝；在概率枝的末端标有不同方案在各种自然状态下的收益值，称为结果点，用"△"表示。为了使决策树的层次更为清晰，一般对决策点和状态点还要进行标号，号数填写在"□"和"○"中。

利用决策树对方案进行比较和选择，一般采用逆向分析法，即先计算出树状结果末端的结果，然后由此开始，从后向前逐步分析。决策树分析通常采用期望收益值准则和期望效用值准则。首先，依据收益值和相应自然状态的概率计算出各方案的期望收益值或期望效用值，将其标在状态点"〇"的上方；其次，对各方案进行比较，从中删除较差的方案，在删除的方案枝上画符号"∥"表示，即剪枝。最后，在决策树上留下的方案枝就是所要选择的最优方案。所选择的方案的期望收益值或期望效用值可标注在相应的决策点的上方，如图 10.3 所示。

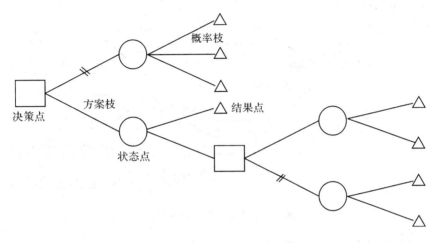

图 10.3　决策树的结构

和一般的决策收益表相比，决策树的应用面更广，它并不要求所有的方案具有相同的自然状态和概率分布。例如，个人理财可以选择购买股票也可以选择购买彩票，购买股票遇到的状态是牛市、熊市或持平，购买彩票遇到的状态是中奖或不中奖，两种理财方式遇到的自然状态不同，各种自然状态出现的概率也不一样。这种情形，用收益表来表示就比较困难，而用决策树作为分析工具则相当方便。在一些比较复杂的决策问题中，一个或一些方案的结果（或期望收益值、期望效用值）未知，有赖于下一级的决策作出，而这下一级决策可能又依赖与更前面一级的决策……此类决策称为多级决策。多级决策中，各种不同层次的备选方案、自然状态及其概率分布很容易混淆。利用决策树，可以用简单直观的形式将其很好地表现出来。因此，它特别适用于求解这一类复杂的多级决策问题。

【例 10.10】　一汽车配件厂拟安排明年一型号零部件的生产。该厂有两种生产方案可供选择：方案一是继续利用现有的设备生产，零部件的单位成本是 0.6 万元；方案二是对现有设备进行更新改造，以提高设备的效率。更新改造需要投资 100 万元（假定其全部摊入明年的成本），成功的概率是 0.7。如果成功，零部件不含上述投资费用的单位成本可降至 0.5 万元；如果不成功，则仍用现有设备生产。另外，据预测，明年该厂此型号零部件的市场销售价格为 1 万元，其市场需求有两种可能：一是 2000 件，二是 3000 件，其概率分别为 0.45 和 0.55。利用期望收益值准则，运用决策树帮助该厂进行生产方案的决策。

解　绘制决策树，如图 10.4 所示。

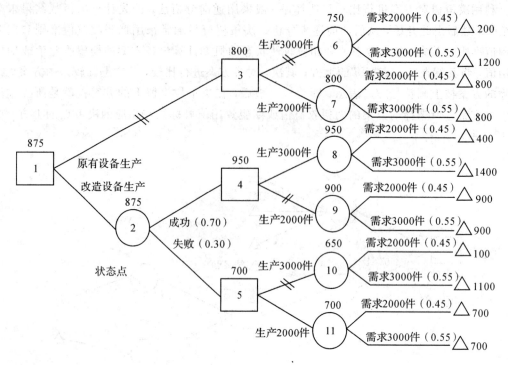

图 10.4　汽车配件厂的决策树

计算出决策树最末端的收益值，计算公式如下：

收益值＝可能销售量×单价－生产量×单位成本－应摊新投资费用

当生产量大于市场需求量时，可能销售量等于市场需求量；而当生产批量小于市场需求量时，可能销售量等于生产量。另外，当选择原有设备生产时，应摊新投资费用为 0 万元；选择改造设备生产时，应摊新投资费用为 100 万元。例如，末端第一个结果点的收益值为

$$2000×1－3000×0.6－0＝200（万元）$$

利用收益值与相应的概率分布，计算出各方案的期望收益值。例如，标号 6 的状态点所对应方案的期望收益值为

$$200×0.45＋1200×0.55＝750（万元）$$

依据期望收益值准则，选出标号 3、4、5 决策点的最优生产量方案，并将最优生产量方案填在相应的决策点的上方。同时，剪除未选中的方案枝。进而，利用标号 4、5 决策点的结果，计算出改造设备生产方案的期望收益值，再与原有设备生产方案的期望收益值比较，选择出最佳方案，剪除未选中的方案枝。

依据计算结果和决策树图，该厂应改造设备生产。如果成功，就利用改造后的设备进行生产，生产量定为 3000 件；如果失败，则仍利用原有设备生产，生产量定为 2000 件。

本 章 小 结

"管理就是决策"，美国著名决策大师赫伯特·西蒙（Herbert A. Simon）的这个观点道

出了管理的本质：管理是对目标和为实现目标的各种方案进行抉择的过程。决策贯穿各类商务活动。

决策分析是在决策目标及环境条件基本明确，各种可能的行动方案已被找到或已制定的情况下，有分析者采用合理的评价准则和模型，运用特有的数学方法，选出一个或一组最满意的行动方案，供决策者最后抉择。

依据面临的自然状态，决策分为确定型决策、非确定型决策和风险型决策。确定型决策是指决策时所面临的客观环境即自然状态是完全确定的，只有一种，因此，决策者可以不考虑自然状态而按既定目标及评价准则进行决策；非确定型决策是指决策时所面临的自然状态有多个，而且各种自然状态出现的可能性大小即概率不能确定；风险型决策是指决策时所面临的自然状态有多个，但各种自然状态出现的概率通过一定方法可以确定下来即已知。后二者由于共性的存在，又并称为统计决策。自然状态不确定的统计决策与自然状态确定的确定型决策相比较决策者所掌握的信息要少很多，因而统计决策要比确定型决策困难得多。

非确定型决策问题的研究中，主要是确定衡量方案优劣的准则。准则一旦确定，问题便不难得到解决。从不同的角度出发，可以确定不同的决策准则，从而得到不同的决策方法。非确定型决策分析常采用的评价标准是收益值或损失值，可采用的决策准则有：乐观准则、悲观准则、折中准则、后悔值准则和等可能准则。当然，决策结果不见得一致。至于具体应该选用哪一种准则，需要视具体情况和决策者的态度而定。

在各种自然状态发生的概率有一定了解和掌握的基础上进行决策，就演化为风险型决策。与非确定型决策类似，进行风险型决策也需要有相应的决策准则，以作为选择最佳方案的规则。风险型决策常用的决策准则主要有期望收益值准则和期望效用值准则，通常使用的决策分析工具为决策树。决策树是一种用于风险型决策问题的图形决策工具，它将决策问题模型化为树状图形。

思 考 练 习

10.1　阐述决策的原则。

10.2　阐述确定型决策、非确定型决策与风险型决策三者间的区别。

10.3　解释决策分析的内涵和主要特点。

10.4　一机械企业拟对其生产的一种机器是否改型以及如何改型作出决策。有三种方案可供选择：方案 A_1，机芯、机壳同时改型；方案 A_2，机芯改型、机壳不改型；方案 A_3，机芯不改型、机壳改型。改型后的机器可能遇到三种市场需求：高需求、中需求和低需求。利用获取的收益表（见表 10.6），采用乐观准则、悲观准则和后悔值准则进行决策。

表 10.6　不同改型方案下的收益表　　　　（单位：万元）

市场需求 改型方案	高需求	中需求	低需求
方案 A_1	0	27.5	32.5
方案 A_2	33.5	0	15.5
方案 A_3	38.5	28.5	0

10.5 一童车生产厂家打算生产一种新型童车,依据市场前期调研和分析,得到了各种生产方案以及未来各种情况下的收益值(见表10.7)。

(1) 如果根据实际情况,决定取乐观系数为0.7,采用折中准则进行决策,应该选择哪种生产方案?

(2) 如果采用等可能准则进行决策,又应该选择哪种生产方案?

表 10.7　不同生产方案在未来各种情况下的收益表　　　　　　　　(单位:万元)

市场需求 生产方案	销路好	销路一般	销路差
大批量生产 A_1	600	530	—150
中批量生产 A_2	550	500	0
小批量生产 A_3	320	320	320

10.6 国内一外资生产企业,产品全部销往东南亚等地。最近,企业拟定了今后5年内的三种扩大再生产方案。

方案1:建设一家新公司;

方案2:对所属各公司进行技术改造;

方案3:扩建部分公司。

经过分析认为,今后5年之内可能遇到高需求、中需求、低需求、没需求四种市场需求状况,并估算了5年之内三种方案在不同的需求状况下的收益值(见表10.8)。分别采用乐观准则、悲观准则、折中准则($\alpha=0.6$)、后悔值准则和等可能准则进行决策。

表 10.8　三种方案在不同需求状况下的收益值　　　　　　　　(单位:万元)

市场需求 生产方案	高需求	中需求	低需求	没需求
建设新公司	200	110	—25	—90
技术改造	130	85	35	0
扩建原公司	165	100	—10	—55

10.7 一企业需对一种新产品是否投产进行决策。可供选择的方案、自然状态及可能获得的收益值(见表10.9)已知。分别采用乐观准则、悲观准则、折中准则($\alpha=0.6$)、后悔值准则和等可能准则进行决策。

表 10.9　不同方案在不同自然状态下的收益值　　　　　　　　(单位:万元)

自然状态 方案	高需求	中需求	低需求	没需求
大量生产	120	80	10	—30
中等批量	95	77	25	—5
小批试产	81	71	49	39

10.8 一公司对未来5年的市场需求作了预测,认为本公司生产的产品市场需求高的概率为0.3,需求中等的概率为0.5,需求低的概率为0.2,可以采用新建厂、扩建老厂或对

老厂设备进行技术改造三个方案，需要投入的成本分别为 100 万元、50 万元和 20 万元。结合各方案未来可能的收入（见表 10.10），采用期望收益值准则进行方案的决策。

表 10.10 不同方案未来可能的收益值 （单位：万元）

自然状态 方案	高需求（0.3）	中需求（0.5）	低需求（0.2）
新建工厂	120	40	−30
扩建老厂	100	50	0
改造设备	40	30	20

10.9 一公司为生产一种新产品而设计了两种建设方案，一个方案是建大厂，另一方案是建小厂。建大厂需投资 300 万元，建小厂需投资 150 万元，两者的使用期都是 10 年，无残值。估计在寿命期内产品销路好的概率是 0.7，产品销路差的概率是 0.3。结合估计的年收益值（见表 10.10），利用决策树，采用期望收益值准则进行决策。

10.11 不同方案在不同自然状态下的年收益值 （单位：万元）

自然状态 方案	销路好（0.7）	销路差（0.3）
建大厂	100	−20
建小厂	50	30

10.10 一运动手环生产企业目前正着手制订改革工艺的计划，拟订了两个方案：方案一是向国外购买专利，估计谈判成功的可能性为 0.8；方案二是自行研制，估计成功的可能性为 0.6。无论采用哪个方案，只要工艺改革成功，生产规模就可以扩大，扩大的程度可以自行选择，或者是增加 1 倍产量，或者是增加 2 倍产量。工艺改革不成功，则只能维持原产量。根据市场预测，今后相当一段时间内，对该厂生产的运动手环的需求量较高的可能性为 0.3，较低的可能性为 0.2，一般水平的可能性为 0.5。结合经测算得到的收益值（见表 10.12），利用决策树，采用期望收益值准则进行决策。

表 10.12 不同方案在不同自然状态下的收益值 （单位：万元）

自然状态 方案		市场需求量高 （0.3）	市场需求量一般 （0.5）	市场需求量低 （0.3）
原工艺生产		150	10	−100
购买专利成功	增产 1 倍	500	250	0
	增产 2 倍	700	400	−200
自行研制成功	增产 1 倍	500	100	0
	增产 2 倍	800	300	−200

10.11 有一化工原料企业，由于一项工艺不太好，产品成本高。在价格保持中等水平的情况下无利可图，在价格低落时要亏本，只有在价格高时才盈利，且盈利也不多。现在

企业管理人员在编制五年计划时欲将该项工艺加以改革，用新工艺代替。取得新工艺有两种途径，一是自行研究，估计成功的可能性是0.6；二是买专利，估计谈判成功的可能性是0.8。不论研究成功或谈判成功，生产规模都有两种考虑方案，一是产量不变，二是产量增加，如果研究或谈判失败，则仍采用原工艺进行生产，保持原产量。

根据市场预测，估计今后五年内这种产品跌价的可能性是0.1，保持中等水平的可能性是0.5，涨价可能性是0.4。

结合经测算得到的收益值（见表10.13），利用决策树，采用期望收益值准则进行决策。

表 10.13　不同方案在不同自然状态下的收益值　　（单位：万元）

方　案	自然状态	价格低落 （0.1）	价格中等 （0.5）	价格高涨 （0.4）
原工艺生产		−100	0	100
购买专利成功	产量不变	−200	50	150
	增加产量	−300	50	250
自行研制成功	产量不变	−200	0	200
	增加产量	−300	−250	600

10.12　设计一个心理实验，测定一下你自己或你一名好朋友的效用曲线。

附录 1　标准正态分布函数值表

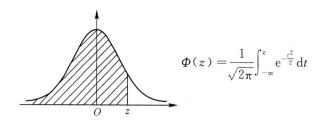

$$\Phi(z) = \frac{1}{\sqrt{2\pi}} \int_{-\infty}^{z} e^{-\frac{t^2}{2}} \, dt$$

z	0.00	0.01	0.02	0.03	0.04	0.05	0.06	0.07	0.08	0.09
0.0	0.5000	0.5040	0.5080	0.5120	0.5160	0.5199	0.5239	0.5279	0.5319	0.5359
0.1	0.5398	0.5438	0.5478	0.5517	0.5557	0.5596	0.5636	0.5675	0.5714	0.5753
0.2	0.5793	0.5832	0.5871	0.5910	0.5948	0.5987	0.6026	0.6064	0.6103	0.6141
0.3	0.6179	0.6217	0.6255	0.6293	0.6331	0.6368	0.6406	0.6443	0.6480	0.6517
0.4	0.6554	0.6591	0.6628	0.6664	0.6700	0.6736	0.6772	0.6808	0.6844	0.6879
0.5	0.6915	0.6950	0.6985	0.7019	0.7054	0.7088	0.7123	0.7157	0.7190	0.7224
0.6	0.7257	0.7291	0.7324	0.7357	0.7389	0.7422	0.7454	0.7486	0.7517	0.7549
0.7	0.7580	0.7611	0.7642	0.7673	0.7704	0.7734	0.7764	0.7794	0.7823	0.7852
0.8	0.7881	0.7910	0.7939	0.7967	0.7995	0.8023	0.8051	0.8078	0.8106	0.8133
0.9	0.8159	0.8186	0.8212	0.8238	0.8264	0.8289	0.8315	0.8340	0.8365	0.8389
1.0	0.8413	0.8438	0.8461	0.8485	0.8508	0.8531	0.8554	0.8577	0.8599	0.8621
1.1	0.8643	0.8665	0.8686	0.8708	0.8729	0.8749	0.8770	0.8790	0.8810	0.8830
1.2	0.8849	0.8869	0.8888	0.8907	0.8925	0.8944	0.8962	0.8980	0.8997	0.9015
1.3	0.9032	0.9049	0.9066	0.9082	0.9099	0.9115	0.9131	0.9147	0.9162	0.9177
1.4	0.9192	0.9207	0.9222	0.9236	0.9251	0.9265	0.9279	0.9292	0.9306	0.9319
1.5	0.9332	0.9345	0.9357	0.9370	0.9382	0.9394	0.9406	0.9418	0.9429	0.9441
1.6	0.9452	0.9463	0.9474	0.9484	0.9495	0.9505	0.9515	0.9525	0.9535	0.9545
1.7	0.9554	0.9564	0.9573	0.9582	0.9591	0.9599	0.9608	0.9616	0.9625	0.9633
1.8	0.9641	0.9649	0.9656	0.9664	0.9671	0.9678	0.9686	0.9693	0.9699	0.9706
1.9	0.9713	0.9719	0.9726	0.9732	0.9738	0.9744	0.9750	0.9756	0.9761	0.9767
2.0	0.9772	0.9778	0.9783	0.9788	0.9793	0.9798	0.9803	0.9808	0.9812	0.9817
2.1	0.9821	0.9826	0.9830	0.9834	0.9838	0.9842	0.9846	0.9850	0.9854	0.9857
2.2	0.9861	0.9864	0.9868	0.9871	0.9875	0.9878	0.9881	0.9884	0.9887	0.9890
2.3	0.9893	0.9896	0.9898	0.9901	0.9904	0.9906	0.9909	0.9911	0.9913	0.9916
2.4	0.9918	0.9920	0.9922	0.9925	0.9927	0.9929	0.9931	0.9932	0.9934	0.9936
2.5	0.9938	0.9940	0.9941	0.9943	0.9945	0.9946	0.9948	0.9949	0.9951	0.9952
2.6	0.9953	0.9955	0.9956	0.9957	0.9959	0.9960	0.9961	0.9962	0.9963	0.9964
2.7	0.9965	0.9966	0.9967	0.9968	0.9969	0.9970	0.9971	0.9972	0.9973	0.9974
2.8	0.9974	0.9975	0.9976	0.9977	0.9977	0.9978	0.9979	0.9979	0.9980	0.9981
2.9	0.9981	0.9982	0.9982	0.9983	0.9984	0.9984	0.9985	0.9985	0.9986	0.9986
3.0	0.9987	0.9987	0.9987	0.9988	0.9988	0.9989	0.9989	0.9989	0.9990	0.9990

附录 2　x^2 分布临界值表

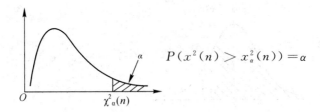

$$P(x^2(n) > x_\alpha^2(n)) = \alpha$$

n \ α	0.995	0.990	0.975	0.950	0.900	0.100	0.050	0.025	0.010	0.005
1	0.0000	0.0002	0.0010	0.0039	0.0158	2.7055	3.8415	5.0239	6.6349	7.8794
2	0.0100	0.0201	0.0506	0.1026	0.2107	4.6052	5.9915	7.3778	9.2103	10.5966
3	0.0717	0.1148	0.2158	0.3518	0.5844	6.2514	7.8147	9.3484	11.3449	12.8382
4	0.2070	0.2971	0.4844	0.7107	1.0636	7.7794	9.4877	11.1433	13.2767	14.8603
5	0.4117	0.5543	0.8312	1.1455	1.6103	9.2364	11.0705	12.8325	15.0863	16.7496
6	0.6757	0.8721	1.2373	1.6354	2.2041	10.6446	12.5916	14.4494	16.8119	18.5476
7	0.9893	1.2390	1.6899	2.1673	2.8331	12.0170	14.0671	16.0128	18.4753	20.2777
8	1.3444	1.6465	2.1797	2.7326	3.4895	13.3616	15.5073	17.5345	20.0902	21.9550
9	1.7349	2.0879	2.7004	3.3251	4.1682	14.6837	16.9190	19.0228	21.6660	23.5894
10	2.1559	2.5582	3.2470	3.9403	4.8652	15.9872	18.3070	20.4832	23.2093	25.1882
11	2.6032	3.0535	3.8157	4.5748	5.5778	17.2750	19.6751	21.9200	24.7250	26.7568
12	3.0738	3.5706	4.4038	5.2260	6.3038	18.5493	21.0261	23.3367	26.2170	28.2995
13	3.5650	4.1069	5.0088	5.8919	7.0415	19.8119	22.3620	24.7356	27.6882	29.8195
14	4.0747	4.6604	5.6287	6.5706	7.7895	21.0641	23.6848	26.1189	29.1412	31.3193
15	4.6009	5.2293	6.2621	7.2609	8.5468	22.3071	24.9958	27.4884	30.5779	32.8013
16	5.1422	5.8122	6.9077	7.9616	9.3122	23.5418	26.2962	28.8454	31.9999	34.2672
17	5.6972	6.4078	7.5642	8.6718	10.0852	24.7690	27.5871	30.1910	33.4087	35.7185
18	6.2648	7.0149	8.2307	9.3905	10.8649	25.9894	28.8693	31.5264	34.8053	37.1565
19	6.8440	7.6327	8.9065	10.1170	11.6509	27.2036	30.1435	32.8523	36.1909	38.5823
20	7.4338	8.2604	9.5908	10.8508	12.4426	28.4120	31.4104	34.1696	37.5662	39.9968
21	8.0337	8.8972	10.2829	11.5913	13.2396	29.6151	32.6706	35.4789	38.9322	41.4011
22	8.6427	9.5425	10.9823	12.3380	14.0415	30.8133	33.9244	36.7807	40.2894	42.7957
23	9.2604	10.1957	11.6886	13.0905	14.8480	32.0069	35.1725	38.0756	41.6384	44.1813
24	9.8862	10.8564	12.4012	13.8484	15.6587	33.1962	36.4150	39.3641	42.9798	45.5585
25	10.5197	11.5240	13.1197	14.6114	16.4734	34.3816	37.6525	40.6465	44.3141	46.9279
26	11.1602	12.1981	13.8439	15.3792	17.2919	35.5632	38.8851	41.9232	45.6417	48.2899
27	11.8076	12.8785	14.5734	16.1514	18.1139	36.7412	40.1133	43.1945	46.9629	49.6449
28	12.4613	13.5647	15.3079	16.9279	18.9392	37.9159	41.3371	44.4608	48.2782	50.9934
29	13.1211	14.2565	16.0471	17.7084	19.7677	39.0875	42.5570	45.7223	49.5879	52.3356
30	13.7867	14.9535	16.7908	18.4927	20.5992	40.2560	43.7730	46.9792	50.8922	53.6720

附录 3　t 分布临界值表

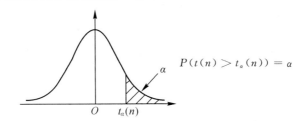

$$P(t(n) > t_a(n)) = \alpha$$

α \ n	0.100	0.050	0.025	0.010	0.005
1	3.0777	6.3138	12.7062	31.8205	63.6567
2	1.8856	2.9200	4.3027	6.9646	9.9248
3	1.6377	2.3534	3.1824	4.5407	5.8409
4	1.5332	2.1318	2.7764	3.7469	4.6041
5	1.4759	2.0150	2.5706	3.3649	4.0321
6	1.4398	1.9432	2.4469	3.1427	3.7074
7	1.4149	1.8946	2.3646	2.9980	3.4995
8	1.3968	1.8595	2.3060	2.8965	3.3554
9	1.3830	1.8331	2.2622	2.8214	3.2498
10	1.3722	1.8125	2.2281	2.7638	3.1693
11	1.3634	1.7959	2.2010	2.7181	3.1058
12	1.3562	1.7823	2.1788	2.6810	3.0545
13	1.3502	1.7709	2.1604	2.6503	3.0123
14	1.3450	1.7613	2.1448	2.6245	2.9768
15	1.3406	1.7531	2.1314	2.6025	2.9467
16	1.3368	1.7459	2.1199	2.5835	2.9208
17	1.3334	1.7396	2.1098	2.5669	2.8982
18	1.3304	1.7341	2.1009	2.5524	2.8784
19	1.3277	1.7291	2.0930	2.5395	2.8609
20	1.3253	1.7247	2.0860	2.5280	2.8453
21	1.3232	1.7207	2.0796	2.5176	2.8314
22	1.3212	1.7171	2.0739	2.5083	2.8188
23	1.3195	1.7139	2.0687	2.4999	2.8073
24	1.3178	1.7109	2.0639	2.4922	2.7969
25	1.3163	1.7081	2.0595	2.4851	2.7874
26	1.3150	1.7056	2.0555	2.4786	2.7787
27	1.3137	1.7033	2.0518	2.4727	2.7707
28	1.3125	1.7011	2.0484	2.4671	2.7633
29	1.3114	1.6991	2.0452	2.4620	2.7564
30	1.3104	1.6973	2.0423	2.4573	2.7500

附录 4   F 分布临界值表(α 为 0.05)

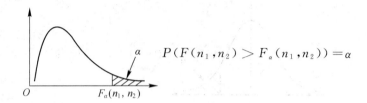

$$P(F(n_1,n_2) > F_a(n_1,n_2)) = \alpha$$

n_1 \ n_2	1	2	3	4	5	6	7	8	9	10
1	161.4476	18.5128	10.1280	7.7086	6.6079	5.9874	5.5914	5.3177	5.1174	4.9646
2	199.5000	19.0000	9.5521	6.9443	5.7861	5.1433	4.7374	4.4590	4.2565	4.1028
3	215.7073	19.1643	9.2766	6.5914	5.4095	4.7571	4.3468	4.0662	3.8625	3.7083
4	224.5832	19.2468	9.1172	6.3882	5.1922	4.5337	4.1203	3.8379	3.6331	3.4780
5	230.1619	19.2964	9.0135	6.2561	5.0503	4.3874	3.9715	3.6875	3.4817	3.3258
6	233.9860	19.3295	8.9406	6.1631	4.9503	4.2839	3.8660	3.5806	3.3738	3.2172
7	236.7684	19.3532	8.8867	6.0942	4.8759	4.2067	3.7870	3.5005	3.2927	3.1355
8	238.8827	19.3710	8.8452	6.0410	4.8183	4.1468	3.7257	3.4381	3.2296	3.0717
9	240.5433	19.3848	8.8123	5.9988	4.7725	4.0990	3.6767	3.3881	3.1789	3.0204
10	241.8817	19.3959	8.7855	5.9644	4.7351	4.0600	3.6365	3.3472	3.1373	2.9782
11	242.9835	19.4050	8.7633	5.9358	4.7040	4.0274	3.6030	3.3130	3.1025	2.9430
12	243.9060	19.4125	8.7446	5.9117	4.6777	3.9999	3.5747	3.2839	3.0729	2.9130
13	244.6898	19.4189	8.7287	5.8911	4.6552	3.9764	3.5503	3.2590	3.0475	2.8872
14	245.3640	19.4244	8.7149	5.8733	4.6358	3.9559	3.5292	3.2374	3.0255	2.8647
15	245.9499	19.4291	8.7029	5.8578	4.6188	3.9381	3.5107	3.2184	3.0061	2.8450
16	246.4639	19.4333	8.6923	5.8441	4.6038	3.9223	3.4944	3.2016	2.9890	2.8276
17	246.9184	19.4370	8.6829	5.8320	4.5904	3.9083	3.4799	3.1867	2.9737	2.8120
18	247.3232	19.4402	8.6745	5.8211	4.5785	3.8957	3.4669	3.1733	2.9600	2.7980
19	247.6861	19.4431	8.6670	5.8114	4.5678	3.8844	3.4551	3.1613	2.9477	2.7854
20	248.0131	19.4458	8.6602	5.8025	4.5581	3.8742	3.4445	3.1503	2.9365	2.7740
21	248.3094	19.4481	8.6540	5.7945	4.5493	3.8649	3.4349	3.1404	2.9263	2.7636
22	248.5791	19.4503	8.6484	5.7872	4.5413	3.8564	3.4260	3.1313	2.9169	2.7541
23	248.8256	19.4523	8.6432	5.7805	4.5339	3.8486	3.4179	3.1229	2.9084	2.7453
24	249.0518	19.4541	8.6385	5.7744	4.5272	3.8415	3.4105	3.1152	2.9005	2.7372
25	249.2601	19.4558	8.6341	5.7687	4.5209	3.8348	3.4036	3.1081	2.8932	2.7298
26	249.4525	19.4573	8.6301	5.7635	4.5151	3.8287	3.3972	3.1015	2.8864	2.7229
27	249.6309	19.4587	8.6263	5.7586	4.5097	3.8230	3.3913	3.0954	2.8801	2.7164
28	249.7966	19.4600	8.6229	5.7541	4.5047	3.8177	3.3858	3.0897	2.8743	2.7104
29	249.9510	19.4613	8.6196	5.7498	4.5001	3.8128	3.3806	3.0844	2.8688	2.7048
30	250.0951	19.4624	8.6166	5.7459	4.4957	3.8082	3.3758	3.0794	2.8637	2.6996

n_1 \ n_2	11	12	13	14	15	16	17	18	19	20
1	4.8443	4.7472	4.6672	4.6001	4.5431	4.4940	4.4513	4.4139	4.3807	4.3512
2	3.9823	3.8853	3.8056	3.7389	3.6823	3.6337	3.5915	3.5546	3.5219	3.4928
3	3.5874	3.4903	3.4105	3.3439	3.2874	3.2389	3.1968	3.1599	3.1274	3.0984
4	3.3567	3.2592	3.1791	3.1122	3.0556	3.0069	2.9647	2.9277	2.8951	2.8661
5	3.2039	3.1059	3.0254	2.9582	2.9013	2.8524	2.8100	2.7729	2.7401	2.7109
6	3.0946	2.9961	2.9153	2.8477	2.7905	2.7413	2.6987	2.6613	2.6283	2.5990
7	3.0123	2.9134	2.8321	2.7642	2.7066	2.6572	2.6143	2.5767	2.5435	2.5140
8	2.9480	2.8486	2.7669	2.6987	2.6408	2.5911	2.5480	2.5102	2.4768	2.4471
9	2.8962	2.7964	2.7144	2.6458	2.5876	2.5377	2.4943	2.4563	2.4227	2.3928
10	2.8536	2.7534	2.6710	2.6022	2.5437	2.4935	2.4499	2.4117	2.3779	2.3479
11	2.8179	2.7173	2.6347	2.5655	2.5068	2.4564	2.4126	2.3742	2.3402	2.3100
12	2.7876	2.6866	2.6037	2.5342	2.4753	2.4247	2.3807	2.3421	2.3080	2.2776
13	2.7614	2.6602	2.5769	2.5073	2.4481	2.3973	2.3531	2.3143	2.2800	2.2495
14	2.7386	2.6371	2.5536	2.4837	2.4244	2.3733	2.3290	2.2900	2.2556	2.2250
15	2.7186	2.6169	2.5331	2.4630	2.4034	2.3522	2.3077	2.2686	2.2341	2.2033
16	2.7009	2.5989	2.5149	2.4446	2.3849	2.3335	2.2888	2.2496	2.2149	2.1840
17	2.6851	2.5828	2.4987	2.4282	2.3683	2.3167	2.2719	2.2325	2.1977	2.1667
18	2.6709	2.5684	2.4841	2.4134	2.3533	2.3016	2.2567	2.2172	2.1823	2.1511
19	2.6581	2.5554	2.4709	2.4000	2.3398	2.2880	2.2429	2.2033	2.1683	2.1370
20	2.6464	2.5436	2.4589	2.3879	2.3275	2.2756	2.2304	2.1906	2.1555	2.1242
21	2.6358	2.5328	2.4479	2.3768	2.3163	2.2642	2.2189	2.1791	2.1438	2.1124
22	2.6261	2.5229	2.4379	2.3667	2.3060	2.2538	2.2084	2.1685	2.1331	2.1016
23	2.6172	2.5139	2.4287	2.3573	2.2966	2.2443	2.1987	2.1587	2.1233	2.0917
24	2.6090	2.5055	2.4202	2.3487	2.2878	2.2354	2.1898	2.1497	2.1141	2.0825
25	2.6014	2.4977	2.4123	2.3407	2.2797	2.2272	2.1815	2.1413	2.1057	2.0739
26	2.5943	2.4905	2.4050	2.3333	2.2722	2.2196	2.1738	2.1335	2.0978	2.0660
27	2.5877	2.4838	2.3982	2.3264	2.2652	2.2125	2.1666	2.1262	2.0905	2.0586
28	2.5816	2.4776	2.3918	2.3199	2.2587	2.2059	2.1599	2.1195	2.0836	2.0517
29	2.5759	2.4718	2.3859	2.3139	2.2525	2.1997	2.1536	2.1131	2.0772	2.0452
30	2.5705	2.4663	2.3803	2.3082	2.2468	2.1938	2.1477	2.1071	2.0712	2.0391

n_1＼n_2	21	22	23	24	25	26	27	28	29	30
1	4.3248	4.3009	4.2793	4.2597	4.2417	4.2252	4.2100	4.1960	4.1830	4.1709
2	3.4668	3.4434	3.4221	3.4028	3.3852	3.3690	3.3541	3.3404	3.3277	3.3158
3	3.0725	3.0491	3.0280	3.0088	2.9912	2.9752	2.9604	2.9467	2.9340	2.9223
4	2.8401	2.8167	2.7955	2.7763	2.7587	2.7426	2.7278	2.7141	2.7014	2.6896
5	2.6848	2.6613	2.6400	2.6207	2.6030	2.5868	2.5719	2.5581	2.5454	2.5336
6	2.5727	2.5491	2.5277	2.5082	2.4904	2.4741	2.4591	2.4453	2.4324	2.4205
7	2.4876	2.4638	2.4422	2.4226	2.4047	2.3883	2.3732	2.3593	2.3463	2.3343
8	2.4205	2.3965	2.3748	2.3551	2.3371	2.3205	2.3053	2.2913	2.2783	2.2662
9	2.3660	2.3419	2.3201	2.3002	2.2821	2.2655	2.2501	2.2360	2.2229	2.2107
10	2.3210	2.2967	2.2747	2.2547	2.2365	2.2197	2.2043	2.1900	2.1768	2.1646
11	2.2829	2.2585	2.2364	2.2163	2.1979	2.1811	2.1655	2.1512	2.1379	2.1256
12	2.2504	2.2258	2.2036	2.1834	2.1649	2.1479	2.1323	2.1179	2.1045	2.0921
13	2.2222	2.1975	2.1752	2.1548	2.1362	2.1192	2.1035	2.0889	2.0755	2.0630
14	2.1975	2.1727	2.1502	2.1298	2.1111	2.0939	2.0781	2.0635	2.0500	2.0374
15	2.1757	2.1508	2.1282	2.1077	2.0889	2.0716	2.0558	2.0411	2.0275	2.0148
16	2.1563	2.1313	2.1086	2.0880	2.0691	2.0518	2.0358	2.0210	2.0073	1.9946
17	2.1389	2.1138	2.0910	2.0703	2.0513	2.0339	2.0179	2.0030	1.9893	1.9765
18	2.1232	2.0980	2.0751	2.0543	2.0353	2.0178	2.0017	1.9868	1.9730	1.9601
19	2.1090	2.0837	2.0608	2.0399	2.0207	2.0032	1.9870	1.9720	1.9581	1.9452
20	2.0960	2.0707	2.0476	2.0267	2.0075	1.9898	1.9736	1.9586	1.9446	1.9317
21	2.0842	2.0587	2.0356	2.0146	1.9953	1.9776	1.9613	1.9462	1.9322	1.9192
22	2.0733	2.0478	2.0246	2.0035	1.9842	1.9664	1.9500	1.9349	1.9208	1.9077
23	2.0633	2.0377	2.0144	1.9932	1.9738	1.9560	1.9396	1.9244	1.9103	1.8972
24	2.0540	2.0283	2.0050	1.9838	1.9643	1.9464	1.9299	1.9147	1.9005	1.8874
25	2.0454	2.0196	1.9963	1.9750	1.9554	1.9375	1.9210	1.9057	1.8915	1.8782
26	2.0374	2.0116	1.9881	1.9668	1.9472	1.9292	1.9126	1.8973	1.8830	1.8698
27	2.0299	2.0040	1.9805	1.9591	1.9395	1.9215	1.9048	1.8894	1.8751	1.8618
28	2.0229	1.9970	1.9734	1.9520	1.9323	1.9142	1.8975	1.8821	1.8677	1.8544
29	2.0164	1.9904	1.9668	1.9453	1.9255	1.9074	1.8907	1.8752	1.8608	1.8474
30	2.0102	1.9842	1.9605	1.9390	1.9192	1.9010	1.8842	1.8687	1.8543	1.8409

参 考 文 献

[1] 李心愉. 应用经济统计学. 2 版. 北京：北京大学出版社，2008.

[2] 耿修林. 数据、模型与决策. 北京：科学出版社，2006.

[3] 贾俊平，谭英平. 应用统计学. 北京：中国人民大学出版社，2008.

[4] 贾俊平. 统计学. 5 版. 北京：中国人民大学出版社，2013.

[5] 李金昌，苏为华. 统计学. 修订版. 北京：机械工业出版社，2009.

[6] 将邵忠. 数据、模型与决策：基于 Excel 的建模与商务应用. 2 版. 北京：北京大学出版社，2013.

[7] 彼得·欧佛森. 生活中的概率趣事. 北京：机械工业出版社，2014.

[8] 查尔斯·惠伦. 赤裸裸的统计学. 北京：中信出版社，2013.

[9] 西内启. 看穿一切数字的统计学. 北京：中信出版社，2013.

[10] 曾五一，朱平辉. 统计学：在经济管理领域的应用. 北京：机械工业出版社，2012.

[11] 曾五一. 统计学. 北京：中国金融出版社，2006.

[12] 吴喜之. 统计学：从数据到结论. 2 版. 北京：中国统计出版社，2006.

[13] 王汉生. 商务数据分析与应用. 北京：中国人民大学出版社，2011.

[14] 维克托·迈尔·舍恩伯格，肯尼思·库克耶. 大数据时代. 杭州：浙江人民出版社，2013.

[15] 冯力. 统计学实验. 大连：东北财经大学出版社，2008.

[16] 赵伟. 大数据在中国. 南京：江苏文艺出版社，2014.

[17] 徐传胜. 从博弈问题到方法论学科：概率论发展史研究. 北京：科学出版社，2011.

[18] 陈希孺. 概率论与数理统计. 合肥：中国科学技术大学出版社，2009.

[19] 陈忠，李莉. 数据、模型与决策：定量方法在管理中的应用. 上海：上海交通大学出版社，2004.

[20] 何书元. 概率论. 北京：北京大学出版社，2006.

[21] 姜晓兵. 应用统计学. 西安：西安电子科技大学出版社，2012.

[22] 李连友. 数据、模型与决策. 北京：机械工业出版社，2014.

[23] 姜晓兵. 数据、模型与决策. 西安：西安电子科技大学出版社，2017.

[24] 冯文权. 经济预测与决策技术. 5 版. 武汉：武汉大学出版社，2008.

[25] 宁宣熙，刘思峰. 管理预测与决策方法. 2 版. 北京：科学出版社，2011.

[26] 贾怀勤. 数据、模型与决策. 2 版. 北京：对外经济贸易大学出版社，2007.

[27] 李华，胡奇英. 预测与决策教程. 北京：机械工业出版社，2014.

[28] 盛骤，谢式千，潘承毅. 概率论与数理统计. 4 版. 北京：高等教育出版社，2015.

[29] 荣泰生. SPSS 与研究方法. 大连：东北财经大学出版社，2012.

［30］ 张文彤，钟云飞. 数据分析与挖掘实战案例精粹. 北京：清华大学出版社，2013.

［31］ 向蓉美，王青华，马丹. 统计学. 北京：机械工业出版社，2013.

［32］ 薛薇. 统计分析与 SPSS 的应用. 北京：中国人民大学出版社，2011.

［33］ 薛薇. 基于 SPSS 的数据分析. 北京：中国人民大学出版社，2014.

［34］ 李金昌. 统计探源：统计概念和方法的历史. 杭州：浙江工商大学出版社，2014.

［35］ 涂子沛. 大数据. 南宁：广西师范大学出版社，2013.

［36］ 道格拉斯·林德等. 商务与经济统计学. 6 版. 大连：东北财经大学出版社，2011.

［37］ 袁卫，刘超. 统计学：思想、方法与应用. 北京：中国人民大学出版社，2014.

［38］ 尼尔·萨尔金德. 爱上统计学. 重庆：重庆大学出版社，2011.

［39］ 李静萍. 多元统计分析：原理与基于 SPSS 的应用. 2 版. 北京：中国人民大学出版社，2015.

［40］ 易丹辉. 统计预测：方法与应用. 2 版. 北京：中国人民大学出版社，2014.

［41］ 张建同，孙昌言，王世进. 应用统计学. 北京：清华大学出版社，2013.

［42］ 陈斌，高彦梅. Excel 在统计分析中的应用. 北京：清华大学出版社，2013.

［43］ 孙炎. 应用统计学. 北京：机械工业出版社，2010.

［44］ 弗雷德里克·希利尔. 数据、模型与决策：基于电子表格的建模与案例研究方法. 5 版. 北京：机械出版社，2015.

［45］ 冯启思. 数据统治世界：如何在数据统计中挖掘商机与做出决策. 北京：中国人民大学出版社，2013.

［46］ 约翰·塔巴克. 概率论与统计学. 北京：商务印书馆，2009.

［47］ 杰拉德·凯勒. 统计学：在经济与管理中的应用. 北京：中国人民大学出版社，2012.

［48］ 何晓群. 多元统计分析. 2 版. 北京：中国人民大学出版社，2010.

［49］ 戴维·安德森，等. 数据、模型与决策：管理科学篇. 12 版. 北京：机械工业出版社，2010.

［50］ 李金林，马宝龙. 管理统计学应用与实践. 北京：清华大学出版社，2007.